LITIGIOSIDAD CLIMÁTICA Y PLANIFICACIÓN ENERGÉTICA EN FRANCIA Y ESPAÑA

EDITORIAL
UNIVERSIDAD DE SEVILLA

PILAR LUCEA FRANCO

LITIGIOSIDAD CLIMÁTICA Y PLANIFICACIÓN ENERGÉTICA EN FRANCIA Y ESPAÑA

SEVILLA 2025

Colección Instituto Clavero Arévalo
Núm.: 12

© Editorial Universidad de Sevilla 2025
c/ Porvenir, 27 - 41013 Sevilla
Tlfs.: 954 487 447; 954 487 451
Correo electrónico: info-eus@us.es
Web: https://editorial.us.es

© Pilar Lucea Franco 2025

Impreso en papel ecológico
Impreso en España-Printed in Spain

ISBN: 978-84-472-3209-3
Depósito Legal: SE 3535-2025

Maquetación: Editorial Universidad de Sevilla
Impresión: Masquelibros

Índice

Principales abreviaturas

CC	Conseil Constitutionnel
CCAA	Comunidades Autónomas
CE 1978	Constitución Española 1978
CE	Conseil d'État
CEDH	Convenio Europeo Derechos Humanos
CMNUCC	Convención Marco de las Naciones Unidas sobre el Cambio Climático
CO_2	Dióxido de Carbono
COP	Conferencia de las Partes
DC	Décision Constitutionnel
DDCH	Déclaration des droits de l'homme et du citoyen de 1789
FJ	Fundamento Jurídico
GEI	Gases de efecto invernadero
HCC	Haut Conseil pour le Climat
IPCC	Grupo Intergubernamental de Expertos sobre el Cambio Climático
LJCA	Ley Jurisdicción contencioso-administrativa
LTECV	Loi n° 2015-992 du 17 août 2015 relative à la transition énergétique pour la croissance verte
ODS	Objetivos Desarrollo Sostenible
PECAC	Plan Energético y Cambio Climático de Cataluña 2012-2020
PCAET	Plan climat-air-énergie territorial
PIB	Producto Interior Bruto
PNIEC	Plan Nacional Integrado de Energía y Clima
PP	páginas
PPE	Programmation pluriannuelle de l'énergie
SNBC	Stratégie Nationale Bas-Carbone

SRADDET   Schéma régional d'aménagement, de développement durable et d'égalité des territoires.

STC   Sentencia Tribunal Constitucional España

STS   Sentencia Tribunal Supremo España

STSJ   Sentencia Tribunal Superior Justicia

STJUE   Sentencia Tribunal de Justicia de la Unión Europea

TC   Tribunal Constitucional español

TEDH   Tribunal Europeo Derechos Humanos

TCO_2eq Toneladas equivalentes de CO_2

UE   Unión Europea

Prólogo

Eva M.ª Menéndez Sebastián
Catedrática de Derecho Administrativo
Universidad de Oviedo

No hay mejor signo de vitalidad del Derecho que su capacidad para reinventarse al compás de los desafíos de su tiempo. En las últimas décadas, el cambio climático ha alterado no solo la realidad física del planeta, sino también a puesto a prueba las categorías jurídicas con las que tratamos de comprender la acción pública, la responsabilidad del Estado y el alcance de los derechos de las generaciones presentes y futuras. En ese contexto, el libro *Litigiosidad climática y planificación energética en Francia y España*, de Pilar Lucea Franco, ofrece una mirada lúcida, sólida y profundamente comprometida con la función transformadora del Derecho administrativo en una sociedad que ya no puede concebirse al margen del reto climático.

Este trabajo, que forma parte de la tesis doctoral de su autora -dirigida por los profesores Fernando López Ramón (Universidad de Zaragoza) y Hubert Alcaraz (Universidad de Pau), constituye una contribución de primer orden al estudio de la intersección entre la planificación energética y la justicia climática. Tuve el honor de formar parte del tribunal que examinó aquella tesis en diciembre de 2024, y puedo afirmar, sin reservas, que este libro conserva la esencia de aquel esfuerzo de investigación que fue, al mismo tiempo, un ejercicio de rigor intelectual y de compromiso personal. En sus páginas se advierte una doble fidelidad: a la exigencia científica del método jurídico y a la conciencia ética de que el Derecho –especialmente el Derecho público– está llamado a proteger aquello que nos es común.

La autora aborda una cuestión de enorme actualidad y complejidad: el papel de los instrumentos de planificación energético-climática en la construcción jurídica de la obligación climática de los Estados y en la configuración de su responsabilidad por inacción. Con una perspectiva comparada entre

Francia y España, el libro nos conduce a través de los caminos de la legalidad, la discrecionalidad y el control judicial –aspectos esenciales del Derecho administrativo–, mostrando cómo las decisiones sobre energía y clima se han convertido en el nuevo terreno donde se ensayan los límites y las posibilidades del Estado contemporáneo.

Lo que distingue a este trabajo no es solo su profundidad de estudio, sino su capacidad para situar la planificación energética en el corazón del debate jurídico actual. La planificación –esa herramienta técnica, a menudo relegada a un segundo plano– reaparece aquí como fuente de legalidad, como parámetro de enjuiciamiento judicial y como manifestación del deber estatal de actuar con previsión, coherencia y continuidad. En este sentido, la autora recupera para el Derecho administrativo algo que en ocasiones se pierde entre los reglamentos y las estrategias: la dimensión temporal de la acción pública, el tiempo largo de las políticas públicas, el que no se mide en legislaturas sino en generaciones.

Y lo hace a través de una doble perspectiva: una primera centrada en la legalidad formal y material de los planes, y una segunda, objeto principal de este trabajo, enfocada en el uso judicial de la planificación energética en el marco de la litigación climática. En este contexto, los litigios climáticos son definidos como aquellos en los que la crisis climática constituye el núcleo del conflicto o está vinculada a la acción u omisión de los poderes públicos.

En este punto, su reflexión dialoga de manera natural con la idea del «Estado estratégico» desarrollada en el Étude annuelle 2025 del Conseil d'État francés, *Inscrire l'action publique dans le temps long*. Allí se reivindica la necesidad de que el Estado piense y actúe con una lógica de continuidad y de previsión, resistiendo a la tiranía de la urgencia política y a la volatilidad del corto plazo. La autora, desde el campo del Derecho climático, encarna de algún modo ese mismo espíritu: el de un Derecho que no se limita a gestionar la inmediatez, sino que se proyecta sobre el porvenir, guiado por el deber de garantizar un futuro habitable. Su análisis sobre la planificación energética como instrumento de la acción climática estatal coincide con esa idea de Estado estratégico que conjuga democracia, ciencia y eficacia: un Estado capaz de anticipar, de coordinar y de rendir cuentas a la sociedad y al tiempo.

El estudio ofrece, además, una lectura particularmente sugerente del papel de la jurisdicción contencioso-administrativa en este nuevo contexto. La autora no concibe a los jueces como sustitutos del poder político, sino como garantes de la coherencia entre los compromisos asumidos y las decisiones adoptadas. En esa línea, su análisis de los grandes litigios climáticos –Grande-Synthe, Affaire du Siècle o el Juicio por el Clima– muestra cómo los tribunales franceses y españoles están redefiniendo el equilibrio entre discrecionalidad administrativa y exigencia de acción. En Francia, el Conseil d'État ha ido construyendo, paso a paso, una doctrina que reconoce la fuerza vinculante de los instrumentos de planificación energética, mientras que en España el Tribunal Supremo ha optado por una lectura más prudente, aunque abierta a la evolución futura. En ambos casos, los jueces se enfrentan a la misma pregunta: ¿hasta dónde llega la obligación del Estado de cumplir con sus compromisos climáticos cuando estos se traducen en planes y estrategias formalmente aprobados?

Las respuestas no son uniformes, pero el libro ofrece no solo posibles soluciones con una fundamentación jurídica sólida, sino también algo más valioso: proporciona un marco de pensamiento. La autora propone comprender estos litigios no como una amenaza para la separación de poderes, sino como una manifestación del principio de legalidad en su dimensión contemporánea. Allí donde el legislador y el ejecutivo han asumido compromisos climáticos, la inacción deja de ser una opción legítima. La justicia, en consecuencia, se convierte en la instancia que recuerda al Estado su deber de coherencia. Se trata, en definitiva, de una lectura renovada de la responsabilidad pública en clave climática.

Otro de los méritos de esta obra es su habilidad para vincular la teoría con la práctica, el Derecho con la política pública, y la técnica con la ética. La autora transita con naturalidad entre las normas europeas y los reglamentos nacionales, entre la doctrina y la jurisprudencia, pero sin perder nunca de vista el propósito último: comprender cómo el Derecho puede contribuir de manera efectiva a la transición energética y a la protección del clima. El análisis de la interrelación entre el PNIEC español y la PPE o la SNBC francesas es un ejemplo de ese equilibrio entre el detalle jurídico y la visión estructural. En su lectura, la planificación deja de ser un simple documento programático para convertirse en un instrumento jurídico vivo, susceptible de generar obligaciones, expectativas legítimas y responsabilidades.

La autora combina en su método una notable precisión conceptual con una mirada abierta y europea. Su comparación entre Francia y España está guiada por la idea de que ambos países, aunque vienen compartiendo en gran medida una misma tradición administrativa –la del Estado planificador y racionalizador–, la interpretan de modo distinto ante los desafíos climáticos. Así, mientras Francia ha optado por una planificación normativa y control judicial activo, que convierte los planes en instrumentos de exigibilidad; España, parece haberse conformado con una planificación programática y una jurisdicción más limitada, que restringe el alcance prestacional de las decisiones judiciales.

Quienes conocemos a la autora sabemos que este equilibrio entre el análisis jurídico y la sensibilidad pública no es casual y que Pilar Lucea entiende el Derecho Administrativo no como un sistema cerrado, sino como un instrumento de acción y de justicia, siguiendo sin duda la estela de su maestro, el Profesor, López Ramón. En su investigación se advierte una madurez intelectual poco común: la capacidad de integrar la reflexión dogmática con la comprensión institucional, la doctrina con la realidad. A ello se suma un estilo de escritura claro y elegante, que hace accesible un tema denso sin sacrificar la precisión ni la profundidad.

Este libro es, además, una expresión del trabajo que la autora desarrolla en el proyecto de investigación *El Estado estratégico: cómo pensar a largo plazo en las políticas públicas* (Ref. PID2024-155142NB-I00), por lo que resulta evidente la fortuna de contar con ella en este nuevo reto. En ese marco, su aportación resulta especialmente valiosa: al estudiar la planificación energética y la litigiosidad climática, muestra cómo el Estado puede y debe pensarse estratégicamente, es decir, capaz de actuar con visión de largo plazo, con coherencia normativa y con responsabilidad frente a las generaciones futuras. En un momento en que la política y la administración parecen dominadas por la urgencia, esta reflexión devuelve al Derecho su función de brújula temporal.

Como administrativista, me reconforta ver en este libro una reafirmación de los valores que sostienen nuestra disciplina: la racionalidad en la acción pública, el sometimiento del poder al Derecho, la planificación como técnica de justicia distributiva y la responsabilidad como límite ético y jurídico. Pero, más allá del mérito académico, hay en estas páginas algo más profundo: una confianza serena en la posibilidad de que el Derecho contribuya a un futuro mejor. Esa confianza es, en el fondo, la forma más elevada de esperanza jurídica.

En tiempos en que la crisis climática amenaza con reducir la política a la gestión del desastre, este libro recuerda que aún es posible pensar y actuar de otro modo. Que el Derecho puede ser un espacio de reconstrucción, de diálogo entre ciencia, poder y ciudadanía. Que la planificación, lejos de ser una simple herramienta burocrática, puede convertirse en el lenguaje del compromiso. Y que la justicia, cuando asume su papel sin exceso, pero sin renuncia, puede ser la voz que recuerde al Estado su deber de ser fiel a sus propias promesas.

Por todo ello, *Litigiosidad climática y planificación energética en Francia y España* es mucho más que un estudio comparado. Es una invitación a repensar el papel del Derecho administrativo en el siglo XXI: un Derecho que ya no se mide solo por su capacidad de ordenar el presente, sino por su aptitud para preservar el futuro. La autora nos muestra que, frente a la incertidumbre, el Derecho puede ofrecer no certezas absolutas, sino orientaciones sólidas; no soluciones instantáneas, sino estructuras de responsabilidad y de confianza. Y en esa tarea, el Estado –ese viejo protagonista del Derecho público– recupera, bajo nuevas formas, su vocación estratégica.

Con este libro, Pilar Lucea Franco se suma a la mejor tradición del pensamiento jurídico europeo: la que conjuga el rigor técnico con la preocupación por el interés general, la que sabe que detrás de cada concepto jurídico late una pregunta sobre la justicia. Su obra no solo ilumina un campo emergente del Derecho, sino que nos recuerda por qué seguimos enseñando, investigando y creyendo en el Derecho administrativo: porque en él se juega la posibilidad de que la acción pública siga siendo, a pesar de todo, un ejercicio de razón, de responsabilidad y de esperanza.

En Oviedo, a 6 de noviembre de 2025

Introducción

Los desafíos que la transición energética viene planteando suscitan un conjunto de interrogantes y problemáticas para las cuales no existe, por el momento, un método único o infalible que ofrezca soluciones concluyentes de cara al futuro. No obstante, aquellas herramientas que permiten reflexionar, estudiar, analizar y contrastar datos o realidades constituyen instrumentos esenciales para avanzar de manera ordenada y coherente en el proceso hacia la descarbonización energética. Entre dichas herramientas destaca de manera singular la denominada planificación energética estratégica, concebida como un ejercicio sistemático de evaluación sobre la naturaleza de la descarbonización de la economía para, posteriormente, definir los objetivos a lograr a largo plazo, establecer las metas u objetivos cuantitativos a conseguir, desarrollar medidas y estrategias para alcanzarlos, así como determinar los recursos necesarios para implementar las estrategias definidas[1].

En este contexto, los Estados desempeñan un papel fundamental como agentes ejecutores de dicha planificación estratégica, al aplicar las medidas y estrategias concebidas para cumplir los objetivos generales y específicos de la Unión de la Energía. En el ejercicio de esta función, han establecido un amplio elenco de instrumentos de planificación de ámbito nacional, que incrementa, las posibilidades de éxito en la transición energética frente a la variabilidad e incertidumbre que caracterizan el proceso de descarbonización del sistema energético[2]. Ya sea a través de planes o estrategias a largo plazo, los Estados abordan cuestiones relacionadas con la energía como, p. ej., la descarbonización del sistema energético mediante la promoción de las energías renovables, el aumento de la eficiencia energética, la seguridad energética a través de la reducción de la dependencia de suministro energético exterior, o la cooperación entre Estados para potenciar la interconectividad de los sistemas eléctricos[3].

---

[1] C. Hortigüela Hortigüela, J.L Morillo Salas y E. Bezares Ruiz (2004: 3).

[2] B. Roger (2007: 509).

[3] Véase en el Anexo I del Reglamento (UE) 2018/1999, en relación con la energía todos los objetivos, medidas y políticas abordadas en un plan nacional integrado de energía y clima.

La planificación constituye una potestad de carácter técnico que buena parte de las administraciones públicas europeas vienen utilizando desde hace décadas como instrumento de intervención en la actividad económica[4]. Sin embargo, el paulatino afianzamiento europeo de la herramienta de la planificación como principal instrumento estratégico en la definición de las políticas energéticas de los Estados, así como en la fijación de los objetivos y metas para lograr la neutralidad y resiliencia climática ha supuesto una repotenciación de dicha técnica[5]. Ejemplo paradigmático de esta evolución lo ofrece la Unión Europea, que, mediante el Reglamento (UE) 2018/1999 sobre la gobernanza de la Unión de la Energía y de la Acción por el Clima, ha institucionalizado la planificación energético-climática a través de los Planes nacionales integrados de energía y clima (PNIEC) y de las estrategias de reducción de emisiones a largo plazo, concebidos como instrumentos de programación para cumplir los objetivos generales y específicos en materia de reducción de emisiones de gases de efecto invernadero de conformidad con lo establecido en el Acuerdo de París de 2015.

La incorporación a los ordenamientos jurídicos nacionales de las prescripciones europeas sobre planificación, en combinación con las políticas energético-climáticas estatales definiendo sus propias estrategias o planificaciones ha producido un contexto rico de herramientas de planificación[6].

En este sentido, Francia y España constituyen dos países que ofrecen un marco especialmente idóneo para su estudio comparado, dada su prolongada tradición planificadora, pero manteniendo cierta identidad propia en la configuración de sus modelos nacionales. Ambos Estados han desarrollado sendas labores de planificación y prospectiva para lograr una óptima transición energética que colabore en combatir y frenar el cambio climático, situando a los instrumentos de planificación como piezas maestras en la estrategia nacional de la batalla climática[7]. En la actualidad, puede afirmarse que la herramienta de la planificación energético-climática es la encargada, en dichos países, de

---

[4]   J. de Gaulle (1994: 79-80); V.M. Tena Piazuelo (1999: 871-873).

[5]   COM (2023) 796 final.

[6]   Véase, por ejemplo, cómo a consecuencia de la crisis sanitaria de la Covid-19 el presidente de la República francesa afirmó que era necesario « …rebâtir notre économie plus forte [et de] rebâtir une indépendance agricole, sanitaire, industrielle et technologique […] une stratégie où nous retrouverons le temps long, la possibilité de planifier, la sobriété carbone, la résilience qui seuls peuvent nous permettre de faire face aux crises à venir», Emmanuel Macron, président de la República, Adresse aux Français, le 13 avril 2020.

[7]   En ambos países el desarrollo de instrumentos de planificación energética ha tenido lugar no solo desarrollando los planes y estrategias europeos, sino creando documentos de planificación nacional propios, como la *Programmation pluriannuelle de l'énergie* y la *Stratégie nationale bas-carbone* en Francia y, la planificación de las Comunidades Autónomas en España. *Cf.* J. Rosa Moreno (2021: 101-102).

indicar y programar en el tiempo las medidas necesarias para proyectar una transición energética sostenible que logre la neutralidad climática, teniendo en cuenta las necesidades energéticas futuras, los recursos que serán necesarios, los costes que cada medida supondrá y los beneficios que se reportarán[8]. Esa materialización de las prescripciones europeas, en combinación con las políticas energéticas nacionales, ha dado lugar a diversos planes de ámbito estatal, regional o local entre los que se encuentran los Planes nacionales integrados de energía y clima (PNIEC); la *Stratégie nationale bas carbone* (SNBC); la *Programmation pluriannuelle de l'énergie* (PPE); el *Schéma décennal de développement du réseau* (SDDR); el Plan de desarrollo de la red de transporte de energía eléctrica 2021-2026; los planes y estrategias energéticas de las Comunidades Autónomas; el *Schéma régional d'aménagement, de développement durable et d'égalité des territoires* (SRADDET); el *Plan climat-air-énergie territorial (PCAET)*; y los Planes de Acción para el Clima y la Energía Sostenible (PACES) en el seno del Pacto de Alcaldes (Convenant of Mayors). Estos planes, con independencia de su grado de vinculatoriedad, presentan a menudo similitudes en su estructura y en sus propósitos, aunque en ocasiones son dispares incluso entre países vecinos y colindantes que comparten intereses energéticos comunes, pero mantienen prioridades nacionales propias.

Dichos planes son los encargados de materializar baterías de medidas y previsiones sobre la transición energética, siendo esta una materia heterogénea y compleja en la que las Administraciones ostentan amplias facultades discrecionales a la hora de adoptar cualquier decisión energética. Véase p. ej., cómo Francia, en buena medida, hace reposar la planificación de su descarbonización en el relanzamiento de la energía nuclear, mientras que España ha planificado una retirada ordenada y escalonada de parte del parque nuclear en favor de una mayor penetración de tecnologías renovables[9]. Esto muestra que cada país tiene un margen de libertad muy amplio para establecer o modificar sus propias decisiones en materia de transición energética.

En este contexto, cabe advertir que la planificación energética puede ser objeto de estudio desde dos perspectivas complementarias: una de ellas mediante un análisis centrado en el propio plan y sus elementos de legalidad, y la otra a través del examen de su implementación en la hermenéutica judicial de los nuevos litigios climáticos.

---

[8] P. Mielgo Álvarez (2016: 131-140); R. Martín Mateo (1982: 43-87); C. Chassagne (2018: 32-35); J. Azoulay (2023: 52-57); C. Arnaud (2023: 90-94).

[9] *Vid.* El *Projet de mise a jour PNIEC de la France* incorpora entre los cuatro pilares de la descarbonización la energía nuclear, siendo una de las tres palancas propuestas para la *Programmation pluriannuelle de l'énergie 2024-2033*, pp. 12,17. En cambio España el Borrador de PNIEC 2023-2030 se planifica un uso final de energía renovable del 48% y se contempla un escenario de cese de explotación entre los años 2027 y 2035 de las centrales nucleares, pp. 29, 106.

En cuanto al primer enfoque, este parte de la idea de que la discrecionalidad presente en los planes energéticos, aunque aporta flexibilidad para modelar los planes de cada país, plantea un interesante reto en la actualidad. Se trataría de evaluar, desde una perspectiva comparada, las posibilidades y los límites que encuentran los planes energético-climáticos en los ordenamientos jurídicos de dos países vecinos. Es decir, analizar el control de legalidad de la planificación energética tanto en Francia como en España, orientándolo a identificar en los planes energéticos aquellos elementos formales y sustantivos, reconocidos por la doctrina jurídica y a disposición de los jueces, como idóneos para evaluar la regularidad de una decisión discrecional. Ese tipo de estudio ya fue objeto de análisis en una obra previa (Lucea Franco, 2025), en la que se abordó con mayor detalle esta cuestión, por lo que aquí basta remitirse a sus principales conclusiones[10]. Conviene recordar, no obstante, que el enfoque adoptado en dicho trabajo tenía por finalidad supeditar la investigación a la obtención de elementos de juicio suficientes mediante los cuales cuestionar la discrecionalidad presente en un plan energético, pero siempre sobre la base de sus propias consideraciones, situando en el centro del objeto de investigación al instrumento de planificación y evaluando la legalidad de sus elementos externos e internos.

Por su parte, el segundo enfoque parte de la premisa de que, aunque un plan energético adolezca de una falta constitutiva de ilegalidad en las medidas para la transición energética, la exigencia prestacional dirigida a las administraciones públicas o el recurso de responsabilidad patrimonial no buscan la simple anulación del plan energético. Se pretende culpabilizar al ente público e imputarle responsabilidad en la tutela de los intereses y derechos climáticos a través del «uso» del plan como elemento jurídico vinculante.

En esta segunda línea de análisis se enmarca el presente estudio, al situar el foco de atención de forma combinada entre la actuación del Estado y la planificación existente, sin restringirse exclusivamente al plan. Ello permite ir un paso más allá, en consonancia con la actualidad en alza, pues la pretensión de anulación de una planificación de la transición energética y de la neutralidad climática puede no resultar suficiente[11], dado que la anulación judicial del

---

[10]   Consúltese sobre esta materia el estudio de los límites de la discrecionalidad, principios y control de legalidad mediante los elementos reglados de la planificación energético-climática en la obra de P. Lucea Franco (2025: 278 pp.)

[11]   De forma progresiva se viene reclamando de los Estados una mayor implicación ambiental, ya sea exigiendo regulaciones más comprometidas con los objetivos climáticos, planteando responsabilidad por daños ambientales, solicitando la vulneración de derechos fundamentales o exigiendo la adopción de medidas que ayuden a lograr los objetivos de la transición energética. Cf. A. Peñalver i Cabré (2008: 349-403) y (2013: 183-185); J. Rosa Moreno (2021: 101-102); M. Torre-Schaub (2020a:85-87) y (2023: Yearbook); S. Borrás Pentinat (2009: 113-142); S. Galera Rodrigo (2018: 41-83); T. Parejo Navajas (2016: 259-279); E. Salazar Ortuño (2019: 297 pp.); M. Torre-Schaub y S. Lavorel (2023:329pp.); M. Torre-Schaub, D. Misonne y A. Adam (2023: 454-480).

instrumento de planificación sería solo el punto de partida en la restauración de la legalidad[12].

Este planteamiento implica adentrarse inescrutablemente en la denominada, aunque compleja, litigación climática, y ponerla al servicio del análisis de la planificación energética[13]. Ello supone incorporar al marco de análisis una diversidad de litigios en los que la crisis climática radica en el núcleo de la controversia, pero también aquellos otros en los que la premisa del cambio climático deriva en otro tipo pretensiones más concretas.

En esta línea se encuentran dos de los grandes litigios climáticos desarrollados en nuestros países objeto de estudio. En España, tuvo lugar el conocido *Juicio por el clima,* en el que, aunque se solicitaba en exclusiva la nulidad del Plan nacional integrado de energía y clima español (PNIEC) (*Vid*., SSTS 3410/2023, de 18 de julio y 3556/2023, de 24 de julio), constituye un referente jurisprudencial de indudable interés para su examen, del que pueden extraerse relevantes conclusiones. Ahora bien, son los litigios acontecidos en Francia, como el *Affaire du Siècle* o el asunto de la *Commune de Grande-Synthe,* los que verdaderamente han superado la mera pretensión anulatoria y han diversificado las vías de impugnación. En ellos, se reclamaba del poder judicial una solución en activo que atribuyera responsabilidad a los entes públicos por el incumplimiento de sus obligaciones climáticas, entre las cuales los planes energéticos se han ido integrando de forma progresiva como instrumentos jurídicos aplicables.

En los asuntos citados objeto de este estudio (así como en otros que se analizarán transversalmente), puede observarse un denominador común cada vez más evidente: al tratar el cambio climático como un daño ambiental de carácter histórico, los procesos judiciales desarrollados han dado lugar a recursos dirigidos a exigir la condena del Estado por la insuficiencia de sus acciones respecto de los compromisos previamente asumidos, ya sea solicitando que se ordene a los poderes públicos la adopción de las medidas necesarias para ponerle fin, o bien mediante una demanda de condena patrimonial basada en la

---

[12] Véase en este sentido el asunto *Friends of the Irish Environment* (FIE) en él se anuló su Plan nacional de mitigación por no permitir discernir con claridad cómo alcanzaría el Gobierno los objetivos de reducción de emisiones, dada su excesiva vaguedad o remisión a estudios posteriores, Friends of the Irish Environment CLG y the Government of Ireland resuelto por la Supreme Court 31 july 2020, Appeal Nº: 205/19, par. 6.45-6.49. Sin embargo, no debe olvidarse que, en los litigios climáticos, ya sean estratégicos (*strategic litigation*) o de prueba (*test claim*), los actores vienen buscando de los jueces condenar al Estado para que anule, revoque o rectifique sus decisiones, pero también para que se reorienten políticas públicas, se adopten medidas útiles o se reparen daños climáticos, Á.M. Moreno Molina (2023: 581-586).

[13] Para una mayor precisión sobre la terminología del ligio climático, véase G. Medici-Colombo (2024: 25-43).

responsabilidad extracontractual[14]. Esto supone la creación de un inédito activismo judicial en el que los tribunales nacionales se convierten en el nuevo lugar para discutir y modular las crisis climáticas (ante la insuficiencia de actuaciones políticas de los gobiernos y jurídicas de los poderes legislativos); generando un nuevo rumbo en la cuestión climática gracias a las interpretaciones normativas del poder judicial, sin invadir la separación de poderes[15]. En otras palabras, no se pide a los tribunales que creen nueva normativa, ni que sustituyan a la Administración en su margen de discrecionalidad, sino hacer aplicar el derecho existente que, en definitiva, no es otra cosa que el ejercicio del control judicial sobre los otros poderes[16].

Esa exigencia se ha venido articulando principalmente a través de dos tipos de pretensiones. Por un lado, se sitúan aquellas en las que se pretende determinar si las medidas, previsiones o actuaciones adoptadas por los Estados o Gobiernos resultan suficientes en relación con los objetivos legalmente asumidos en materia de lucha contra el cambio climático, y, en caso de ilegalidad o inactividad, exigir al poder público la adopción de medidas positivas destinadas a corregir su inacción o a restaurar la legalidad vulnerada. En el otro extremo, se encuentran las pretensiones de responsabilidad, en las que, una vez constatado el incumplimiento por parte de los poderes públicos en materia climática, se recurre de forma estratégica a la exigencia de protección y reparación. Ya sea mediante una pretensión de compensación por el daño sufrido, por la puesta en peligro de determinados derechos o mediante un resarcimiento de carácter moral e incluso

---

[14] En España los litigios de responsabilidad climática todavía son una asignatura pendiente de desarrollar, no obstante, se han entablado acciones de responsabilidad patrimonial contra las administraciones públicas al amparo de la Ley 26/2007 de Responsabilidad Medioambiental, así como acciones de responsabilidad contra el legislador, B. Soro Mateo (2020: 1) y (2019: 64 y ss.). Para una ampliación sobre la responsabilidad patrimonial por daños al medioambiente consúltese entre otros muchos, J.M. Beltrán Castellanos (2018: especialmente Capítulo I-III); C. G. Rocasalva (2018: especialmente Capítulo IV). En cuanto a Francia, en el asunto denominado *Affaire du Siècle* se logró condenar al Estado por daño ecológico, Tribunal Administratif de París, 14 octobre 2021, Ass. Oxfam France et autres, nº 1904967, 1904968, 1904972, 1904976/4-1. *Cf.* B. Soro Mateo (2019: 61, 68-ss.,114); Ouverture de la conférence annuelle du Forum européen des juges pour l'environnement 2022: Discours de Dider-Roland Tabuteau, vice-président du Conseil d'État; J. Setzer, H. Narulla, C. Higham, y E. Bradeen (2022:1-37).

[15] El recurso a los tribunales en la problemática climática es una postura no compartida por todos, así el anterior ministro francés François de Rugy refiriéndose al *Affaire du Siècle* manifestó que «… le prétoire n'était pas le lieu pour régler la question de l'action climatique de la France», M. Torre-Schaub, L. D'Ambrosio y B. Lormeteau (2019: 179-180).

[16] *Op. cit.,* pp. 180. Aun así, la nueva oleada de litigios climáticos, según autores como Moreno Molina, no debe considerarse como un recurso a los jueces para que «salven el planeta» en correlación a lo pretendido por los demandantes, cuando existen procesos democráticos en los que ponderar los intereses de todos, Á. M. Moreno Molina (2023: 542-543, 581-582).

simbólico, se busca un pronunciamiento judicial de condena dirigido contra los Estados.

En ese marco de litigación climática, la remisión a cuestiones energéticas constituye un elemento central del debate jurídico, ya sea, por ejemplo, por la explotación abusiva o insostenible de los recursos energéticos, por la ausencia o deficiencia en la planificación de los objetivos a futuro, o por el incumplimiento de los límites máximos de emisiones establecidos.

Los procesos judiciales en los que se combinan argumentaciones jurídicas de carácter climático con pretensiones vinculadas al ámbito energético generan un impacto directo en cuestiones tradicionales como la protección de los derechos humanos, la separación de poderes o el valor jurídico de una planificación; pero también hacen aflorar nuevos interrogantes como qué debe entenderse por inactividad administrativa, cuál es el contenido jurídico de la obligación climática o cómo configurar el nexo causal en materia de responsabilidad. Frente a estas nuevas problemáticas, los tribunales nacionales vienen realizando una destacada labor de aplicación de la normativa y de los principios jurídicos tradicionales con un enfoque climático renovado, si bien siguen enfrentándose a limitaciones derivadas, en ocasiones, de su escasa especialización técnica, de la falta de consenso científico o de la ausencia de herramientas técnico-normativas en las que apoyarse[17].

En consecuencia, si esta nueva manifestación de la Justicia climático-energética presenta problemáticas propias, exige la reinterpretación de principios, la revisión de derechos o la apertura de nuevas perspectivas[18], nada impide que se nutra de un *corpus* jurídico adaptado a sus propias necesidades, en el cual los planes energéticos pasan a ser una de las herramientas esenciales del poder judicial con la que afrontar la complejidad inherente a la transición energética. Este tipo de planificaciones, por ejemplo, no constituyen simples documentos elaborados por el poder público, sino que materializan, a través de medidas concretas, los objetivos legalmente asumidos por los Estados, incorporan una pluralidad de criterios técnicos y científicos especializados, proporcionan escenarios de referencia basados en análisis de prospectiva o concretan en datos medibles y tangibles obligaciones energético-climáticas genéricas.

Por ende, en las disputas judiciales planteadas en Francia y España en las que la planificación energética forma parte del núcleo de la contienda jurídico-climática, puede observarse una doble tendencia procesal: por un lado, la

---

[17] E. Carrasco Quiroga y E. Cañas Ortega (2024: 136-137).

[18] En los litigios climáticos, ya sean estratégicos (*strategic litigation*) o de prueba (*test claim*), los actores buscan de los jueces condenar al Estado para que anule, revoque o rectifique sus decisiones, pero también para que se reorienten políticas públicas, se adopten medidas útiles o se reparen daños climáticos, Á.M. Moreno Molina (2023: 581-586); S. Borrás Pentinat yP. Villavicencio Calzadilla (2021: 56-80); M. Torre-Schaub (2020 b: 141-166).

búsqueda de acciones de carácter prestacional, mediante las cuales se pretende que el ente público adopte las medidas necesarias para el cumplimiento de los objetivos climáticos legales vigentes; y, por otro, la interposición de acciones condenatorias por responsabilidad patrimonial extracontractual, orientadas a exigir a la Administración la reparación del daño climático causado. Ambas modalidades se apoyan en un acervo legal plúrimo, en el que comienza a inmiscuirse la planificación energética con un papel determinante[19].

Es a esa confluencia entre las pretensiones prestacionales y de responsabilidad patrimonial de las Administraciones públicas de Francia y España con los instrumentos de planificación energético-climática, a la que dedicaremos los siguientes apartados, desentrañando cómo esta última afecta o favorece la labor judicial nacional. Para ello en primer término, se abordarán las especialidades que representan los instrumentos de planificación en las fuentes de legalidad de Francia y España. En segundo lugar, se ofrecerá una visión comparada de la jurisprudencia nacional europea climática más relevante y con efectos directos e indirectos en asuntos de planificación de la transición energética. En tercer lugar, la labor de estudio se centrará en el distanciamiento acaecido entre España y Francia en cuanto a cómo sus tribunales vienen abordando la acción prestacional asociada a incumplimientos gubernamentales en cuestiones relacionadas a la transición energética y relacionada con la planificación energética. Por último y cuarto lugar, se reinterpretarán para Francia y España los elementos más problemáticos en materia de responsabilidad estatal climática como la obligación climática y el vínculo causal[20].

---

[19] *Cf.* Informe nacional de Francia en la Conferencia anual del Fórum europeo de jueces del medioambiente, París, 2022; B. Lormeteau (2022: 4-7). Véase también, cómo la adopción por los tribunales de resoluciones que ordenan las medidas necesarias u obligaciones de hacer supone un desdibujamiento de la distinción entre, el juez que sólo controla la legalidad y el juez que exige responsabilidad, porque en ambos casos la decisión del tribunal se basa en los compromisos jurídicos previamente asumidos por el Estado, T. Rombauts-Chabrol (2022:743-744).

[20] Cabe señalar anticipadamente que no se examinan litigios sustanciados ante tribunales internacionales como el Tribunal Europeo de Derechos Humanos (p. ej., demanda presentada en 2020 por 6 jóvenes portugueses contra 33 Estados por incumplir sus obligaciones positivas de los arts. 2 y 8 CEDH al amparo de las obligaciones del Acuerdo de París, Asunto Duarte Agostinho y otros contra Portugal, demanda nº 39371) o el Tribunal de Justicia de la Unión Europea (p. ej., Asunto Peter Sabo, en el que se instó la anulación parcial de la Directiva 2018/2001, de 11 de diciembre, de energías renovables, STJUE, Asunto C-297/20 P, de 14 de enero de 2021, Peter Sabo y otros) porque concretamos el estudio a aquellos casos que más relevancia ostentan para la planificación energética con relación exclusiva a las acciones prestacionales y a la responsabilidad estatal.

Capítulo 1

La especialización de las fuentes de legalidad bajo el parámetro de la planificación de la transición energética

Todo estudio que se preste a analizar de forma comparada cuestiones jurídicas relacionadas con la planificación energético-climática de España y Francia debe dedicar unos párrafos para contextualizar las especialidades que pueden presentar las fuentes de legalidad al servicio del uso judicial en dicha materia. Esto supone alzaprimar para ambos países el valor jurídico que ostenta la nueva remesa de planes energéticos como fuentes de legalidad, ya que varía el estándar tradicional de las fuentes de derecho administrativo al servicio del poder judicial[21].

No es ninguna primicia que en la jurisdicción contencioso-administrativa francesa y española los jueces actúan como jueces de la legalidad subordinando toda actuación administrativa a la legalidad vigente: su función se encamina, en términos generales, a lograr que la Administración en todo momento se ajuste a Derecho (por ser el principio de legalidad el eje fundamental y dominante de los Estados de Derecho), dentro del que se permite o se limita la actuación administrativa[22]; pero también de forma concreta, en el tema que

---

[21] Entiéndase por el estándar tradicional de fuentes de legalidad las pertenecientes al bloque de constitucionalidad, las normas internacionales, las leyes ordinarias, las *ordonnances* ratificadas o la jurisprudencia (como fuente formal, no material). Véase para una ampliación Y. Gaudemet (2000: 329-342); P-L. Frier y J. Petit (2015: 65-96, 107-110); J. Morand-Deviller (2007) en una traducción de Z. Rincón Ardila y Z. Peláez Guiérrez (2010:303-304); J.L. Costa (1988:133 y ss); P. Rambaud (1993:277-300). También decisiones del *Conseil d'État* en las que se diseñaron nuevas reglas de hermenéutica para el control judicial de los actos administrativos, p. ej., CE, 14 janvier 1916, Camino, nº 59619; CE, 4 avril 1914, Gomel, n° 55125; CE, Sect., 9 juin 1978, Lebon, n° 05911; CE, 13 novembre 2013, Dahan, nº 347704; CE, 28 mai 1971, Ville Nouvelle-Est, n° 78825; CE, 20 octobre 1972, Société civile Sainte-Marie-de-l´Assomption, nº 78829.

[22] Consúltese Ch. Eisenmann (1957: 25); J. Chevallier (1990:1651); D.Lochak (1981:387-392); G. Blanc (1998: 496).

nos concierne, se deberá verificar si el correspondiente plan es o no contrario a Derecho[23].

De esa afirmación se deriva un doble efecto concatenado para la planificación energética aplicable a España y Francia:

— Por un lado, el hecho de que el principio de legalidad guíe y justifique la actuación administrativa es un motivo más que suficiente para que la nueva remesa de planes energéticos también deba de entenderse sometida a él, así como a las técnicas de control que sobre el mismo se han construido[24]. O sea, la sumisión de cualquier actuación de la Administración pública al Derecho y al principio de legalidad hace que los planes energéticos, como acto proveniente de la autoridad ejecutiva, deban de estar sometidos a toda la red de fuentes de legalidad[25]: recuérdese, p. ej., cómo la tradicional cúspide absoluta del ordenamiento jurídico español se encarna en la Constitución Española de 1978[26]; a lo que se debe de añadir, según el art. 1 del Real Decreto de 24 de julio de 1889 por el que se publica el Código Civil, que las fuentes del ordenamiento jurídico español son «la ley, la costumbre y los principios generales del derecho»[27]. Es decir, en un control de legalidad de la planificación administrativa en materia de energía, los jueces deberán actuar en todo momento en el margen que les ofrece el Derecho (en la legalidad vigente), dejando al libre arbitrio aquello que se encuentre bajo la potestad discrecional[28].

— Por otro lado, como parte integrante de las fuentes de Derecho mencionadas, se debe de considerar que se encuentran aquellos planes, esquemas o estrategias (según su concreta denominación) que de una u otra forma inciden en algún aspecto de la transición climática energética sostenible. En justificación de dicha postura se halla la progresiva toma en consideración, en los litigios sobre cuestiones climáticas, de

---

[23] S. Muñoz Machado (2011: 846).

[24] *Ibid.*

[25] J. Morand-Deviller (2007) en una traducción de Z. Rincón Ardila y Z. Peláez Guiérrez (2010:260-261).

[26] Desde momentos tempranos en tribunal Constitucional ha interpretado que la Constitución es «la norma suprema de nuestro ordenamiento, y en cuanto tal tanto los ciudadanos como todos los poderes públicos, y por consiguiente también los Jueces y Magistrados integrantes del poder judicial, están sujetos a ella (arts. 9.1 y 117.1 C.E.)», STC 16/1982, de 28 de abril, FJ 1.

[27] Para una explicación más detallada sobre las fuentes ordinarias del ordenamiento jurídico español consultar E. Moreu Carbonell y J. L. Bermejo Latre (2021:13-29).

[28] Debe entenderse que, cuando los órganos judiciales verifican la legalidad de los actos administrativos, esto supone una fiscalización de la actuación administrativa, sin que los jueces lleguen interferir en la Administración; se actuará de forma semejante en el control de legalidad de la planificación energética, como actuación proveniente de la Administración, P-L. Frier y J. Petit (2015:549).

ciertos instrumentos de planificación como referentes jurídicos sobre los que apoyar la decisión judicial. Ya sea por un fenómeno de emulación o de fertilización cruzada entre litigios, lo cierto es que los jueces nacionales, con el tiempo, vienen integrando en sus propias interpretaciones argumentos jurídicos utilizados con anterioridad en otros asuntos nacionales europeos de naturaleza climático-energética[29].

Es así como la planificación energética que originariamente se había considerado únicamente indicativa, ha evolucionado hasta considerar que su influencia sobrepasa la vinculación indirecta (mediante sus orientaciones, previsiones o medidas[30]) y debe ser estimada como vinculante[31].

---

[29] A la vista de las experiencias litigiosas acontecidas en otros países, a raíz de los problemas asociados al cambio climático, la figura de la planificación gana peso jurídico. Véase como en el asunto *Friends of the Irish Environment* contra el Gobierno de Irlanda en el que se impugnó su Plan Nacional de Mitigación de 2017, se consideró que al establecer en la legislación ciertos objetivos climáticos, estos se convierten en ley dejando de ser una política. Para ello se argumentó que «It may have been the policy of a particular government to introduce the legislation in question but once that legislation is passed it then become law and not policy.» The Supreme Court. Appeal Nº: 205/19, Case Friends of the Irish Environment CLG y the Government of Ireland, par. 6.25. Esta afirmación supuso considerar que, aunque haya elementos de un plan no justiciables, la existencia de normativa en la que se exige que se formulen planes conforme a sus disposiciones convierte a los planes en elementos de derecho. En este sentido el tribunal afirmó que «where the legislation requires that a plan formulated under its provisions does certain things, then the law requires that a plan complies with those obligations and the question of whether a plan actually does comply with the statute in such regard is a matter of law rather than a matter of policy» (par. 6.27).

[30] Los instrumentos de planificación nunca se han considerado como actos administrativos unilaterales al uso, dado que no afectaban directamente al ordenamiento jurídico, en el sentido de, p. ej., crear normas, autorizar actuaciones o revocar derechos, P-L. Frier y J. Petit (2015:321). Sin embargo, su potencial para influir era incuestionable: no solo porque parte de las medidas previstas o proyectadas en los planes son propuestas de creación o revisión de normativa: véase como ejemplo que en el PNIEC entre las medidas para fortalecer la seguridad de aprovisionamiento de productos gasistas se establece «Clarifier le cadre législatif et réglementaire relatif au délestage de la consommation de gaz natural», o para fomentar el autoconsumo se afirma la necesidad de «Définir le cadre législatif et réglementaire applicable aux communautés d'énergie renouvelables et aux communautés énergétiques citoyennes», pp., 123 y 126 PNIEC. Su contenido en conjunto (escenarios, ejes estratégicos, presupuestos de carbono, trayectorias, objetivos, directrices) marca líneas de actuación que acaban convirtiéndose en verdaderos referentes para todas las autoridades, influyendo en todo tipo de decisiones: se puede observar como la PPE condiciona las autorizaciones de explotación de nuevas instalaciones de producción eléctrica, al tener que ser compatibles con lo establecido en las directrices de la PPE.

[31] *Vid.* como en el asunto *Grande-Synthe* los techos de carbono establecidos en la SNBC se consideran de obligado cumplimiento para el Estado, formando parte del elenco jurídico por el que se ordenó al Estado adoptar medidas adicionales, CE, 19 novembre 2020 y 1 juillet 2021, Commune de Grande-Synthe, nº 427301; CE, 10 mai 2023, Grande-Synthe, nº 467982.

A favor de dicha senda de vinculación encontramos que leyes como la *Loi nº 2015-992 du 17 août 2015 relative à la transition énergétique pour la croissance verte* han materializado objetivos políticos en norma p. ej., construir una economía descarbonizada y competitiva mediante el desarrollo de las energías renovables[32]. De manera que, cuando instrumentos de planificación como la *Programmation pluriannuelle de l'énergie* (PPE) configuran medidas para promocionar las energías renovables y así alcanzar los objetivos fijados por la ley, realmente están dando forma a una obligación jurídica[33]. Ello nos lleva a pensar que, si bien los planes no cumplen con la condición de acto administrativo *stricto sensu*, sobrepasan la categoría de simples actos de deseo, orientación o consejo que no deben ser controlados por el juez[34]. No en vano, el *Conseil d´État*, desde hace unos años, ya había considerado que el juez administrativo no puede ignorar este tipo de regulaciones por el simple hecho de no crear directamente obligaciones[35]; en ocasiones poseen formulaciones imperativas o bien son susceptibles de producir efectos, no siendo deseable que los poderes públicos desarrollen un poder al abrigo del control judicial[36].

La adición de las circunstancias anteriores, junto a la necesidad de una gobernanza climática que cuente con un derecho climático más efectivo, ha conducido a Francia a apostar por reforzar y aportar mayor peso jurídico a ciertos instrumentos de planificación energética al haber configurado que la *Stratégie bas-carbone* y la *Programmation pluriannuelle de l'énergie* sean promulgadas mediante *décrets*[37]. Es especialmente significativa la aplicación que de estos

---

[32]   Art. 1, Loi nº 2015-992.

[33]   Consúltese, p. ej., la PPE, pp. 62 y ss., en donde se establece que «Les mesures de promotion des énergies renouvelables sont définies pour atteindre les objectifs fixés par la loi».

[34]   El propio *Conseil d´État* ha manifestado que el *soft law* se entrelaza de tal manera con el *hard law* que debe de ser aprehendido por el juez, Conseil d'État, Étude annuelle 2013, pp. 7-16; *Cf.* P-L. Frier y J. Petit (2015:324-325).

[35]   Dejando atrás el enfoque restrictivo, el *Conseil d´État* comenzó a considerar admisible el recurso por *excès de pouvoir* contra actos de *soft law* como las recomendaciones profesionales, véansen CE, 11 octobre 2012, Société Casino Guichard-Perrachon, nº 357193; y CE, 27 avril 2011, Formindep, nº 334396. Posteriormente se amplió la posibilidad de recurrir a dictámenes, advertencias y demás posiciones adoptadas por las autoridades reguladoras, CE, Ass., 21 mars 2016, Fairvesta, nº 368082; y CE, Ass., 21 mars 2016, NC Numericable, nº 390023.

[36]   Siendo en 2020 cuando el *Conseil d´État* sentenció que «Les documents de portée générale émanant d'autorités publiques, matérialisés ou non, tels que les circulaires, instructions, recommandations, notes, présentations ou interprétations du droit positif peuvent être déférés au juge de l'excès de pouvoir lorsqu'ils sont susceptibles d'avoir des effets notables sur les droits ou la situation d'autres personnes que les agents chargés, le cas échéant, de les mettre en oeuvre», CE, Sect., 12 juin 2020, Gisti, nº 418142. Veáse también Conseil d'État, Étude annuelle 2013, pp. 60-63.

[37]   La urgencia de contar con herramientas con las que cristalizar un derecho que permita acceder a la justicia en materia climática viene siendo un problema contemporáneo (desde el inicio del año 2000 y los primeros procesos climáticos contenciosos) que se ha nutrido de la

instrumentos se ha realizado en los últimos litigios climáticos mediáticos de Francia: en el asunto *Grande-Synthe* el *Conseil d'État* (y en los mismos términos el *Tribunal Administratif de Paris* en el *Affaire du Siècle*) tomó la trayectoria de reducción de emisiones fijada por la *Stratégie nationale bas-carbone* (SNBC) (*décret nº 2020-457 du 21 avril 2020*) como una fuente jurídica vinculante[38].

Junto a las consideraciones anteriores, la verdadera reflexión en materia de planificación energética reside en concretar aquellas fuentes jurídicas, desde una perspectiva *lato sensu* adaptada a la planificación, a las que podrá recurrir el juez de lo contencioso, que es a lo que dedicamos las líneas siguientes[39].

En el seno de los ordenamientos jurídicos generales de España y Francia hay que poner de relieve una realidad que afecta a la planificación de la transición energética de ambos países: se trata del entramado de instrumentos de planificación coexistentes (tanto vinculantes como indicativos) y las interacciones positivas (benefician a la consecución de los objetivos de otro plan) o negativas (efectos no deseados en otros planes dificultando el logro de ciertos objetivos o ralentizando el avance de algunas medidas) que pueden producirse entre ellos y en relación con objetivos asumidos legalmente en materia de transición energética sostenible. Véase, por ejemplo, cómo en el PNIEC 2020-2030 español en su Anexo H se estableció un análisis de las interacciones entre dicho plan y otras planificaciones, afirmando sinergias positivas como, p. ej., en materia de calidad de aire «Algunas de las medidas del PNIEC contribuyen a una mejora de la calidad del aire»[40]. Pero también se identificaron otras menos favorables como, p. ej., las relacionadas con los planes hidrológicos de cuenca al describir que «Los planes hidrológicos de cuenca pueden suponer limitaciones a los aprovechamientos hidráulicos (aunque el PNIEC prevé un aumento de los mismos muy limitado).»[41]. Limitación esta última que ha desparecido del PNIEC 2023 por una interacción más tibia en la que se aduce

---

apertura de vías interpretativas favorables a la efectividad de derechos humanos o el estudio de impacto ambiental, M. Torre-Schaub (2019: 660-667).

[38] CE, 19 novembre 2020, Commune Grande-Synthe, nº 427301, cons.16. Con posteridad y probablemente influenciado por sus homólogos europeos, se encuentra el reconocimiento explícito del Tribunal Supremo español de la naturaleza reglamentaria del PNIEC español, lo que implicó que, a pesar de que dicho plan sea en gran parte analítico y programático, aquel contenido que posibilita alcanzar los objetivos climáticos europeos e internacionales es jurídicamente vinculante. *Vid.* las SSTS 3410/2023, de 18 de julio y 3556/2023, de 24 de julio, para España.

[39] Consideramos que en materia de planificación energética la concepción de fuente del derecho podría de considerarse como «…el conjunto de factores o elementos que ejercen influencia en la formulación por parte del juez de las reglas en que éste basa su decisión» en el que se incluyen tanto elementos estrictamente formales como otros de naturaleza estimativa, A. Ross (1976: 73-75).

[40] PNIEC 2020-2030, pp. 383; PNIEC 2023-2030, pp. 682.

[41] PNIEC 2020-2030, pp. 385.

que los aprovechamientos hidráulicos del PNIEC deben de ser plenamente compatibles y respetar los planes hidrológicos de cuenca[42].

La convivencia de diversos planes que se superponen y coinciden en un mismo territorio, desarrollados sobre materias de carácter transversal (p. ej., cambio climático, transición energética, sostenibilidad ambiental), con periodos de vigencia simultáneos y bajo las prescripciones de un mismo o distintos ordenamientos jurídicos (p. ej., nacional, regional o autonómico), requiere de una labor interpretativa y armónica por parte la Administración a la hora de elaborar los planes, y de los propios jueces de lo contencioso-administrativo en el hipotético caso de un litigio contra una plan energético.

Considerando que cuando una materia transversal como la energía es objeto de planificación, p. ej., en el PNIEC, se configuran una serie de interacciones bidireccionales: es decir, el PNIEC puede afectar a los objetivos de otros instrumentos, pero los objetivos de estos también pueden incidir en los del PNIEC[43]. Esta circunstancia supone la creación de una relación de interacción recíproca entre contenidos, objetivos, medidas, previsiones o proyecciones de diferentes planes, produciendo de manera indirecta una situación de respeto y control entre planes que los jueces también deberán de tener en cuenta[44]. Así, p. ej., en algunas ocasiones el PNIEC responde a los compromisos adquiridos por España o Francia en la materia objeto de otro Plan, afirmando en esos casos que las medidas entre ambos planes son acordes o coherentes; en otras, se transmite un deber de respeto entre los planes mediante el uso de una pluralidad de locuciones como: estar en consonancia, encontrarse en línea, tener en cuenta, comprometerse a velar de manera responsable, generar oportunidades, prestar atención, contribuir a una mejora, ser sinérgico, o ir acorde, entre otros. Además de lo anterior, en ciertos casos, se hace uso de formas verbales que, en sí mismas, implican consideración entre los planes, como, p. ej., reforzar, impulsar, contribuir o promover, entre otras; mientras que otras veces se hallan denominaciones de mayor intensidad en la vinculatoriedad entre el contenido de los planes, haciendo uso de expresiones como deber ser acordes, ser compatibles, deber contemplar u obedecer[45].

Y es llegados a ese punto en el que, de alguna forma, se verán afectadas las fuentes formales de legalidad, razón por la cual los jueces deberían de

---

[42] PNIEC 2023-2030, pp. 685.

[43] Véase en el Anexo H del PNIEC las interrelaciones que, los objetivos en él abordados de reducción de emisiones de gases de efecto invernadero, penetración de las energías renovables y eficiencia energética, producen con otros planes, programas y estrategias, pp. 381-412.

[44] Véase la tabla de contenido proporcionada en el Anexo H, en la que se observa una gran variedad de tipos de interacción, *Ibid*.

[45] *Ibid*.

considerar, junto a los recursos tradicionales de legalidad, otros instrumentos de planificación, según el caso.

Los diferentes supuestos de interacciones entre planes, llegando a perjudicarse o verse afectados favorablemente entre ellos, pueden surgir según se trate en Francia de relaciones basadas en el *lien de compatibilité* o bien en el *lien de cohérence*. Mientras que en España las afecciones se generan con planes de valor normativo; otras veces, mediante compromisos incorporados en normas; o en caso de no respetarse principios generales del derecho en las relaciones interadministrativas.

Comenzando por Francia sin distinguir, en este momento, de si se trata de planes imperativos o indicativos, lo cierto es que actualmente coexisten múltiples herramientas de planificación en Francia, entre las que se encuentran el *Plan climat-air-énergie territorial* (PCAET), el *Schéma régional d'aménagement, de développement durable et d'égalité des territoires* (SRADDET), el *Plan Climat*, la Stratégie nationale bas carbone (SNBC), la *Programmation pluriannuelle de l'énergie* (PPE) o el *Plan national intégré énergie-climat de la France* (PNIEC), entre otros muchos[46]. La mención de ese variado abanico se debe a que, por ejemplo, el PNIEC francés, como uno de los grandes exponentes en materia de planificación energética, se sustenta en otros dos documentos nacionales, la SNBC y la PPE. Estos últimos a su vez, entran en una cadena de relaciones con otros planes que, inspirándose en relaciones urbanísticas, van desde el *lien de compatibilité* hasta el el *lien de cohérence juridique et politique* (*est pris en compte*)[47].

Todas esas relaciones, aunque se hayan tenido que enfrentar con la dificultad de no estar definidas en cuerpos legales, no solo permiten conciliar la convivencia de diferentes planes, sino que hacen participar a unos planes en

---

[46]   Además de esos planes, otros muchos aparecen relacionados con el PNIEC, la SNBC y la PPE en los propios instrumentos de planificación energética como, p. ej., el *Schéma de cohérence territoriale,* el *Plan local d'urbanisme intercomunal,* el *Plan national d'adaptation au changement climatique,* el *Plan de réduction des émissions de polluants atmosphériques,* la *Stratégie nationale de mobilisation de la biomasse,* la *Stratégie nationale de la recherche,* el *Plan national forêt bois,* el *Plan de rénovation énergétique du bâtiment,* el *Plan national de gestion des matières et déchets radioactif,* el *Schéma décennal de développement du réseau de transport d'électricité,* el *Plan de programmation de l'emploi et des compétences* o el *Plan stratégique d'EDF.* Consúltese PNIEC, pp. 4; SNBC, pp. 135-138; y PPE, pp. 10-12.

[47]   El propio PNIEC establece que «PPE et SNBC sont unies par un lien de compatibilité: la LTECV prévoit que la PPE doit être compatible avec la SNBC et les objectifs de réduction des émissions de gaz à effet de serre fixés dans les budgets carbone.», pp. 4. Pero la SNBC y la PPE tiene sus propias vinculaciones, véanse, p. ej., los arts. L. 22 2-1 B, L.144-1 y R.229-51 del *Code de l'environnement* y los arts. L.4251-2 y L.4433-8,2 del *Code général des collectivités territoriales,* en los que se establece el lien de prise en compte de la SNBC con el schéma régional d'aménagement, de développement durable et d'égalité des territoires, el Schéma d'aménagement régional o el Plan climat-air-énergie territorial.

la legalidad de los otros (convirtiéndolos en fuente normativa). No obstante, la labor de delimitación e interpretación llevada a cabo por la jurisprudencia en el seno de la planificación urbanística nos va a permitir su traslado y aplicación a planes energético-climáticos, como la SNBC o la PPE, y sus relaciones con otros planes[48].

En la práctica, cuando se establece que la PPE y la SNBC deben de respetar el *lien de compatibilité* (ser compatibles entre sí[49]), se está obligando a que las medidas adoptadas por uno de ellos no sean contrarias a las orientaciones del otro, de manera que no se perjudiquen los objetivos respectivos[50]. Esta compatibilidad entre planes implica no estar en contradicción con las opciones fundamentales y no desviarse de las orientaciones de las reglas generales del otro plan[51]. De suerte que, p. ej., la PPE contribuye significativamente a reducir

---

[48] Certu (2007: fiche nº 1). Para una ampliación sobre la normatividad e integración del clima en los documentos de planificación energético-climáticos en disputas urbanísticas, mediante los términos de *compatibilité* y *pris en compte*, véase M. Torre-Schaub, L. D'Ambrosio y B. Lormeteau (2019: 158-162). Además, consúltense, entre otras, las siguientes decisiones del *Conseil d'État* en las que se muestra la configuración de los términos de *lien de compatibilité* y *prise en compte*: CE, 9 juin 2004, Association Alsace Nature du Haut-Rhin, nº 254174; CE, 28 juillet 2004, Association de Défense de L'environnement et autres, nº 256511; CE, 17 mars 2010, Fédération Rhône-Alpes de protection de la nature-Ardèche, nº 311443; CE, 19 novembre 2020, Commune de Val-de-Reuil, n° 417362.

[49] La compatibilidad (o *lien de compatibilité*) es una figura jurídica que se ha desarrollado de forma mucho más profusa en planes que afectan al territorio, dado que no se trata solo de prestar atención a las obligaciones procedimentales, sino que se ha convertido en una verdadera obligación sustantiva, E. Carpentier y R. Nogüellou (2019: 1-3). En dichos casos, la compatibilidad ofrecida por los instrumentos de planificación inferiores supone respetar la jerarquía normativa del plan superior no contrariando sus reglas generales y dejándole margen suficiente para que pueda desarrollar y precisar sus objetivos mediante documentos o normas superiores. Dicho de otro modo, todo plan inferior debe incorporar el contenido del plan superior, aunque puede adaptar sus términos sin llegar a desconfigurar los elementos fundamentales de este último. La compatibilidad entre documentos urbanísticos se materializa en un documento llamado *rapport de compatibilité*, para diferenciarlo del *rapport de conformité* en el que exigen que las disposiciones entre planes sean idénticas, CE, 10 juin 1998 SA Leroy Merlin, nº 176920. *Cf.* también Guide méthodologique «Assurer la compatibilité des documents d'urbanisme avec les SDAGE et les PGRI du bassin Rhin-Meuse 2016- 2021», pp. 6-8; B. Phémolant (2002: 1101).

[50] Según la PPE «La programmation pluriannuelle de l'énergie doit être compatible avec les objectifs de réduction des émissions de gaz à effet de serre fixés par les budgets carbone, en particulier pour le secteur de l'énergie, et plus largement avec la stratégie bas-carbone (SNBC). Ce lien implique que la PPE n'inclut pas de mesures contraires aux orientations de la SNBC.», pp. 11. Además, el art. L.141-1 del *Code de l'énergie* establece «La programmation pluriannuelle de l'énergie, […] Elle est compatible avec les objectifs de réduction des émissions de gaz à effet de serre fixés dans le budget carbone mentionné à l'article L. 222-1 A du code de l'environnement, ainsi qu'avec la stratégie bas-carbone mentionnée à l'article L. 222-1 B du même code».

[51] Por ejemplo, los PCAET deben ser compatibles con las reglas definidas por los SRADDET sobre el desarrollo de las energías renovables y como los planes de protección de protección atmosférica, pp. 282 PPE. En este caso, al tratarse de planes que se encuentran jerarquizados,

las emisiones de gases de efecto invernadero mediante sus medidas de reducción de consumo de energía, priorizando energías con mayor contenido de carbono y sustituyendo los combustibles fósiles por energías renovables, en línea con la neutralidad de carbono establecido en la SNBC[52].

Continuando con instrumentos de planificación energética, como la SNBC y la PPE, estas planificaciones mantienen además vínculos de *pris en compte* (tenerse en cuenta) con otros muchos planes. Así, por ejemplo, el *Schéma régional d'aménagement, de développement durable et d'égalité des territoires* debe tener en cuenta a la SNBC o el *Plan climat-air-énergie territorial* debe vincular sus objetivos con dicha estrategia[53]. Mientras que la PPE es tenida en cuenta por planes y estrategias como el *Plan de programmation de l'emploi et des compétences* o la *Stratégie nationale de la recherche énergétique*[54]. En estos casos el espíritu y las orientaciones fundamentales de la SNBC y la PPE, es decir, los objetivos a medio y largo plazo deben respetarse al incorporarse en los otros planes[55]. Al tenerse en cuenta, p. ej., la SNBC a la hora de elaborar otros documentos de planificación, como el SRADDET, sus objetivos se incorporan como estrategias propias de este último no debiendo desviarse de las orientaciones

---

la compatibilidad implica no contradecir las reglas generales del plan superior que tienen vinculatoriedad reforzada. Consúltese Laurent Touvet, note sous CE, 10 juin 1998, SA Leroy Merlin, nº 176920. ADEME. Territoires y climat, Mobilisons nos énergies. Une diversité de démarches pour une diversité de territoires. [consulta 21 abril 2024]. Disponible en: https://www.territoires-climat.ademe.fr

52   Como ejemplo consúltese PPE, pp. 11 y SNBC pp. 12.

53   Según el art. L. 4251-2 du *Code général des collectivités territoriales*: «Les objectifs et les règles générales du schéma régional d'aménagement, de développement durable et d'égalité des territoires (...) 3° Prennent en compte (...) f) La stratégie nationale de développement à faible intensité de carbone, dénommée: « stratégie bas-carbone «, prévue par l'article L. 222-1-B du Code de l'environnement». Así como el art. R. 229-51 du Code de l'environnement según el cual «Le plan climat-air-énergie territorial [...] Si ces schémas ne prennent pas déjà en compte la stratégie nationale bas-carbone mentionnée à l'article L. 222-1 B, le plan climat-air-énergie territorial décrit également les modalités d'articulation de ses objectifs avec cette stratégie».

54   Según la PPE «Plusieurs documents de programmation prévus par la loi doivent s'articuler avec la PPE» estableciendo por ejemplo que «La stratégie nationale de la recherche énergétique [...] en prenant en compte les orientations définies par la SNBC et la PPE», pp. 12

55   Según la interpretación efectuada por el *Conseil d´État* aplicando el *Code de l'environnement* «L'Etat, les collectivités territoriales et leurs établissements publics respectifs prennent en compte la stratégie bas-carbone dans leurs documents de planification et de programmation qui ont des incidences significatives sur les émissions de gaz à effet de serre.», CE, 10 mai 2023, Grande-Synthe, nº 467982. De manera similar entiende con ocasión de schémas directeurs d'aménagement et de gestion des eaux, de los que considera «définissent de manière générale et harmonisée les objectifs de…» afirma que el resto de las normas y actuaciones «ne doivent pas, en principe, s'écarter des orientations fondamentales du schéma directeur d'aménagement et de gestion des eaux…» CE, 28 juillet 2004, Association de défense de l'environnement et autres, nº 25611.

básicas[56]. O sea, al existir el *lien de pris en compte* un plan no puede ignorar ni alejarse de los objetivos y orientaciones fundamentales del plan con el que tiene el vínculo[57]. No obstante, la obligación de tener en cuenta tiene una prescriptividad limitada, dado que obliga a no separarse de los criterios esenciales, salvo causa fundada y en la medida en que el interés público local lo justifique, bajo supervisión judicial[58].

En definitiva, la oponibilidad del *lien de compatibilité* y el *lien de pris en compte,* a los diferentes instrumentos de planificación (tanto los climático-energéticos como los de base eminentemente territorial o urbanística), supone una diversificación y ampliación de las fuentes de legalidad, dado que las autoridades competentes deberán ser conocedoras de dichos vínculos para no transgredirlos a la hora de elaborar los planes y, de igual manera, el juez de lo contencioso deberá de implementarlas si se presentan litigios relacionados con documentos de planificación.

Por su parte, en España las relaciones de coexistencia entre planificaciones de la transición energética se pueden estratificar en tres niveles:

Un primer caso para tener en cuenta surge cuando los propios planes vinculantes establecen una relación de coherencia con planes como el PNIEC. Véase que en el Plan de Desarrollo de la Red de Transporte de Energía Eléctrica 2021-2026 se ha establecido una verdadera vinculación: en sus primeras páginas, contextualizando la planificación eléctrica vinculante de la red de transporte

---

[56] Considerando que «La stratégie bas-carbone décrit les orientations et les dispositions d'ordre sectoriel ou transversal qui sont établies pour respecter les budgets carbones. Elle intègre des orientations sur le contenu en émissions de gaz à effet de serre […]. Elle définit un cadre économique de long terme …», estas son las prescripciones que deben de tenerse en cuenta, CE, 10 mai 2023, Grande-Synthe, nº 467982.

[57] ADEME. Territoires y climat, Mobilisons nos énergies. Une diversité de démarches pour une diversité de territoires. [consulta 21 abril 2024]. Disponible en: https://www.territoires-climat.ademe.fr

[58] Por ejemplo, considerando la duplicidad de posiciones en el contexto de «un schéma directeur d'aménagement et de gestion des eaux a été approuvé: [...] les programmes et les décisions administratives dans le domaine de l'eau doivent être compatibles ou rendus compatibles avec leurs dispositions. Les autres décisions administratives doivent prendre en compte les dispositions de ces schémas directeurs», CE, 9 juin 2004, Association Alsace nature du Haut-Rhin, nº254174, puede suceder que «les décisions administratives prises au titre de législations distinctes de celle de l'eau ne doivent pas, en principe, s'écarter des orientations fondamentales du schéma directeur d'aménagement et de gestion des eaux sauf, sous le contrôle du juge, pour un motif tiré de l'intérêt de l'opération envisagée et dans la mesure où ce motif le justifie», CE, 28 juillet 2004, Association de défense de l'environnement y autres, nº 25611. En el mismo sentido véase como la propia SNBC 2020 afirma que la estrategia y los presupuestos de carbono son exigibles para el sector público al deber tenerlos en cuenta, no pudiendo ser la SNBC ignorada y, en caso de discrepancias o diferencias estas deben ser explicadas o argumentadas, pp. 4.

(que él mismo va a desarrollar), establece que dicha planificación vinculante debe tomar como premisa el escenario objetivo del PNIEC[59]. Es decir, para la elaboración de una planificación vinculante como la de la Red Eléctrica, se toman como base las previsiones del PNIEC y las proyecciones que se obtendrán gracias al PNIEC, que en términos mayoritarios es un plan indicativo. Así lo demuestra la Orden TEC/212/2019, de 25 de febrero, por la que se inició el procedimiento para efectuar propuestas de desarrollo de la red de transporte de energía eléctrica con Horizonte 2026, al reflejar como uno de los principios rectores para la planificación de la red de transporte el cumplimiento de los compromisos en materia de energía y clima asumidos por el PNIEC[60].

En este tipo de relaciones entre planificaciones no podemos pasar por alto la incidencia que los instrumentos de planificación urbanística y de ordenación del territorio tienen en la planificación energética. La causa parece simple: los sistemas de distribución urbana tradicionalmente vienen respondiendo a la estructura energética dominante en cada época[61].

Sin embargo, la relación entre la planificación energética (en particular cuando afecta a energía renovable) y la ordenación del territorio, especialmente, tiene lugar a nivel autonómico, subregional y municipal como consecuencia de las competencias exclusivas de las Comunidades Autónomas y las Administraciones locales en urbanismo[62]. Seguramente, ese sea el motivo por el que, si se examinan las previsiones y medidas del PNIEC para mejorar la eficiencia energética, este dispone, p. ej., con relación a la estrategia para los edificios, su rehabilitación y la mejora de su eficiencia energética mediante certificados, programas de financiación o medidas legislativas[63], pero no se especifican medidas que tengan una proyección espacial e incidencia directa en la ordenación territorial. En consecuencia, en planes autonómicos como el Plan Energético de Aragón 2013-2020, en la misma materia, se

---

[59]   El plan de Red Eléctrica aplica a su red de partida el escenario de generación y demanda derivado del PNIEC sobre lo que se identifican posibles horas problemáticas para el suministro y necesidades de la red de transporte, Plan de desarrollo de la Red de Transporte de Energía Eléctrica, pp. 6-8.

[60]   En su artículo segundo estableció como Principios rectores de la Planificación de la red de transporte de electricidad 2021-2026: «a) El cumplimiento de los compromisos en materia de energía y clima se van a concretar a nivel nacional en el PNIEC 2021-2030».

[61]   Para una ampliación sobre las relaciones entre los sistemas energéticos y los espaciales consúltese R. Martín Mateo (1982: 58-87); A. Fernández Alba y R. Martín Mateo (1981: 15-40); J. Allende Landa (1983:103-140); J. González Paz (1989:113-135).

[62]   Aunque los entes locales en materia energética no poseen competencias directas reconocidas en la legislación estatal, el art. 25 de la Ley 7/1985, de 2 de abril, Reguladora de las Bases del Régimen Local les atribuye como propias competencias que se ven relacionadas con cuestiones energéticas como por ejemplo el urbanismo (además del medio ambiente urbano, el transporte colectivo urbano o los cementerios.

[63]   Véase PNIEC, pp. 57-58, 145-147, 150-151.

previó la promoción de la construcción de edificios nuevos de consumo casi nulo, que sí tienen una incidencia que ha de ser considerada por los instrumentos de planeamiento[64].

Un segundo tipo de interacciones las podemos encontrar en las relaciones que surgen entre el PNIEC y la Estrategia de Desarrollo Sostenible 2030. Esta última, es un documento programático fundamental para implementar en España la Agenda 2030, en la que se ponen de manifiesto las actuaciones del Gobierno en relación con los Objetivos de Desarrollo Sostenible (ODS)[65]. En el propio PNIEC2020-2030, en su Anexo E, se reflejó un análisis de cómo este interaccionaba con los ODS, viéndose afectados especialmente el Objetivo 7 de «energía asequible y no contaminante» y el Objetivo 13 «acción por el clima» al ser los dos ejes centrales y objetivos principales del PNIEC[66]. En cambio, el PNIEC 2023-20230, aunque mantiene la contribución principal al Objetivo 7 y al 13[67], considera a otros ODS en los que tiene un impacto significativo como pueden ser el Objetivo 3 «Salud y bienestar», el Objetivo 8 «Trabajo decente y crecimiento económico», el Objetivo 9 «Industria e Innovación», el Objetivo 11 «Ciudades y comunidades sostenibles» o el Objetivo 15 «Vida de ecosistemas terrestres».

Esto supone una estrecha vinculación entre ambos instrumentos (PNIEC y Estrategia 2030), surgiendo una interacción bidireccional: el PNIEC no puede diseñar medidas ni desarrollar acciones que contradigan, impidan o dificulten las metas de los ODS; y a su vez, la Estrategia de Desarrollo Sostenible 2030

---

[64] Plan Energético de Aragón 2013-2020, pp. 164. *Cf.* E. Domingo López (2000: 151).

[65] Estrategia De Desarrollo Sostenible 2030 Un Proyecto De País Para Hacer Realidad La Agenda 2030, pp. 247.

[66] Pero estos dos, nos son los únicos ODS que se ven afectados por el PNIEC, el Objetivo 17 «alianzas para lograr los objetivos» se afecta porque el PNIEC refleja las líneas maestras de colaboración y coordinación en materia energética entre el sector público y el privado en el ámbito local, autonómico, estatal e internacional ; el Objetivo 9 «industria, innovación e infraestructura» se afecta porque para el PNIEC el sector industrial es clave para lograr sus objetivos; el Objetivo 11 «ciudades y comunidades sostenibles» se afecta porque un gran número de medidas del PNIEC están dirigidas a núcleos urbanos; el Objetivo 12 «producción y consumo responsables» se afecta porque el PNIEC persigue reducir las emisiones y mejorar la eficiencia energética, fomentando para ello el autoconsumo, las comunidades energéticas locales y un aumento de la participación ciudadana en el sector energético; el Objetivo 8 «trabajo decente y crecimiento económico» se ve afectado porque gran parte de las medidas del PNIEC se traducen en inversiones que aumentarán el PIB, así como en actuaciones que necesitan mano de obra y son generadoras de puestos de trabajo; y el Objetivo 10 «reducción de las desigualdades» que se ve afectado porque el PNIEC persigue la lucha contra la pobreza energética y protección de los consumidores más vulnerables, PNIEC, Anexo E, pp. 359-362.

[67] Es necesario puntualizar que, aunque el PNIEC 2023 aduce la afección principal del Objetivo nº 12 «Acción por el clima», consideramos que ha sido un error queriendo referirse al Objetivo nº 13 el cual es el de Acción por el clima, mientras que el nº 12 es el Objetivo de «Producción y consumo responsable».

(que desarrolla la Agenda 2030) debe tener en cuenta las líneas de actuación propuestas en el PNIEC[68]. Y es que, aunque los ODS no sean jurídicamente vinculantes, se encuentran alineados con instrumentos como el Acuerdo de París que sí que lo son[69]. Debido a lo cual, si la Administración decidiera modificar el PNIEC no desacoplando el crecimiento económico del consumo energético, se contradirían las prioridades de actuación y metas establecidas en la Estrategia de Desarrollo Sostenible 2030. Sin embargo, aunque el juez tuviera en cuenta la relación existente entre el PNIEC y la Estrategia de Desarrollo Sostenible 2030, debería de poder materializar los enunciados de la estrategia en la laguna de ley existente o en algún principio de derecho que permitieran limitar el margen de apreciación del que se beneficia el Gobierno[70].

En tercer lugar, junto a las anteriores situaciones propiciadas por un plan de alcance nacional, pueden surgir otras cuyo origen fuese la planificación autonómica. Entre algunas de las Comunidades Autónomas que lindan con los Pirineos (p. ej., Cataluña o Aragón) en sus planes energéticos han apostado en ocasiones por la coordinación en sus interacciones con otros planes[71]; mientras que otras veces se ha aplicado la coherencia a los propósitos entre planificaciones[72].

---

[68]   Véase la correspondencia entre lo establecido por el PNIEC y la Estrategia de Desarrollo Sostenible 2030 en el Objetivo 13 «acción por el clima», pp. 58 y ss, Estrategia.

[69]   Se puede considerar que «los ODS y el Acuerdo de París constituyen un marco conjunto para guiar la acción global en el desarrollo sostenible con dos partes complementarias: los ODS como extensa agenda no vinculante, desarrollada tras un proceso altamente participativo y que define las prioridades globales para los próximos 15 años; y el Acuerdo del Clima de París, un acuerdo legalmente vinculante, centrado en el área del cambio climático y que compromete al mundo a mantenerse muy por debajo de los 2°C.», M. Cortés Puch (2016: 36).

[70]   La obligación positiva de un Estado de adoptar medidas positivas en materia climática debe de ser razonable, véase Tribunal de Apelación de la Haya, 9 de octubre de 2018, C/09/456689/HA ZA 13-1396, par. 42.

[71]   Por ejemplo, el Plan Energético de Navarra 2030 establece la coordinación con planificaciones sectoriales como la de industria, transporte o vivienda, pero especialmente con las de carácter territorial y ambiental (pp. 20); o el Plan Energético y Cambio Climático de Cataluña que, en materia de ahorro y eficiencia energética, considera que: al converger diversos ámbitos administrativos (comarcal, provincial, autonómico, estatal, europeo y mundial) con sus propios marcos regulatorios y planes (dentro de los cuales se integran las estrategias de actuación contenidas en el PECAC) establece sus medidas bajo una línea estratégica de coordinación (pp. 15,23,449). En estos casos se hace recaer, en la capacidad de interrelación de los gobiernos autonómicos con el resto de los gobiernos (estatal y autonómicos), la tarea de lograr objetivos compartidos a través de coordinación, G. Peters (1998:295-311).

[72]   Esta coherencia supone que, los propósitos de cada planificación, aunque estén orientados para lograr objetivos diferentes, deben relacionarse de forma armónica entre sí, consiguiendo que las acciones propuestas por un Plan sirvan para alcanzar los propósitos en común, como la lucha contra el cambio climático y la transición energética basada en energías renovables.

En consecuencia, el Plan Energético y Cambio Climático de Cataluña 2012-2020 (PECAC) p. ej., en materia de eficiencia energética, al considerarse receptor de las sinergias provocadas en otros ámbitos y poder él mismo influir en otros planes (potenciando los aspectos coincidentes y modificando los contrarios) estableció una coordinación vertical que suponía la compatibilidad con otros planes[73]. Sin embargo, en el reciente Plan Integrado de Energía y Clima de Catalunya 2030 (PINECCAT30) se ha optado por resaltar la coherencia de dicho plan con la Prospectiva Energética de Cataluña 2050 (PROENCAT 2050) y, por tanto, la necesidad de tener en cuenta el PNIEC 2023[74].

Por su parte, el Plan energético de Aragón 2013-2020, basándose en la coherencia, mantuvo el discurso marcado por los principios políticos energéticos europeos y estatales, así como por el resto de los planes regionales ya existentes[75]. Mientras que la versión propuesta a debate del nuevo Plan Energético de Aragón 2023-2030 (PLEAR2024) abandona la mención explícita a la coherencia entre planificaciones, refuerza la coordinación interdepartamental y por tanto la compatibilidad del PLEAR24 con la Agenda 2030, los ODS y los compromisos europeos en materia de acción climática[76].

En vista de estas configuraciones, es inevitable no atisbar cierta similitud entre el uso de la coordinación vertical y el *lien de compatibilité* francés, dado que ambos suponen la compatibilidad entre planes; mientras que la implementación de la coherencia y el *lien de pris en compte* francés suponen, en términos semejantes, no contradecir las prescripciones generales de otros planes teniéndolos en cuenta.

Por lo tanto, y a la vista de los supuestos abordados para Francia y España, el juez de lo contencioso en un litigio de planificación energética, además de estar obligado a utilizar las fuentes de legalidad tradicionales (especialmente ley y principios generales del Derecho), debería de considerar el resto de los planes existentes que interactuasen con el plan sometido a juicio. Esto supondría que los propios planes y sus relaciones con otros instrumentos de planificación configuran, por un lado, el universo jurídico dentro del que se desarrollará la libertad conferida a la Administración pública en el ejercicio

---

[73] Establece la compatibilidad con Planes de acción de la Comunidad Europea, Estrategias españolas (se debe entender también extendida a planes, aunque el PECAC no los mencione por no existir en el momento de elaboración de este), planes de otras Comunidades Autónomas y planes locales, PECAC. Junto a la coordinación vertical, fijó otra horizontal enfocada a una coordinación interdepartamental, de la que se esperaba, p. ej., la imbricación de planes medioambientales que se superpusieran pp. 15,23,30,355,449,671.

[74] PINECCAT30, pp. 6, 23 respectivamente.

[75] La coherencia supuso mantener los compromisos ya adquiridos en otros planes, de manera que se proporcionase una línea de continuidad entre el contexto energético antes y después de la aprobación del plan aragonés, pp. 28-29, 303-304.

[76] PLEAR2024, pp. 10, 15.

de facultades discrecionales y de otro, delimitan el contorno jurídico dentro del que los jueces podrán ejercer su vigilancia. Así, un supuesto a tener como guía, tanto en España como en Francia, para integrar los planes de la transición energética como fuente de legalidad respecto de otros planes es el respeto del *lien de compatibilité* y el vínculo de *pris en compte,* o bien el respeto de los principios de coherencia y coordinación integrados en los planes, dado que ambos principios están en la base de las relaciones interadministrativas[77]. En el resto de las situaciones de planes interrelacionados en España, se debe prestar atención a aquellos que en sí mismos son obligatorios y por tanto tienen naturaleza reglamentaria. Mientras que los planes más estratégicos que se encuentren alineados con compromisos políticos deberán poder ser recognoscibles en instrumentos internacionales, objetivos energético-climáticos positivizados en el ordenamiento español o principios jurídicos, para poder apoyarse en estos últimos el juez.

---

[77] Estos principios se reconocen por la Constitución Española (art. 103), la Ley 40/2015 (art. 140), e incluso normativa autonómica como Ley Foral 4/2022, de 22 de marzo, de cambio climático y transición energética en Navarra. Dicha norma de forma orientadora en el preámbulo enuncia que el Plan Energético Horizonte 2030 estará coordinado con otras planificaciones sectoriales como la de industria, transporte, vivienda, medioambiente o planificación del territorio. Pero, además, el legislador autonómico en su firme convencimiento de la necesidad de coordinación en materia de planificación energética lo ha trasladado al cuerpo de la norma. Así en un primer momento en su art. 1.4 recoge como finalidad de Navarra la necesidad de coordinar las políticas sectoriales relacionadas con la transición energética para alcanzar los objetivos establecidos en la planificación. Además, para lograr un nuevo modelo energético que se base en las ER y persiga una economía baja en carbono, tanto el Gobierno como la Administración de Navarra adoptaron a la planificación estratégica en materia energética como uno de los instrumentos que permitirá alcanzarlo. Debiendo según el art. 9 coordinar estos planes con el resto de las planificaciones sectoriales relacionadas con la energía o el cambio climático.

Capítulo 2

El progreso de la planificación energética en la litigiosidad climática en el contexto nacional europeo

La búsqueda de respuestas efectivas para la problemática jurídica que representa el cambio climático o la transición energética ha hecho que las acciones judiciales se hayan tornado como una herramienta imprescindible ante la emergencia climática. Esto nos lleva a alzaprimar el valor de la planificación de la transición energética en ese tipo de asuntos prestando especial atención a cómo dichos planes contribuyen en la hermenéutica judicial. En concreto, se han vuelto extremadamente útiles para aliviar y suplir carencias interpretativas ante pretensiones que, cada vez más, exigen acciones prestacionales de los gobiernos, o bien para configurar la obligación climática y el vínculo de causalidad en supuestos de responsabilidad estatal.

Esa utilidad se ha podido observar, con sus luces y sombras, en los litigios climáticos franceses y españoles más recientes, según veremos más adelante[78]. Pero la senda seguida en los citados asuntos no ha sido pionera, con anterioridad han existido múltiples casos en tribunales nacionales europeos que han abierto camino, así como grandes oportunidades perdidas[79]. Véase entre estas últimas, p. ej., el conocido como el asunto *Greenpeace Nordic Ass'n v. Ministry of Petroleum and Energy (People v Arctic Oil)*, en el que se abordó la violación del derecho constitucional a un medio ambiente propicio para la salud (art. 112

---

[78] Téngase en cuenta todo lo expuesto en P. Lucea Franco (2025: 278 pp) , así como CE, 19 novembre 2020 y 1 juillet 2021, Grande-Synthe, nº 427301; CE, 10 mai 20203, Grande-Synthe, nº 467982; Tribunal Administratif de París, 3 février 2021 et 14 octobre 2021, Ass. Oxfam France et autres, nº 1904967, 1904968, 1904972, 1904976/4-1; 22 décembre 2023, Ass. Oxfam France et autres, nº 2321828/4-1 ; SSTS 3556/2023, de 24 de julio; 3410/2023, de 18 de julio.

[79] *Cf.*, otros muchos asuntos en Estados Unidos, Reino Unido, Australia, Brasil o Méjico, entre otros. Para una ampliación de los asuntos climáticos consúltese la recopilación de C. Cournil (2020: 678 pp); así como el *Global Climate Litigation Report 2020 y 2023* del PNUMA.

Constitución) como consecuencia de la autorización en bloque de licencias de extracción de petróleo y gas en aguas profundas del Mar de Barents. Tras reconocer el derecho constitucional de los ciudadanos y de las generaciones futuras a un medio ambiente sano (éxito parcial), el Tribunal de Distrito desestimó la anulación de las licencias. Posteriormente, el Tribunal de Apelaciones sostuvo que el umbral de violación del art. 112 es alto, debiendo los tribunales actuar con moderación al revisar las decisiones políticas de los poderes políticos. En la misma línea se situó la Corte Suprema al considerar que las emisiones futuras son demasiado inciertas como para impedir la concesión de licencias y producir daños susceptibles de control ex art. 112 Constitución[80].

O bien el el *Giudizio Universale* en Italia, el cual se desarrolló en el Tribunal Civil de Roma (habiéndose celebrado la tercera audiencia el 13 de septiembre de 2023), ante el que se solicitó la condena del Estado por daños y perjuicios como consecuencia de su inactividad frente al cambio climático, con el fin de lograr una drástica reducción del 92% de las emisiones de gases de efecto invernadero hasta 2030[81]. En ese proceso se buscó la responsabilidad del Estado por medio de una acción indemnizatoria del ámbito civil ante la falta de lucha contra la crisis climática, usando entre otros argumentos, la falta de ambición en las medidas adicionales de actualización del PNIEC (apenas un 10% de reducción de GEI[82]) que, pese a ser un documento clave para la realización de los objetivos comunitarios de transición energética, configura a Italia como un país incapaz de liberarse del gas fósil[83]. Sin embargo, el litigio fue resuelto sin resolverse, es decir, el tribunal italiano consideró que carecía de jurisdicción para expresar su opinión sobre ese tipo de pretensiones. No obstante, la pretensión de modificar el PNIEC para adecuarlo a las necesidades reales de reducción de emisiones que eran necesarias y eliminar sus deficiencias en términos de adecuación, coherencia y razonabilidad fue tratada parcialmente: el tribunal determinó que se trataba de un poder discrecional que corresponde a los poderes públicos y, por tanto, las omisiones y conductas imputables a la

---

[80] Véase en District Court, 4 January 2018 in Oslo, Case nº 16-166674TVI-OTIR/06; Borgarting Court Of Appeal, 23 January 2020 Case nº 18-060499ASD-BORG/03; Supreme Court of Norway, 22 December 2020, HR-2020-2472-P, (case no. 20-051052SIV-HRET).

[81] Tribunale Ordinario di Roma, Sezione seconda civile, Sentenza nº 39415, de 26/02/2024.

[82] En el *atto di citazione* se adujo respecto del PNIEC que «Il Report rileva che, per effetto dei provvedimenti attualmente in vigore, entro il 2030, si verificherà una riduzione delle emissioni (rispetto ai livelli del 1990) pari al 26%; il medesimo Report rileva che, per effetto delle misure aggiuntive programmate nel PNIEC, la riduzione programmata entro il 2030 sarà del 36% (rispetto ai livelli del 1990).», es decir «Le misure previste nel PNIEC proiettano, dunque, un incremento minimo di riduzione (10%), evidentemente prescisso dall'emergenza climatica in corso.», par. III11-12, pp. 38.

[83] Para más información sobre el litigio consúltese *Giudizio Universale, invertiamo el proceso*. [consulta 1 abril 2025]. Disponible en https://giudiziouniversale.eu/.

lucha contra el cambio climático antropogénico debían llevarse a la jurisdicción contenciosa administrativa general[84].

A los dos fracasos europeos mencionados se pueden aducir otras decepciones internacionales que configuran la heterogénea batalla judicial librada ante los tribunales nacionales de diferentes países contra el cambio climático. Entre estos últimos se hallaría el caso *Juliana v. United States* ante la Corte Suprema de Estados Unidos en el que, después de diez años de litigio, se ha desestimado y sobreseído definitivamente la apelación de la demanda presentada por un grupo de 21 jóvenes y varias ONG contra el Gobierno estadounidense por considerasen privados constitucionalmente de los derechos a la vida y libertad como consecuencia del empeoramiento acaecido por el cambio climático[85].

Más allá de los casos citados, no es la intención extenuar el análisis de todos los litigios climáticos acontecidos (por no ser esta la finalidad perseguida, pues ello sobrepasaría la naturaleza del presente punto), pero si reparar en los más importantes para poner en valor la planificación energética de la mano de la progresión alcanzada en ciertos problemas jurídicos asociados al cambio climático como p. ej., la ausencia de una obligación climática regulada, la afección de ciertos derechos humanos o la dificultad probatoria del vínculo causal en supuestos de responsabilidad.

De tal forma que, con el análisis selectivo de asuntos relevantes en materia climática no perseguimos la instrumentalización de la jurisprudencia de derecho comparado. Sino tener en cuenta ciertos patrones de litigios europeos ya formalizados y poner en perspectiva cómo se va reforzando y facilitando la argumentación jurídica en pretensiones climáticas prestacionales y de responsabilidad mediante la reinterpretación de los derechos humanos, la puesta en valor de principios tradicionales, la formulación de nuevas obligaciones o la consideración de los avances científicos. Siendo todo ello parte del sustrato jurídico en el que la planificación energética de Francia y España ha ido ganando peso, hasta paulatinamente incorporarse como criterio

---

[84] El tribunal afirmó que «Invero, riguardo alla domanda proposta, in via subordinata, volta ad ottenere una modifica del Piano Nazionale Integrato Energia e Clima (PNIEC),[…] lasciando agli Stati discrezionalità nell'individuazione delle misure più idonee al raggiungimento degli obiettivi definiti a livello europeo. Le asserite carenze del piano sotto il profilo della adeguatezza, coerenza e ragionevolezza rispetto a tali obiettivi nel nostro ordinamento sono censurabili dinanzi al Giudice amministrativo. La questione attiene alla legittimità dell'atto amministrativo e, comunque, a comportamenti e omissioni riconducibili all'esercizio di poteri pubblici in materia di contrasto al cambiamento climatico antropogenico e quindi è afferente alla giurisdizione amministrativa generale di legittimità.», Tribunale Ordinario di Roma, Sezione seconda civile, Sentenza nº 39415, de 26/02/2024.

[85] *Vid.*, Supreme Court of the United States, (Order List: 604 U.S.), Monday, March 24, 2025, Certiorari Denied, 24-645 Juliana, Kelsey C. R., Et Al. V. United States, Et Al.

hermenéutico por los tribunales, en mayor medida en el país galo, según se verá más adelante.

Para ello abordaremos en primer lugar la decisión del caso Urgenda, por ser un referente jurisprudencial en el que se reinterpretaron principios tradicionales para adaptarlos a las nuevas necesidades de una obligación climática (a). Siendo posteriormente en el asunto *ASBL Klimaatzaak* una disputa en la que se introdujo la planificación climático-energética como criterio de referencia y orientador del deber de prudencia de los entes públicos (b). Continuando con tres asuntos en los que se buscaba responsabilizar al gobierno por su contribución consciente a los niveles peligrosos del cambio climático mediante una afección de los derechos humanos (c): ya fuere a través de un Plan Nacional de mitigación poco ambicioso y apenas detallado (caso Friends of the Irish Environment) (c1); mediante el control jurisdiccional de la Ley de Cambio Climático (*Klimaschutzgesetz*) ante Tribunal Constitucional alemán en 2021 (c2); o a través de la modulación del vínculo causal por los efectos negativos del cambio climático (caso Señoras mayores de Suiza) (c3).

a) Como ha sucedido en otros de los elementos estudiados hasta el momento, con anterioridad o de forma coetánea al caso Urgenda no habían proliferado con éxito decisiones judiciales reconociendo la responsabilidad climática de un Estado de forma subyacente a una obligación climática[86].

Sería el Tribunal de primera instancia de la Haya el que innovó el panorama al afirmar que existía una obligación climática a cargo del Estado, basada en el deber de diligencia, mediante la que los jueces sí podían exigir responsabilidades al Gobierno. Para ello se consideró que, aunque las normas internacionales, europeas e, incluso, la Constitución Holandesa no establecieran obligaciones legales climáticas constitutivas de derechos directos a favor de los demandantes[87]; en base a ellas, sí que podía formularse que existía un

---

[86] Véase como en el asunto de *Plan B Earth* contra el Secretario de Estado de Reino Unido, se persiguió el incumplimiento de este último en su facultad de revisión de los objetivos de emisiones para 2050 como consecuencia de avances significativos de la ciencia, en el derecho internacional o en la política. Dicha facultad fue considerada que podía ejercerse a juicio del Secretario, dado que la normativa aplicable (Ley de Cambio Climático de 2008 y Acuerdo de París) no creaba ningún deber vinculante como para que el Secretario debiera establecer nuevos objetivos para 2050; considerándose racional la decisión de no modificar los objetivos ante la ausencia de una obligación, es decir, el ejercicio discrecional no fue *ultra vires* porque no existe ninguna obligación, High Court of Justice Queen's Bench division Administrative Court. Plan B Earth y others vs. Secretary of State for Bussiness, Energy and Industrial Strategy and The Committee for Climate Change, 22 february y20 july 2018, nº CO/16/2018.

[87] El tribunal consideró que «The foregoing leads the court to conclude that a legal obligation of the State towards Urgenda cannot be derived from Article 21 of the Dutch Constitution, the «no harm» principle, the UN Climate Change Convention, with associated protocols, and

deber de diligencia hacia los demandantes, en forma de un deber de cuidado que el Estado debía de observar adoptando medidas de mitigación suficientes para prevenir el cambio climático[88]. Es decir, de la Convención Marco de las Naciones Unidas sobre el Cambio Climático se derivan principios internacionales como el de equidad, precaución y sostenibilidad, al igual que en el TFUE se formulan principios europeos como el de alto nivel de protección, precaución y prevención que, son especialmente relevantes para configurar el deber de cuidado ante el cambio climático[89].

Así, aunque esos principios no tengan un efecto directo, sin embargo, sí que determinan el marco y la forma en que los Estados pueden ejercen sus poderes discrecionales en materia de política climática[90]; el cuidado del Estado no puede estar por debajo del estándar internacional o comunitario, o sea, ese deber de cuidado tiene que aplicarse, interpretarse y ejecutarse respetando las reglas y obligaciones climáticas adoptadas en tratados y el derecho comunitario[91].

Dichos bloques normativos de normas generales, objetivos y principios fueron aceptados por Países Bajos generando, de este modo, su responsabilidad frente al cambio climático y los niveles de emisiones, porque pasó a estar obligado a adoptar medidas en su propio territorio para prevenir los peligros del cambio climático[92]. La responsabilidad del Estado alcanzaba a todos sus

---

Article 191 TFEU with the ETS Directive and Effort SharingDecision based on TFEU.», (par. 4.52), Tribunal Supremo Holandés, 24/06/2015, C/09/456689 / HA ZA 13-1396.

[88] Aunque los citados preceptos no vincularan de manera directa al Estado sí tenían eficacia interpretativa, según la doctrina *reflect effect* de modo que fueron tenido en cuenta por el tribunal para determinar si el estado había vulnerado su deber de cuidado, permitiendo garantizar derechos cuando estos no obligan al Estado de manera directa, M. Antonino de la Cámara (2022: 312-313).

[89] *Vid.*, par. 4.55-4.63, *Op. cit.*

[90] En la toma en cuenta de diferentes factores para configurar el deber de cuidado, el tribunal holandés determinó respecto a la normativa internacional y europea que «The objectives and principles stated here do not have a direct effect due to their international andprivate-law nature, as has been considered above. However, they do determine to a great extent the framework for and the manner in which the State exercises its powers…», (par. 4.63), *Op. cit.*

[91] En el examen de si el Estado estaba cumpliendo su deber de cuidado adoptando las medidas suficientes para prevenir los peligros del cambio climático, el tribunal consideró que «… that this does not alter the fact that the State has the discretion to determine how it fulfils its duty of care. However, this discretionary powervested in the State is not unlimited: the State's care may not be below standard.», (par. 4.53), *Ibid.* No obstante, es importante señalar que el tribunal tiene en cuenta la posibilidad de que el estado se aparte de los principios, objetivos o normativa adoptada, siempre que justifique su desviación en base a los costos porque «The State should not be expected to do the impossible nor may a disproportionately high burden be placed on it.», (par. 4.77), *Op. cit.*

[92] En aquel momento se consideró un hecho establecido que los objetivos de reducción de emisiones eran insuficientes, para alcanzar los objetivos de 2020, aumentando exponencialmente

actos u omisiones porque a través de ellos tenía el poder de controlar los niveles de emisiones en su territorio, por este motivo, el tribunal le exigió un alto nivel de meticulosidad para evitar los riesgos graves y mortales asociados al cambio climático[93]. Es más, aunque la cantidad de emisiones de Holanda fuera pequeña en comparación con otros países, el tribunal dirimió que ello no afectaba a la obligación de adoptar medidas sobre la base de la obligación del estado de ejercer cuidado[94]. En definitiva, se rechazó la idea de eximir de responsabilidad al Estado solo porque su contribución en las emisiones fuera menor (en comparación con otros Estados), dado que eso no alteraba la obligación del Estado de cuidar a terceros[95].

Combinando todos los argumentos superiores, el Tribunal de la Haya concluyó con la existencia de una obligación estatal positiva de adoptar medidas de mitigación en materia de cambio climático sustentada sobre el deber de cuidado (*Duty of care*[96]), de conformidad con los últimos conocimientos

---

las posibilidades de un cambio climático peligroso y con graves consecuencias para el hombre y medioambiente, determinando que «… the State is obliged to take measures in its own territory to prevent dangerous climate change (mitigation measures).», (par. 4.65), *Op. cit.*

[93] La responsabilidad del Estado frente a los riesgos derivados del cambio climático continuó configurándose de forma que «Since the State's acts or omissions are connected to the Dutch emissions a high level of meticulousness should be required of it in view of the security interests of third parties (citizens), […] the State expressly accepted its responsibility for the national emission level and in this context accepted the obligation to reduce this emission level as much as needed to prevent dangerous climate change.», (par. 4.66). Además «…there is a high risk of dangerous climate change with severe and life-threatening consequences for man and the environment, the State has the obligation to protect its citizens from it by taking appropriate and effective measures.», (par. 4.74) *Op. cit.*

[94] El Tribunal de la Haya estableció que, aunque fuera un hecho establecido que el cambio climático era un problema global que requería responsabilidad global, ello no afectaba al compromiso holandés. Así «The fact that the amount of the Dutch emissions is small compared to other countries does not affect the obligation to take precautionary measures in view of the State's obligation to exercise care.», (par. 4.79) *Op. cit.*

[95] El Tribunal de la Haya aplicado *mutatis mutandis* su jurisprudencia anterior afirmó que «the court arrives at the opinion that the single circumstance that the Dutchemissions only constitute a minor contribution to global emissions does not alter the State's obligation to exercise care towards third parties.», *Ibid.*

[96] Mediante el uso de la terminología inglesa, se puede enfatizar en la diferencia existente entre el *Duty of care* o deber de cuidado, que es una obligación de actuar, la cual en caso de ser infringida acarrea responsabilidades por antijuridicidad; y, el *standard of care* que, se encuentra relacionado con la culpabilidad de la conducta y su reprochabilidad según el nivel de diligencia observado. Teniendo esto en cuenta, el Tribunal de la Haya se centró en la problemática de la ausencia de una norma concreta que impusiera la obligación de adoptar medidas de reducción (*duty of care*), lo cual fue resuelto mediante la congregación de normas constitucionales, comunitarias e internacionales. De todas ellas se extrajo un deber de cuidado genérico que debía de ser ejecutado discrecionalmente por el Gobierno en el marco del estándar de diligencia (*standard of care*), N. Rodríguez García (2016: 17-18).

científicos y la política internacional[97]. Y, en consecuencia, afirmó la actuación ilegal de Holanda habiendo incumplido su deber de cuidado al mantener su nivel de reducción de emisiones (17%) por debajo de un mínimo absoluto que, según el estándar científico era el suficientemente eficaz para evitar el peligro de un cambio climático peligroso (25%)[98].

Todo este prolegómeno de los puntos clave del asunto holandés en la configuración judicial de la obligación climática es útil para contextualizar cómo los jueces innovaron en la teoría de la responsabilidad mediante una configuración de la obligación estatal en la mitigación del cambio climático a través de la imposibilidad de garantizar una ausencia de riesgos; es decir, la incertidumbre de los riesgos asociados al cambio climático (riesgos inciertos) hizo que fuera obligatorio para el Estado honrar su deber de cuidado implementando medidas suficientes y capaces de reducir el riesgo[99]. Pero no solo eso,

---

[97]   La conclusión sobre el deber de diligencia fue que «Due to the severity of the consequences of climate change and the great risk of hazardous climate change occurring – without mitigating measures – the court concludes that the State has a duty of care to take mitigation measures.[…] It is an established fact that with the current emission reduction policy of 20% at most in an EU context (about 17% in the Netherlands) for the year 2020, the State does not meet the standard which according to the latest scientific knowledge and in the international climate policy is required for Annex I countries to meet the 2°C target.», (par. 4.83-4.84) Tribunal Supremo Holandés, 24/06/2015, C/09/456689 / HA ZA 13-1396. *Cf.*, también la importancia de la ciencia en el asunto Janecek y Urgenda, dado que cuando las leyes implementen conocimientos científicos como niveles umbral, estos constituirán un punto de partida para el examen legal, en K. Purnhagen (2015: 444).

[98]   El señalamiento por el tribunal del 25% como porcentaje mínimo de reducción de emisiones no debe considerarse como una invasión de la separación de poderes, dado que se trata de una cifra respaldada científicamente y que anteriormente había sido asumida por el Estado al haber fijado como porcentaje de reducción de emisiones un 30%. En este sentido argumentó que «… the State also argues that a higher reduction target is one of the possibilities. This leads the court to the conclusion regarding this issue of the dispute that the State, given the limitation of its discretionary power discussed here, in case of a reduction below 25-40% falls to fulfil its duty of care and therefore acts unlawfully. Although it has been established that the State in the past committed to a30% reduction target and it has not been established that this higher reduction target is not feasible, the court sees insufficient grounds to compel the State to adopt a higher level than the minimum level of 25%.», (par. 4.86) *Op. cit.*

[99]   Parte de la argumentación efectuada por el Tribunal de la Haya se centró en superar las limitaciones tradicionales ofrecidas por los efectos del cambio climático difusos, difíciles de identificar, complicados de atribuir o complejos de probar. De forma que, apoyándose en el principio de precaución, configuraron como obligación del Estado el deber de reducir las emisiones de gases de efecto invernadero en coherencia con lo exigido por los compromisos internacionales; porque no hacía falta una prueba del riesgo perjudicial, bastaba con la existencia de un riesgo hipotético e incierto para que el Estado ejerciera su función anticipatoria, M. Torre-Schaub, L. D'ambrosio y B. Lormeteau (2019: 84). Este tipo de argumentaciones, si bien no habían sido usadas para litigios relacionados con el cambio climático, sin embargo, ya se habían implementado en asuntos civiles franceses, como el asunto Bouygues Telecom. En dicho litigio, la exposición a radiaciones emitidas por las estaciones de telefonía móvil representaba un riesgo hipotético

además, la interpretación judicial de la obligación estatal a través de esa diligencia debida, imponiendo al gobierno un deber de vigilancia, significó interrelacionar de forma alternativa el principio de prevención y el de precaución porque, aunque sean muy distintos en ámbitos medioambientales se refuerzan mutuamente: la diligencia exigible proveniente de la obligación de prevención se implementa mediante medidas precaución[100].

Una vez que el Tribunal de primera instancia de la Haya configuró la obligación climática del Estado holandés apoyándose sobre preceptos sin vinculación directa, pero con suficiente fuerza interpretativa como para determinar el incumplimiento del deber de cuidado, la posterior apelación ante la Corte suprema y la casación ante el Tribunal Supremo perfilaron la mencionada obligación climática. El motivo radica en que, a diferencia de la primera instancia, en la apelación la procrastinación del Estado (al no comprometerse a un mayor nivel de reducción de emisiones de gases de efecto invernadero) se reclamó como una ilicitud contraria al deber de cuidado positivo y negativo exigido por los arts. 2 y 8 del Convenio Europeo de Derechos Humanos[101]. Y así, las obligaciones asociadas al cambio climático y su (in)cumplimiento pasaron a estar vinculadas con ciertos derechos fundamentales, es decir, el tribunal dictaminó que el Gobierno tenía obligaciones positivas y negativas en relación con el derecho a la vida, la vivienda y la vida privada[102]. En definitiva, el deber de cuidado

---

para la salud, porque todavía no estaba demostrado científicamente, afirmándose que «si les conséquences sanitaires des champs électromagnétiques demeurent mal connues, les connaissances scientifiques actuelles sont suffisantes pour prendre des mesures de gestion de risques»; así como «qu'aucun élément ne permet d'écarter péremptoirement l'impact sur la santé publique de l'exposition de personnes à des ondes ou des champs électromagnétiques ELF». De manera que «si la réalisation du risque reste hypothétique, [...], que l'incertitude sur l'inocuité d'une exposition aux ondes émises par les antennes relais, demeure et qu'elle peut être qualifiée de sérieuse et raisonnable», el principio de precaución hizo tenerlo en cuenta y desmantelar la antena repetidora, CA Versailles, 4 février 2009, Bouygues Telecom, nº 08/08775.

[100] La pertenencia de la aplicación combinada de ambos principios radica en que la eficacia y viabilidad del principio de precaución reside en la rentabilidad, en términos de costos-efectividad, que tienen las medidas de mitigación adoptadas de forma preventiva, porque «es mejor prevenir que curar», *Cf.* M. Torre-Schaub, L. D'ambrosio y B. Lormeteau (2019: 86-87). Para una ampliación de la interrelación entre los dos principios consúltese F. Brocal von Plauen (2005: 522-530).

[101] El reclamo de Urgenda se formuló de tal manera que «the State's 'procrastination', meaning its failure to commit to a greater emission reduction by end-2020, Urgenda is of the opinion that the State has acted unlawfully towards it, because such conduct violates proper social conduct and is contrary to the positive and negative duty of care expressed in Articles 2 (the right to life) and 8 ECHR (the right to family life, which also covers the right to be protected from harmful environmental influences of a nature and scope this serious).», par. 29, Tribunal de Apelación de la Haya, 9 octubre 2018, C/09/456689/ HA ZA 13-1396.

[102] El Tribunal de Apelación de la Haya consideró que «Under Articles 2 and 8 ECHR, the government has both positive and negative obligations relating to the interests protected by

y diligencia que recaía sobre el Estado para proteger los derechos de los arts. 2 y 8 del Convenio Europeo de Derechos Humanos (CEDH) fue incumplido al no querer reducir las emisiones en al menos un 25%, pasando de este modo el derecho a la vida, la vivienda y la vida privada a integrar la obligación climática como fundamento jurídico vinculante[103]. Esta interpretación combinada con la remodelada noción de peligro climático *ex* arts. 2 y 8 del CEDH efectuada por el Tribunal Supremo (el peligro inminente ya no era exclusivamente temporal sino que bastaba con demostrar una relación de causalidad[104]) supuso una hermenéutica garantista y más humanitaria por parte poder judicial holandés de la obligación climática: el Estado pasó a tener responsabilidad climática, tanto por las acciones como por las omisiones de aquellas medidas necesarias para proteger los derechos vitales de sus nacionales de las consecuencias y riesgos del cambio climático[105].

---

these articles, including the positive obligation to take concrete actions to prevent a future violation of these interests (in short: a duty of care). […] In short, the State has a positive obligation to protect the lives of citizens within its jurisdiction underArticle 2 ECHR, while Article 8 ECHR creates the obligation to protect the right to home and private life…», par. 41-43, *Op. cit.*

[103]   En la decisión final el Tribunal de Apelación de la Haya determinó que «All of the above leads to the conclusion that the State is acting unlawfully (because in contravention of the duty of care under Articles 2 and 8 ECHR) by failing to pursue a more ambitious reduction as of end-2020, and that the State should reduce emissions by at least 25% by end-2020.», par. 76, *Op. cit.*

[104]   El Tribunal Supremo holandés reproduciendo la jurisprudencia del TEDH consideró que la vulneración de los derechos de los arts. 2 y 8 del CEDH, aunque requieren la existencia de un riesgo real e inmediato, entendido como genuino e inminente, no significa que tenga que ser a corto plazo pudiendo ser también a largo plazo. En este sentido afirmó que «It is obliged to take appropriate steps if there is a real and immediate risk to persons and the state in question is aware of that risk. In this context, the term 'real and immediate risk' must be understood to refer to a risk that is both genuine and imminent. The term 'immediate' does not refer to imminence in the sense that the risk must materialise within a short period of time, but rather that the risk in question is directly threatening the persons involved. The protection of Article 2 ECHR also regards risks that may only materialise in the longer term. […]Article 8 ECHR was violated […] The obligation to take measures exists if there is a risk that serious environmental contamination may affect individuals' well-being and prevent them from enjoying their homes in such a way as to affect their private and family life adversely. That risk need not exist in the short term.», Tribunal Supremo de los Países Bajos, 20 diciembre 2020, Caso Urgenda, nº 19/00135, par. 5.2.2-5.2.3.

[105]   En el recurso de casación, el Tribunal Supremo holandés culminó la vinculatoriedad de los arts. 2 y 8 del CEDH en relación con la obligación climática al establecer que «…this constitutes a 'real and immediate risk' […] and it entails the risk that the lives and welfare of Dutch residents could be seriously jeopardised. […] The fact that this risk will only be able to materialise a few decades from now and that it will not impact specific persons or a specific group of persons but large parts of the population does not mean – contrary to the State's assertions – that Articles 2 and 8 ECHR offer no protection from this threat (see above in para. 5.3.1 and the conclusion of paras. 5.2.2 and 5.2.3). This is consistent with the precautionary principle (see para. 5.3.2, above). The mere existence of a sufficiently genuine possibility that this risk will materialise means that suitable measures must be taken.», par. 5.6.2, *Op. cit.* De manera que «It follows from the considerations in 5.1.7-6.2 above that, in this case, the State has a legal duty by virtue of the

Paralelamente la labor interpretativa de los jueces en el caso Urgenda marcó un antes y un después en la determinación del vínculo causal en litigios relacionados con los daños provocados por el cambio climático. Con anterioridad a 2015 fue complicado establecer un vínculo causal entre la obligación climática a cargo del Estado y la responsabilidad estatal derivada de ella[106]. Pero la instrumentalización de la obligación de diligencia por el juez holandés permitió construir el vínculo causal entre las obligaciones del Estado y la aceptación implícita de la existencia de daños o riesgos futuros[107].

El Tribunal de Primera Instancia de la Haya supuso la existencia de un vínculo causal suficiente entre las emisiones holandesas de gases de efecto invernadero, el cambio climático holandés y los efectos (coetáneos y a futuro) sobre el clima holandés[108]. Dicha consideración fue a causa de establecer que, aunque el cambio climático fuera un problema mundial, ávido de responsabilidad global, ello no disminuía la obligación de cuidado del Estado holandés (responsabilidad conjunta pero individual[109]) para reducir las emisiones de gases de efecto invernadero y así evitar un peligro sobre los ciudadanos[110]. Por esta razón, el hecho de que en aquel momento las emisiones holandesas fueran reducidas, en una comparativa a escala global, no alteraba la circunstancia de que dichas emisiones ya habían contribuido al

---

protection it must provide to residents of the Netherlands on the basis of Articles 2 and 8 ECHR in order to protect their right to life and their right to private and family life.», par. 8.2.2, *Op. cit.* Véase también sobre la importancia de la segunda instancia y la casación en el asunto Urgenda para la vinculatoriedad de los derechos del CEDH, M. Antonino de la Cámara (2022: 313-315). En cuanto al concepto más humanitario de la responsabilidad climática, este se refiere al tránsito de la concepción clásica de la responsabilidad a un significado basado en una obligación climática que protege los derechos fundamentales de las poblaciones contra los riesgos ambientales y climáticos, M. Torre-Schaub, L. D'ambrosio y B. Lormeteau (2019: 78). Esta humanización de la responsabilidad, especialmente, se verá en el epígrafe siguiente al estudiar el vínculo causal en la responsabilidad climática.

[106] Véase, por ejemplo, como en el asunto estadounidense de Massachusetts contra la EPA existió una grave dificultad para encontrar vínculos causales reales entre el calentamiento global y los daños causados a los seres humanos, como consecuencia de una gran incertidumbre científica. La institución clásica de la responsabilidad exigía un vínculo causal que representase la presunción de causalidad, la cual solo podía darse si se disipaban las incertidumbres científicas o aceptándolas en el marco de la precaución. Para una ampliación consúltese M. Torre-Schaub (2007: 686-713).

[107] M. Torre-Schaub (2018a:30).

[108] Tribunal Supremo Holandés, 24/06/2015, C/09/456689 / HA ZA 13-1396, par. 4.90.

[109] Aunque los daños climáticos sean el resultado acumulativo de varias fuentes emisoras de gases (Estados), la responsabilidad debe repartirse a prorrata y de forma proporcional entre todos los causantes, véase la doctrina establecida en el asunto de las Minas de potasa, ST-JUE, Caso Handelskwekerij G. J. Bier BV contra Mines de potasse d'Alsace SA, 30 noviembre 1976, C-21/76.

[110] Tribunal Supremo Holandés, 24/06/2015, C/09/456689 / HA ZA 13-1396, par. 4.79.

cambio climático y seguirían haciéndolo[111]. De manera que, habiendo cons-tatado el tribunal la producción del cambio climático hasta aquel momento (en parte por las emisiones de gases de efecto invernadero holandesas) y las consecuencias negativas de él derivadas (fenómenos atmosféricos de especial intensidad), era muy probable y existía el riesgo de que, si no disminuían las emisiones se produjeran graves consecuencias derivadas de un cambio climático peligroso[112]. Siendo, por tanto, en opinión del tribunal muy elevada la posibilidad de producirse daños en las generaciones presentes y las futuras, violándose así el estándar de seguridad (deber de cuidado) en la lucha contra el cambio climático[113].

La aceptación implícita por el juez holandés de la existencia de un daño o riesgo futuro puesta en relación con la obligación de diligencia sentó un precedente en el que se modificó el vínculo causal, al ser interpretado de forma amplia e innovadora combinando el principio de equidad, el carácter común de los bienes afectado y el deber del Estado de ser líder en la lucha contra el cambio climático[114]. Ya no se trataba de determinar cuánto contribuían los Países Bajos al cambio climático, sino que se trataba de una contribución colectiva al daño (responsabilidad conjunta), pero individualizada, porque el Estado debía perseguir el liderazgo en la lucha climática[115].

A partir de ese momento, otros jueces nacionales decidieron en asuntos de responsabilidad climática del Estado haciendo uso de la construcción del vínculo causal proporcionada en el asunto Urgenda[116]; la cual asociada a la imposibilidad de garantizar la ausencia de riesgos futuros requería, por el deber

---

[111] Par. 4.90, *Ibid.*

[112] El Tribunal consideró que «Due to the severity of the consequences of climate change and the great risk of hazardous climate change occurring – without mitigating measures – the court concludes that the State has a duty of care to take mitigation measures….», par. 4.83, *Ibid.* De manera que «It is an established fact that climate change is occurring partly due to the Dutch greenhouse gas emissions. It is also an established fact that the negative consequences are currently being experienced in the Netherlands, such as heavy precipitation, and that adaptation measures are already being taken to make the Netherlands «climate-proof». *Moreover, it is established that if the global emissions, partly caused by the Netherlands, do not decrease substantially, hazardous climate change will probably occur.*», par. 4.89, *Ibid.*

[113] *Vid*. par. 4.83-4.93, *Op. cit.*

[114] Para una ampliación en el examen de la superación de obstáculos en la justiciabilidad climática en el asunto Urgenda relacionados con la construcción pretoriana del vínculo causal consúltese M. Torre-Schaub (2016: 709-712).

[115] M. Torre-Schaub, L. D'ambrosio y B. Lormeteau (2019: 83).

[116] La sentencia holandesa innovó en cuanto a la no exigencia de pruebas tangibles que demostraran el riesgo perjudicial, siendo suficiente la existencia de un riesgo hipotético e incierto, porque como tal el riesgo existe y permitía establecer responsabilidad por el deber del Estado de anticiparse, *Op. cit*, pp. 84.

de cuidado, adoptar medidas suficientes y capaces de reducir el riesgo apelando al principio de precaución[117].

b) Con posterioridad a la decisión de Urgenda y, una vez abierta la posibilidad de decisiones judiciales que constriñeran a los estados a actuar en un determinado sentido en cuestiones relacionadas con el cambio climático (p. ej. emisiones de gases de efecto invernadero) por motivos de responsabilidad climática basada tanto en normativa internacional como nacional; no tardaron en añadirse a la saga de litigios climáticos nuevas reclamaciones de responsabilidad por incumplimientos estatales.

Entre ellos se encuentra la disputa belga *ASBL Klimaatzaak* de 2015 en la que, siguiendo la estela del asunto holandés, se consideró la existencia de una obligación positiva estatal de remediar y prevenir las consecuencias negativas derivadas del calentamiento global que causa el cambio climático[118]. Aunque los resultados no fueron los mismos en comparación con el proceso holandés, porque el tribunal belga juzgó que, sólo le correspondía constatar las deficiencias, pero no corregirlas[119]; sí que se desarrolló una argumentación similar para sustentar la obligación climática generadora de responsabilidad.

En el asunto *ASBL Klimaatzaak,* la responsabilidad ambiental de las autoridades públicas se articuló sobre el comportamiento ilícito del Estado y las Regiones al no haber adoptado las medidas adecuadas (de carácter legislativo o ejecutivo) que previnieran los peligros del calentamiento global y las consecuencias adversas para los derechos fundamentales[120]. Esa ilicitud se

---

[117] *Ibid.*

[118] El Tribunal de Primera Instancia francófono de Bruselas afirmó que «C'est dès lors à juste titre qu'en l'espèce, les parties demanderesses soutiennent que les articles 2 et 8 de la CEDH imposent aux pouvoirs publics une obligation positive de prendre les mesures nécessaires pour réparer et prévenir les conséquences néfastes du réchauffement climatique dangereux sur leur vie et leur vie privée et familiale», pp. 61, Tribunal de Première Instance francophone de Bruxelles, Section Civile, ASBL Klimaatzaak, 17/06/2021, nº 201574585/A.

[119] El Tribunal de Bruselas determinó que «il n'appartient pas au juge de déterminer les objectifs chiffrés de réduction des émissions de GES tous secteurs confondus que devrait rencontrer la Belgique afin de «faire sa part» *dans la prévention du réchauffement climatique dangereux. Autrement dit, s'il rentre bien dans le rôle du tribunal de constater une carence dans le chef de l'Etat fédéral et des trois Régions, ce constat ne l'autorise pas, en vertu du principe de séparation des pouvoirs, à fixer lui-même des objectifs de réduction d'émissions de GES de la Belgique. La demande d'injonction formulée par les parties demanderesses sera dès lors déclarée non fondée.», pp. 82, Op. cit.* Por ello el citado tribunal no estableció el porcentaje de reducción de emisiones que le correspondía a Bélgica, ni instó al Estado y Regiones a adoptar las medidas necesarias para reducir el volumen de emisiones de gases de efecto invernadero, considerándose una sentencia de reconocimiento del incumplimiento de obligaciones estatales y vulneraciones de derechos, *Vid.* Pto. IV, *Op. cit.*

[120] La base jurídica sobre la que se configuró la pretensión de responsabilidad por los daños causados por el comportamiento ilícito del Estado y las Regiones se fundamentó en los

contempló desde la perspectiva de un comportamiento culpable, por parte de las autoridades públicas, constituyendo un error de conducta al ser una actuación que, una autoridad cuidadosa y prudente no debería de haber cometido; así como una violación del derecho a la vida, la vida privada y familiar y el domicilio del Convenio Europeo de Derechos Humanos[121].

Dicha falta (la conducta culposa) fue planteada por el tribunal belga como una infracción indebida de normas superiores que imponían obligaciones climáticas al Estado susceptibles de control judicial; es decir, el juez controló si el poder legislativo federal o federado había actuado de forma adecuada y suficiente para permitir al Estado, en su conjunto, alcanzar sus compromisos climáticos, aunque las normas que impusieran las obligaciones climáticas dejaran un margen de discrecionalidad, en cuanto a los medios a implementar[122]. Las referidas obligaciones con relación al problema climático pueden provenir, tal y como reiteró el Tribunal de Primera Instancia, tanto de normas nacionales como de normas internacionales, aunque estas últimas no impongan un comportamiento específico, pero que sin embargo sí permitan considerar si el ente público ha actuado como un buen padre de familia, con prudencia y diligencia [123].

---

arts. 1832 y 1383 del Código Civil al «ne pas avoir adopté les mesures appropriées, qu'elles soient de nature législative ou exécutive, pour prévenir un réchauffement dangereux de la planète et ses conséquences attentatoires aux droits fondamentaux.», pp. 56, *Op. cit.*

[121]   El Tribunal de Primera Instancia reprodujo parte de su jurisprudencia anterior aduciendo sobre la responsabilidad del Estado que «la faute de l'autorité administrative, pouvant sur la base des articles 1382 et 1383 du Code civil engager sa responsabilité, consiste en un comportement qui, ou bien s'analyse en une erreur de conduite devant être appréciée suivant le critère de l'autorité administrative normalement soigneuse et prudente placée dans les mêmes conditions, ou bien, sous réserve d'une erreur invincible ou d'une autre cause de justification, viole une norme de droit national ou d'un traité international ayant des effets dans l'ordre juridique interne, imposant à cette autorité de s'abstenir ou d'agir de manière déterminée», pp. 57, *Op. cit.*

[122]   Aplicando la jurisprudencia del asunto Ferrara a cuestiones climáticas, el Tribunal de Primera Instancia de Bruselas recordó que, los jueces al controlar la actuación del poder legislativo protegen los derechos civiles, afirmando que «Saisi d'une demande tendant à la réparation d'un dommage causé par une atteinte fautive à un droit consacré par une norme supérieure imposant une obligation à l'Etat, un tribunal de l'ordre judiciaire a le pouvoir de contrôler si le pouvoir législatif a légiféré de manière adéquate ou suffisante pour permettre à l'Etat de respecter cette obligation, alors même que la norme qui la prescrit laisse au législateur un pouvoir d'appréciation quant aux moyens à mettre en oeuvre pour en assurer le respect», *Ibid.*

[123]   Ante la configuración de la responsabilidad estatal por culpa (ex arts. 1382 y 1383 del Código civil) como un error de conducta poco prudente y cuidadosa, o bien como una violación de una norma con efecto directo, el Tribunal de Primera Instancia recordó que nada impedía considerar la violación de una norma internacional sin efecto directo al haber transgredido la norma general de prudencia. En este sentido afirmó que «Cet arrêt n'exclut donc pas l'hypothèse selon laquelle la violation d'une norme internationale sans effet direct peut porter atteinte

Entre la normativa internacional aducida para sustentar la obligación climática, el asunto *ASBL Klimaatzaak* no solo recurrió (en términos semejantes al asunto Urgenda) a las disposiciones resultantes de los acuerdos de Kioto, de la enmienda de Doha o de los acuerdos de París (entre otros), por ser normas de contenido climático ambiental incluidas en el ordenamiento interno estatal belga que, al haber sido asumidas por consentimiento estatal, deben de ser respetadas por el deber general de diligencia[124]. Sino que también se apoyó en la interconexión existente entre el medioambiente y los derechos del Convenio Europeo de Derechos Humanos para sustentar la obligación positiva de las autoridades públicas de adoptar medidas de mitigación y adaptación (independientemente del resultado) que ayuden a remediar y prevenir los riesgos y consecuencias nocivas para la vida, la vida privada y familiar derivadas del calentamiento global del cambio climático[125].

A toda esa normativa internacional, se añadieron (en línea con la argumentación utilizada en Urgenda) otro tipo de actos con valor legislativo, reglamentario, político o técnico para contextualizar la obligación climática que pesaba sobre las autoridades públicas. Así, a nivel europeo, p. ej., la Decisión 406/2009/CE y el Reglamento (UE) 2018/842 sirvieron para sustentar jurídicamente la limitación existente sobre los porcentajes obligatorios de reducción de emisiones de gases de efecto invernadero asumidos por los Estados hasta 2020 y 2030, respectivamente[126]; mientras que la Directiva (UE) 2018/2001 fue

---

à la norme générale de prudence, mais consacre uniquement le principe d'unité entre la violation d'une norme internationale avec effet direct et la faute civile.», pp. 58, *Op. cit.*

[124] La normativa resultante de los acuerdos internacionales es asumida por el consentimiento de los Estados e incorporada a sus ordenamientos jurídicos internos, produciendo efectos directos e indirectos que deben ser respetados por las autoridades públicas y controlado por los tribunales. Por ello, el Tribunal belga afirmó que «la méconnaissance de normes dépourvues d'effet direct sera constitutive d'une faute si le demandeur en responsabilité démontre un manquement au devoir général de prudence [...] Pour autant que de besoin, le tribunal relève que les actes internationaux, tels que les accords de Kyoto, l'amendement de Doha et les accords de Paris, ont tous fait l'objet de l'assentiment des parlements fédéral et fédérés et sont donc reçus dans l'ordre interne belge dans lequel ils sont susceptibles de produire des effets, qu'ils soient directs ou indirects.», pp. 59, *Op. cit.*

[125] Dado que ya no existía duda científica sobre los peligros y amenazas del cambio climático, el Tribunal belga consideró que «La dimension mondiale de la problématique du réchauffement climatique dangereux ne soustrait pas les pouvoirs publics belges à leur obligation pré-décrite découlant des articles 2 et 8 de la CEDH. [...] C'est dès lors à juste titre qu'en l'espèce, les parties demanderesses soutiennent que les articles 2 et 8 de la CEDH imposent aux pouvoirs publics une obligation positive de prendre les mesures nécessaires pour réparer et prévenir les conséquences néfastes du réchauffement climatique dangereux sur leur vie et leur vie privée et familiale.», pp. 61, *Op. cit.*

[126] La Decisión nº 406/2009/CE del Parlamento Europeo y del Consejo, de 23 de abril de 2009, sobre el esfuerzo de los Estados miembros para reducir sus emisiones de gases de efecto invernadero a fin de cumplir los compromisos adquiridos por la Comunidad hasta 2020, impuso

considerada como la norma impositiva de la proporción de energía producida por fuentes renovables en el consumo final bruto de energía[127].

Empero, en comparativa con el asunto holandés y en lo que a nuestro estudio despierta especial interés, el tribunal belga introdujo un elemento más para elaborar la obligación climática: la planificación climático-energética. Así, los instrumentos de planificación, como el PNIEC o los Planes de Aire Clima Energía, fueron considerados parte integrante, no solo de la política nacional de cambio climático sino también del deber de prudencia de las autoridades públicas con la emergencia climática frente a los compromisos internacionales y europeos[128].

Aunque ese tipo de instrumentos de planificación fueran considerados declaraciones gubernamentales estratégicas carentes de vinculatoriedad para las autoridades públicas[129]; sin embargo, las advertencias realizadas sobre ellos sirvieron para concluir que las autoridades públicas en su obligación climática

---

a Bélgica como contribución mínima de reducción de emisiones de gases de efecto invernadero hasta 2020 un –15% (Anexo II). Por su parte el Reglamento (UE) 2018/842 del Parlamento Europeo y del Consejo, de 30 de mayo de 2018, sobre reducciones anuales vinculantes de las emisiones de gases de efecto invernadero por parte de los Estados miembros entre 2021 y 2030 que contribuyan a la acción por el clima, con objeto de cumplir los compromisos contraídos en el marco del Acuerdo de París, y por el que se modifica el Reglamento (UE) nº 525/2013 (Texto pertinente a efectos del EEE) fijó la limitación de emisiones para Bélgica en un –35% (Anexo I).

[127] Entre otra mucha normativa europea citada en la sentencia para contextualizar el marco jurídico climático, especialmente relevante fue para el Tribunal de Bruselas el Reglamento (UE) 2018/842 y la Directiva (UE) 2018/2001 al reconocer que sobre ellas se establecían compromisos vinculantes para Bélgica, de manera que «sous la seule réserve des engagements pris à la suite du Règlement (UE) 2018/842 et de la Directive (UE) 2018/ 2001 précités, la manière dont la Belgique va participer à l'objectif mondial de réduction des émissions de GES relève actuellement du pouvoir d'appréciation de ses organes législatif et exécutif.», pp. 82, Tribunal de Première Instance francophone de Bruxelles, Section Civile, ASBI Klimaatzaak, 17/06/2021, nº 201574585/A.

[128] La política climática de Bélgica fue considerada una competencia compartida y transversal que exigía una cooperación entre las entidades federales y federadas para cumplir con las obligaciones legales internas, europeas e internacionales. Por ello el Tribunal de Primera Instancia de Bruselas consideró que «Le contexte soumis au tribunal, et notamment l'urgence climatique ainsi que les engagements internationaux et européens, donne à cette obligation naturelle de coopération entre les différentes entités du pays une portée normative plus forte en manière telle qu'elle peut être intégrée dans l'obligation générale de prudence qui s'impose à chacune des quatre parties défenderesses.», pp. 75, Op. cit. Encontrándose entre los instrumentos adoptados en la lucha contra el cambio climático, como mecanismo de cooperación y a la vez como medidas de ayuda a implementar los compromisos legales asumidos, se citan, p. ej., el PNIEC, las Stratégies à long terme pour la Belgique, los Plan Air Climat Energie de cada Región, el Plan wallon Energie Climat, el Plan bruxellois Energie Climat 2030 o el Vlaams Klimaatbeleidsplan. Vid. pp. 75-76 Op. cit.

[129] El Tribunal de Bruselas afirmó que «Toutefois, ni les déclarations gouvernementales, ni les divers plans ou autre document stratégique ne constituent en soi une source d'obligations juridiquement contraignantes pour les pouvoirs publics belges.», pp. 82 Op. cit.

no habían tomado todas las medidas necesarias para prevenir los efectos perjudiciales del cambio climático sobre la vida y la vida privada de los demandantes (arts. 2 y 8 CEDH)[130]. Por consiguiente, el grupo de expertos para el Clima
y el Desarrollo Sostenible manifestó la falta de viabilidad de los objetivos incluidos en el PNIEC hasta 2030, al requerir medidas radicales o poco realistas a
partir de esa fecha si se deseaba lograr el objetivo de neutralidad climática en
2050 de forma lineal[131]; al tiempo que la Comisión Europea criticaba el PNIEC
belga por su falta de gobernanza climática al no estar integrados ni coordina-
dos los planes regionales con el plan estatal y carecer de relación entre los resultados previstos y los objetivos fijados[132].

De manera que, a la luz de las diversas deficiencias en los instrumentos
de planificación (aunque no sean jurídicamente vinculantes[133]); los informes
de la Comisión Europea en los que se había señalado que Bélgica no estaba

---

[130]   La combinación de varios elementos, como «les résultats chiffrés mitigés; le manque de
bonne gouvernance climatique; les avertissements répétés de l'Union européenne [p. ej., por la
Comisión Europea sobre el PNIEC]» permitieron al juez constatar que «… permet d'établir que
ni l'Etat fédéral ni aucune des trois Régions n'ont agi avec prudence et diligence au sens de l'article 1382 du Code civil.», pp. 79 *Op. cit.*

[131]   El Tribunal de Primera Instancia de Bruselas tuvo en cuenta que «le rapport scientifique publié par le groupe d'experts pour le Climat et le Développement durable indique que le
scénario de réduction des émissions de GES à l'horizon 2030 proposé dans le PNIEC ne permet
manifestement pas d'atteindre l'objectif de neutralité carbone en 2050 sur une base linéaire et
impliquerait des mesures radicales voire irréalistes dès 2030 pour prétendre à cette neutralité
carbone en 2050», pp. 73 *Op. cit.* Es más, «dès l'élaboration du premier plan climat pour 2009-
2012, il fut reproché à ses auteurs de ne pas produire un véritable plan, c'est-à-dire l'articulation
de mesures autour d'objectifs clairement identifiés, mais une simple addition de trois rapports
régionaux sur des mesures déjà adoptées en la matière», pp. 77 *Op. cit.*

[132]   La Comisión Europea en su documento de trabajo «Évaluation du projet de plan national en matière d'énergie et de climat de la Belgique» de 18 de junio de 2019 realizó varias obser-
vaciones en cada una de las dimensiones del PNIEC, así los objetivos de reducción de emisiones
pretendidos con el PNIEC para 2030 no guardaban relación con las políticas y medidas implementadas y propuestas; la cuota de energía procedente de fuentes renovables en el consumo
final bruto de energía en 2030 no se correspondía con el objetivo asignado en el Reglamento
(UE)2018/1999; la cuota de eficiencia energética fijada para 2030 era de un nivel muy bajo de
ambición; no se proporcionaban apenas explicaciones con objetivos claros y mesurables sobre
la diversificación de las fuentes de energía y la reducción de la dependencia del sistema energético; o, la falta de integración en el proyecto estatal del PNIEC de información proveniente de todas las Regiones y Comunidades belgas con el mismo nivel de detalle sobre los objetivos en la
reducción de emisiones, la eficiencia energética o las energías renovables, pp. 2-19 SWD(2019)
211 final. En los señalados términos se pronunció el Tribunal de Primera Instancia de Bruselas al afirmar que «L'avis de la Commission européenne du 14 octobre 2020 sur le PNIEC définitif reste également critique notamment sur le manque de coordination et d'intégration des
plans régionaux et sur les résultats projetés par rapport aux objectifs fixés.», pp. 79, Tribunal
de Première Instance francophone de Bruxelles, Section Civile, ASBL Klimaatzaak, 17/06/2021,
nº 201574585/A.

[133]   *Vid.* pp. 82, *Op. cit.*

en la senda de lograr los objetivos climáticos para 2020 (habiendo alcanzado únicamente una reducción de emisiones de gases de efecto invernadero del 11% respecto del objetivo fijado del 15%[134])[135]; y las dudas de grupos de expertos en alcanzar para el periodo 2030 y 2050 los compromisos europeos (según las proyecciones del PNIEC 2021-2030[136]), el Tribunal de Primera Instancia de Bruselas determinó un incumplimiento del deber general de diligencia que incumbe al Estado y las Regiones en su gobernanza climática[137]. Es decir, las autoridades públicas belgas ante los riesgos y peligros asociados al cambio climático no actuaron con cautela y diligencia, debido a lo cual tanto el Estado federal como las Regiones son responsables climáticamente de la falta de prudencia en la aplicación de la política climática y de la vulneración de los derechos fundamentales de los arts. 2 y 8 del CEDH[138].

---

[134] El Tribunal belga recogió que «Le rapport 2020 sur la Belgique de la Commission européenne constate en outre que «la Belgique n'est pas en bonne voie pour atteindre son objectif 2020 en matière de changement climatique. Dans les secteurs non couverts par le SEQE de l'UE, les réductions ont été limitées à 10%. Elles devraient encore diminuer de 2 ou 3 points de pourcentage, demeurant toutefois en deçà de l'objectif 2020 d'une réduction de 15% par rapport au niveau de 2005»»; añadiendo que «Le rapport de la Commission européenne du 14 octobre 2020 sur le PNIEC définitif indique quant à lui que selon les dernières données reçues, la Belgique n'aurait réalisé qu'une réduction de 11% par rapport à 2005 sur son objectif de 15%.», pp. 70 *Op. cit.*

[135] Es más, el Tribunal Belga reconoce que «chaque année depuis 2011, l'Union européenne souligne les difficultés de la Belgique à réaliser les objectifs climatiques qui lui sont assignés et à définir une action coordonnée entre toutes les entités. Force est ainsi de constater le caractère systématique et presque répétitif des remarques et avertissements des instances européennes à la Belgique depuis près de dix ans.», pp. 79 *Op. cit.*

[136] A pesar de que los informes de expertos no sean una fuente jurídicamente vinculante para los tribunales, al establecer el Tribunal de Bruselas que «Toutefois, ce rapport scientifique ne constitue pas non plus une source d'obligation juridiquement contraignante à l'égard des pouvoirs publics. Il s'agit d'une expertise apte à assister les pouvoirs publics dans la mise en oeuvre de leur politique climatique, mais qui ne lie ni les parties défenderesses, ni le tribunal.». pp,82 *Op. cit.* Por ese motivo el Tribunal recurre en variadas ocasiones a citar a los informes de grupos de expertos para sustentar, p. ej., el falta de viabilidad de los PNIEC, pp. 73, *Op. cit.*

[137] El incumplimiento del deber general de diligencia en el que se sustentaron las obligaciones climáticas del Estado belga fue consecuencia de que «… ni l'Etat fédéral ni aucune des trois Régions n'ont agi avec prudence et diligence au sens de l'article 1382 du Code civil.», considerando «que les quatre parties défenderesses n'ont pas pris, à l'heure actuelle, toutes les mesures nécessaires pour prévenir les effets du changement climatique attentatoires à la vie et à la vie privée des parties demanderesses, comme les y obligent pourtant les articles 2 et 8 de la CEDH.». Todo ello «permet de conclure au fait que tant l'Etat fédéral que chacune des trois Régions sont individuellement responsables du manque de gouvernance climatique exposé ci-dessus», pp. 79-80 *Op. cit.*

[138] El Tribunal decidió que «Dit pour droit que,dans la poursuite de leur politique climatique, les parties défenderesses ne se comportent pas comme des autorités normalement prudentes et diligentes, ce qui constitue une faute au sens de l'article 1382 du Code civil; Dit pour droit que, dans la poursuite de leur politique climatique, les parties défenderesses portent atteinte

Dejando de lado la obligación climática y trasladando la atención al vínculo causal, en el asunto belga ASBL *Klimaatzaak* el tribunal, rememorando los informes del IPCC, tuvo presente que el indiscutible vínculo causa y efecto existente entre las actividades humanas y el cambio climático suponía, en caso de continuar, aumentar la probabilidad de consecuencias graves e irreversibles para las personas y los ecosistemas[139]. Dicho consenso científico junto a las proyecciones climáticas elaboradas para Bélgica a largo plazo permitió a los demandantes abogar que, la indubitada amenaza de un cambio climático peligroso planteaba un grave riesgo para las generaciones presentes y futuras[140]. En dicha argumentación, no solo se pretendía que las autoridades públicas fueran condenadas como responsables por las consecuencias nocivas del cambio climático, presentes y futuras, derivadas de su inacción imprudente o sus acciones poco diligentes[141]; sino que, bajo el influjo de los derechos fundamentales a la vida, al domicilio y la vida privada y familiar, la existencia de un riesgo sobre ellos supusiera un reconocimiento judicial de la obligación positiva del Estado de adoptar medidas razonables y adecuadas que permitieran proteger los citados derechos[142].

---

aux droits fondamentaux des parties demanderesses, et plus précisément aux articles 2 et 8 de la CEDH, en s'abstenant de prendre toutes les mesures nécessaires pour prevenir les effets du changement climatique attentatoire à la vie et la vie privée des parties demanderesses», pp. 83, Tribunal de Première Instance francophone de Bruxelles, Section Civile, ASBL Klimaatzaak, 17/06/2021, nº 201574585/A. Sin embargo y a pesar de estas declaraciones, el Tribunal consideró que no podía ordenar a las autoridades públicas la adopción de medidas concretas («diminuer le volume global des émissions de GES à partir du territoire belge: en 2025, de 48%, ou à tout le moins de 4 2%, […]; en 2030, de 65%, ou à tout le moins de 55%, […]; pour 2050, atteindre une émission nette nulle»). que corrigieran las deficiencias constatadas, señalando que «le juge ne peut déterminer le contenu des obligations d'une autorité publique et la priver ainsi de son pouvoir d'appréciation […] La mesure et le rythme de la réduction des émissions de GES par la Belgique ainsi que la répartition interne des efforts à faire en ce sens sont et seront le résultat d'un arbitrage politique dans lequel le pouvoir judiciaire ne peut s'immiscer», pp. 80 y 82, *Op. cit.*

[139]   Tribunal de Première Instance francophone de Bruxelles, Section Civile, ASBL Klimaatzaak, 17/06/2021, nº 201574585/A, pp. 23-24.

[140]   Los demandantes defendieron que «Les projections climatiques pour la Belgique d'ici 2100 indiquent une intensification des conséquences déjà constatées et décrites ci-dessus ainsi qu'une menace concrète pour l'intégrité territoriale du pays, et plus particulièrement de la Flandre exposée à la hausse du niveau de la mer, et pour la santé humaine et animale. En conséquence, le consensus diplomatique fondé sur la science climatique la plus autorisée ne permet pas de douter de l'existence d'une menace réelle de changement climatique dangereux. Cette menace fait courir un risque sérieux aux générations actuelle et future vivant notamment en Belgique de voir leur vie quotidienne profondément perturbée», pp. 50, Tribunal de Première Instance francophone de Bruxelles, Section Civile, ASBL Klimaatzaak, 17/06/2021, nº 201574585/A.

[141]   La responsabilidad del Estado belga fue argumentada por el tribunal sobre el deber de diligencia y prudencia de un buen padre de familia, vid. pp. 57-59, *Op. cit.*

[142]   El Tribunal de Primera Instancia tuvo en cuenta jurisprudencia europea como el asunto Lopez Ostra, Tătar contra Rumanía, Budayeva e.a. contra Russia, Öneryildiz contra Turquía,

De manera que el tribunal belga teniendo en cuenta el estado de la ciencia climática de aquel momento, así como a parte de la jurisprudencia más relevante del Tribunal Europeo de Derechos Humanos (TEDH), no tuvo dudas del vínculo existente entre el peligro que representaba la amenaza real del cambio climático y los efectos dañinos directos sobre la vida diaria de las generaciones actuales y futuras de los habitantes de Bélgica[143].

El apoyo del vínculo causal de la responsabilidad estatal en el riesgo de dañar derechos fundamentales supuso, como novedad frente al caso Urgenda, que planes energéticos, como el PNIEC o los planes regionales, fueran escrutados jurídicamente desde el deber de diligencia por no encontrarse alineados con la obligación positiva de las autoridades públicas de adoptar medidas que remediasen y previnieran las consecuencias nocivas del calentamiento global[144]. Es decir, en el examen jurídico del juez belga los compromisos vinculantes asumidos en materia climática ni se habían cumplido ni estaban en camino de hacerlo mediante el contenido y medidas incluidas en el PNIEC, porque sus proyecciones no permitían alcanzar de forma lineal el objetivo de neutralidad climática en 2050, necesitando medidas radicales y poco realistas a partir de 2030[145]. Labor a la que tampoco ayudaban los instrumentos de planificación

---

Cordella contra Italia, Kyrtatos contra Grecia, o Fadeïeva contra Rusia para sustentar el vínculo entre el medioambiente y ciertos derechos humanos; dado que no solo los daños climáticos ya causados afectan, p. ej. al derecho a la vida, sino que, la amenaza y el riesgo de que representa el cambio climático a futuro también genera un efecto dañino en los derechos de las generaciones actuales y futuras. Así se afirmó que «En l'état actuel de la science climatique tel que brièvement évoqué ci-dessus, il n'est plus permis de douter de l'existence d'une menace réelle de changement climatique dangereux ayant un effet néfaste direct sur la vie quotidienne des générations actuelle et future des habitants de la Belgique.», pp. 61, Tribunal de Première Instance francophone de Bruxelles, Section Civile, ASBL Klimaatzaak, 17/06/2021, nº 201574585/A.

[143]   El Tribunal de Primera Instancia reconoció que «La dimension mondiale de la problématique du réchauffement climatique dangereux ne soustrait pas les pouvoirs publics belges à leur obligation pré-décrite découlant des articles 2 et 8 de la CEDH. Le tribunal rejoint à cet égard le point de vue de la Cour suprême des Pays-Bas dans l'affaire Urgenda». De manera que «les articles 2 et 8 de la CEDH imposent aux pouvoirs publics une obligation positive de prendre les mesures nécessaires pour réparer et prévenir les conséquences néfastes du réchauffement climatique dangereux sur leur vie et leur vie privée et familiale.», pp. 61, *Op. cit.*

[144]   Gracias a este tipo de decisiones en derecho comparado, se viene observando un progresivo cambio en la tradicional institución de responsabilidad mediante una ampliación del clásico concepto de nexo causal a otro más «humanitario». Es decir, la necesidad de protección intergeneracional y a las poblaciones más vulnerables frente al clima ha propiciado que, la causalidad derive de la existencia de una obligación de proteger a los ciudadanos contra los riesgos ambientales y climáticos para salvaguardar derechos fundamentales como la vida y la salud, M. Torre-Schaub (2018a:32).

[145]   El Tribunal de Primera Instancia belga tuvo en cuenta que en el examen del PNIEC por la Comisión Europea, esta determinó que «selon les dernières données reçues, la Belgique n'aurait réalisé qu'une réduction de 11% par rapport à 2005 sur son objectif de 15%.», pp. 70, Tribunal de Première Instance francophone de Bruxelles, Section Civile, ASBL Klimaatzaak, 17/06/2021,

regional (p. ej., Plan Aire Clima Energía), porque eran cada uno un catálogo de medidas adoptado sin armonización ni integración en la gobernanza climática del Estado[146]; motivos por los que no se consideró a los planes climático-estatales como un verdadero ejercicio de planificación climático-energético, al recapitular únicamente los informes regionales de medidas ya adoptadas[147].

De esa forma, aunque el razonamiento del vínculo causal siguió gravitando sobre el riesgo que representaban los daños del cambio climático, presentes y futuros, con relación al deber de prevención; el tribunal belga no solo tuvo en cuenta normativa internacional, europea o nacional (tal y como se venía haciendo), sino que introdujo a la planificación energética como uno de los elementos sobre los que se constatar el incumplimiento del deber de diligencia y cautela (piedra angular del deber de prevención) al no contener las medidas necesarias para prevenir los riesgos y los efectos dañinos del cambio climático en el derecho a la vida y la vida privada[148].

---

nº 201574585/A. En términos similares se cita que, la Comisión señaló en su informe de 2020 sobre Bélgica que «…la Belgique n'est pas en bonne voie pour atteindre son objectif 2020 en matière de changement climatique.», *Ibid*. Por último, se señala que «Par ailleurs, le rapport scientifique publié par le groupe d'experts pour le Climat et le Développement durable indique que le scénario de réduction des émissions de GES à l'horizon 2030 proposé dans le PNIEC ne permet manifestement pas d'atteindre l'objectif de neutralité carbone en 2050 sur une base linéaire et impliquerait des mesures radicales voire irréalistes dès 2030 pour prétendre à cette neutralité carbone en 2050», pp. 73, *Op. cit.*

[146] Tras el examen de los instrumentos de planificación regional el tribunal señaló que «… le Conseil fédéral du Développement durable (CFDD) énonçait déjà que, selon lui, «une des difficultés rencontrées par la Belgique au niveau de sa politique climatique (...) reside dans des problèmes d'harmonisation d'intégration et de coordination entre les politiques climatiques menées par les différentes instances politiques belges. De plus, au sein du pouvoir fédéral, la politique climatique n'est pas suffisamment intégrée aux différents domaines sur lesquels s'exerce l'autorité publique. Il en résulte qu'il n'existe pas de politique climatique intégrée, mais plutôt une juxtaposition des mesures prises par les différents niveaux de pouvoir et par les différents départements»», pp. 76, *Op. cit.*

[147] En este sentido el primer plan climático 2009-2012 fue criticado en la esfera nacional de Bélgica en el informe del *Conseil socio-économique flamand (ou «SERY»)* et du Minaraad «Advies Nationale Klimaatplan van België 2009-2012 : stand van zaken» (SERV/Minaraad, 18 février 2009) en el que se afirmó: «Par ailleurs, dès l'élaboration du premier plan climat pour 2009-2012, il fut reproché à ses auteurs de ne pas produire un véritable plan, c'est-à-dire l'articulation de mesures autour d'objectifs clairement identifiés, mais une simple addition de trois rapports régionaux sur des mesures déjà adoptées en la matière»; y por la *Cour des comptes* al constatar «…l'inexistence de plan climatique fédéral et d'évaluation de la politique climatique ainsi que le manque de cohérence interne», pp. 77 *Op. cit.* En iguales términos, el PNIEC presentado a la Comisión Europea en 2018 fue criticado por esta y por el *Conseil fédéral du Développement* durable con relación a «le manque de coordination et d'intégration des plans régionaux et sur les résultats projetés par rapport aux objectifs fixés.», pp. 79 *Op. cit.*

[148] Entre los hallazgos tenidos en cuenta por el tribunal belga estuvieron los instrumentos de planificación que, pese a no considerarse vinculantes, sí sirvieron para configurar el contexto

c) Análogamente otros de los asuntos más trascendentes en materia climática desarrollados ante tribunales europeos nacionales, han generado ciertas conexiones entre sus argumentaciones y las carencias o deficiencias alegadas para la protección de los derechos fundamentales teniendo en cuenta a los instrumentos de planificación como criterio hermeneútico, o bien generando a posteriori influencia en los litigios de planificación.

c1) Entre ellos está el caso *Friends of the Irish Environment* (FIE) en el que el Tribunal Supremo de Irlanda en julio de 2020, decidió si el Plan Nacional de Mitigación del cambio climático de 2017 era suficientemente ambicioso y detallado, para cumplir con las obligaciones nacionales asumidas por el Acuerdo de París y en la propia Ley estatal de Acción Climática y de Desarrollo Bajo en Carbono de 2015[149].

La Corte Suprema consideró que el Plan no especificaba el modo en el que se proponía lograr el objetivo de transición nacional a una economía baja en carbono, resiliente al clima y ambientalmente sostenible para 2050, según los términos del art. 4 de su Ley de 2015[150]. En este caso el Plan Nacional de Mitigación debía ser suficientemente específico mostrando cómo lograr el Objetivo Nacional de Transición (NTO) durante todo el periodo restante hasta 2050, independientemente de las futuras revisiones a las que se

---

del que el juez concluyó que «les pouvoirs publics belges avaient une parfaite connaissance du risque certain de changement climatique dangereux pour la population du pays notamment, permet d'établir que ni l'Etat fédéral ni aucune des trois Régions n'ont agi avec prudence et diligence au sens de l'article 1382 du Code civil. Pour autant que de besoin, ces mêmes constats permettent de considérer que les quatre parties défenderesses n'ont pas pris, à l'heure actuelle, toutes les mesures nécessaires pour prévenir les effets du changement climatique attentatoires à la vie et à la vie privée des parties demanderesses, comme les y obligent pourtant les articles 2 et 8 de la CEDH.», *Ibid.*

[149] The Supreme Court. Appeal Nº: 205/19, 31 julio 2020, Case Friends of the Irish Environment CLG y the Government of Ireland. 6.18-6.21, 6.37, 6.43-6.49,9.2. En este caso, la reclamación también se centró en combinar de una parte, la inacción del gobierno y de otra, la afección que esta suponía a derechos fundamentales como la vida, la integridad corporal o el medioambiente saludable recogidos en la CEDH. Véase como la asociación demandante *Friends of the Irish Environment* CLG alegó que «it is entitled to rely on rights, said to be guaranteed both under the Constitution and under the ECHR, to put forward its claim that the Plan fails to vindicate the rights concerned such that the adoption of the Plan is unlawful.», basándose en los arts. 2 8 8 CEDH, *Op. cit.* 5.2, 5.8.

[150] El tribunal determinó que «I have concluded that the Plan falls well short of the level of specificity required to provide that transparency and to comply with the provisions of the 2015 Act. On that basis, I propose that the Plan be quashed.», *Ibid.*, 9.3. Para una ampliación consúltese la ley *Climate Action and Low Carbon Development Act 2015*. Acts of the Oireachtas. Climate Action and Low Carbon Development Act 2015. [consulta 30 octubre 2024]. Disponible en: https://www.irishstatutebook.ie/

sometiera el Plan[151]; considerándose la política trasladada al Plan «excesiva-
mente vaga» y «aspiracional», de manera que dejaba «demasiado para mayor estudio o investigación»[152].

El grado de especificidad que debía exigirse al Plan fue, según el tribunal, aquel que permitiese a «cualquier miembro del público saber lo suficiente
sobre cómo el Gobierno tiene la intención de cumplir sus NTO para 2050»[153].
Especificaciones que en absoluto se pretendió que fueran incondicionales porque la propia legislación contemplaba que el conocimiento, los datos y la tec-
nología evolucionarán, permitiendo al Plan ser más concreto, ajustando mejor
sus medidas, conforme avanzase el tiempo[154]. Pero esa posibilidad no implicaba que el Gobierno quedase exonerado de la obligación legal de redactar un
Plan con «un nivel realista de detalle de cómo pretende cumplir la NTO»[155]. En
este sentido, el tribunal entendió que era necesario dar alguna indicación general del tipo de medidas específicas que serán o pueden ser necesarias, permitiendo que el nivel de especificidad para los últimos años sea menor[156]. No
obstante, aun para esos años venideros, es obligado que se pueda identificar
de manera actual, «una política que especifique en grado razonable de detalle
el tipo de medidas que serán necesarias hasta 2050» para lograr y hacer posible la NTO; no pudiendo dejarse para un momento futuro esa determinación,

---

[151] En el litigio se afirmó que «The legislation does, after all, require that a plan "specify" how
the NTO is to be met. For the reasons already set out, it seems clear that s.4 requires that the measures necessary to achieve the NTO must be specified not only for the first five years but for the
full length of the period then unexpired up to 2050», *Ibid.*, 6.45.

[152] El juez afirmó que «Finally, it is necessary to look at the kind of policies which the Plan
suggests need to be followed in order to meet the NTO. Having considered what, the Plan says
it does seem to me to be reasonable to characterise significant parts of the policies as being ex-
cessively vague or aspirational.», *Ibid.*, 6.43.

[153] Será ese deber de información que, a su vez deriva de la obligación de transparencia, el
que descansa sobre el Estado, debiendo en modo abstracto cualquier interesado poder valorar
si el Plan es efectivo y apropiado para cumplir con el NTO marcado por políticas eficaces y adecuadas, *Ibid.*, 6.47. A todo lo anterior el juez añadió que «In my judgment the Plan falls a long
way short of the sort of specificity which the statute requires. I do not consider that the reasonable and interested observer would know, in any sufficient detail, how it really is intended, under
current government policy, to achieve the NTO by 2050 on the basis of the information contai-
ned in the Plan.», *Ibid.*, 6.46.

[154] A pesar de tener en cuenta la evolución en materia climático el tribunal afirmó «The fact
that some of those measures may come to be adjusted over time because of developments in
knowledge, data or technology does not alter the fact that a best current estimate as to how the
NTO is going to be achieved needs to be made and not left to sometime in the future», *Ibid.*, 6.45.

[155] En este sentido se afirmó que «However, that does not seem to me to prevent there being a clear present statutory obligation on the Government, in formulating a plan, to at least
give some realistic level of detail about how it is intended to meet the NTO.», *Ibid.*, 6.45

[156] El tribunal señaló que «The level of specificity for the latter years may legitimately be
less...», *Ibid.*, 6.45.

dado que el Plan «debería haber cubierto un periodo de treinta y tres años», en vez de solo cinco[157]. Así, por ejemplo, aunque las tecnologías de extracción de carbono sean indudablemente inciertas con los conocimientos actuales, el tribunal estimó que no es razón suficiente para no dar una estimación de cómo se prevé implementar tales tecnologías y qué efectos se esperan obtener[158].

En definitiva, en materia de inactividad este caso es bastante ilustrativo para la planificación climática. El Estado, a pesar de las incertidumbres tecnológicas presentes por el desarrollo de nuevos conocimientos o de las dudas razonables por la futura evolución de los sectores objeto de planificación, debía actuar. Es decir, se consideró que, aunque la planificación no tuviera que ser extremadamente detallada, era obligatorio plasmar cómo el Estado preveía hacer frente a la reducción de emisiones que, en definitiva, no era otra cosa que formalizar materialmente sus actuaciones, no permaneciendo inactivo.

Además, en la sentencia de su Corte Suprema de 31 de julio de 2020 abordó *obiter dicta* el problema de la falta de inclusión expresa constitucional del derecho a un medioambiente acorde con la dignidad humana y con una vida saludable[159]. Lamentablemente en este caso, la falta de legitimación de los demandantes para reclamar derechos personales, como el derecho a la vida y la integridad física, impidió al tribunal pronunciarse sobre cómo la imprecisión y la falta de medidas concretas contra el cambio climático podían afectar a tales derechos[160]. Sin embargo, la Corte asumió las palabras del juez Max Ba-

---

[157] El tribunal terminó concluyendo que «A compliant plan is not a five-year plan but rather a plan covering the full period remaining to 2050. While the detail of what is intended to happen in later years may understandably be less complete, a compliant plan must be sufficiently specific as to policy over the whole period to 2050.», *Ibid.*, 9.2.

[158] El tribunal consideró que: «In that context it must, of course, be recognised that matters such as the extent to which new technologies for carbon extraction may be able to play a role is undoubtedly itself uncertain on the basis of current knowledge. However, that is no reason not to give some estimate as to how it is currently intended that such measures will be deployed and what the effect of their deployment is hoped to be.», *Ibid.*, 6.46.

[159] The Supreme Court. Appeal Nº: 205/19. Case Friends of the Irish Environment CLG y the Government of Ireland.8.1-8.6, 8.10-8.17.

[160] Los problemas relativos a la legitimación de la asociación demandante (Friends of the Irish Environment CLG) se abordan extensamente en los párrafos 7.1 a 7.25, estableciendo finalmente que «Having concluded that FIE would not have standing to maintain a claim based on the right to life or the right to bodily integrity of others under the Irish Constitution, it seems to me to follow that FIE likewise does not have standing to maintain a claim based on the provisions of the 2003 Act where reliance is being placed on the analogous Art. 2 and Art. 8 rights. I would, therefore, conclude that FIE does not have standing to maintain any of the rights based claims put forward in these proceedings.», *Ibid.*, 7.24. Añadiendo posteriormente que «Indeed, this case provides a good example. Had standing been established or had similar proceedings been brought by persons who undoubtedly had standing, then it would have been necessary for this Court to consider the circumstances in which climate change measures (or the lack of them) might be said to interfere with the right to life or the right to bodily integrity.», *Ibid.*, 8.14.

rrett según las cuales el «derecho al medioambiente sano y compatible con la dignidad humana y el bienestar de los ciudadanos» podía ser una «condición esencial para el cumplimiento de los derechos humanos»[161]. Siguiendo el tribunal irlandés el discurso del mencionado juez, el derecho al medioambiente puede ser un «derecho existencial indispensable que se disfruta universalmente, pero que se confiere personalmente» y que, podrá gozar de protección cuando se concrete en deberes específicos y obligaciones que permitan su ejecución, a partir de su reconocimiento constitucional[162]. Ante esta ausencia en el derecho irlandés, se barajó la posibilidad de considerarlo como un «derecho derivado» de otros derechos sí recogidos en la constitución que, constituirían la raíz constitucional como, por ejemplo, la dignidad, el carácter democrático del Estado, o de una combinación de derechos, valores y estructura[163].

De manera que, aunque la falta de legitimación activa de las demandantes en el caso examinado impidió un pronunciamiento no evitó que, el tribunal, se plantease la posible existencia en un futuro de otros casos de naturaleza ambiental en los que pudieran verse afectados y comprometidos, de manera particular, derechos y obligaciones constitucionales[164]. En esos casos se deberá considerar si el derecho a un medioambiente saludable se extiende o no, más

---

[161]   Max Barret: High Court: Merriman vs Fingal County Council, Fingal County Council, parrafo 264.

[162]   The Supreme Court. Appeal Nº: 205/19. Case Friends of the Irish Environment CLG y the Government of Ireland.8.1

[163]   El tribunal consideró que «it would be more appropriate to characterise constitutional rights which cannot be found in express terms in the wording of the Constitution itself as being derived rights rather than unenumerated rights.[…] It is for that reason that I would consider the term «derived rights» *as being more appropriate, for it conveys that there must be some root of title in the text or structure of the Constitution from which the right in question can be derived. It may stem, for example, from a constitutional value such as dignity when taken in conjunction with other express rights or obligations. It may stem from the democratic nature of the State whose fundamental structures are set out in the Constitution. It may derive from a combination of rights, values and structure.*», *Ibid.,* 8.4 y 8.6.

[164]   El tribunal refiriéndose a la falta de legitimación y las alegaciones expuestas a lo largo del caso afirmó que «In those circumstances I would not, ordinarily, go on to deal with any other aspects of the case and would leave further consideration of any of the issues raised to a case brought by a person or persons who did have standing. However, there is one aspect of the case on which I feel it appropriate to comment. The question of whether there exists an unenumerated or derived right to a healthy environment under the Irish Constitution wasdebated in these proceedings both in the High Court and in this Court. MacGrath J., in the High Court, indicated that he was prepared to accept, for the purposes of these proceedings, that such a right does exist following on from the decision of Barrett J. in Fingal Co. Council. Lest by not commenting on those matters it might in the future be argued that this Court had implicitly accepted the position identified by Barrett J., and accepted by MacGrath J. for the purposes of the argument, in their respective High Court judgments, I feel it is necessary to go on to make at least some observations on that issue.», *Ibid.,* 7.25.

allá del derecho a la vida, a la integridad corporal, el derecho a la propiedad u otros derechos reconocidos existentes[165]. En caso de que no promueva derechos más allá de los ya expresados en la constitución, su inclusión expresa constitucional podría ser innecesaria. Pero en el caso de que sí los promueva, será necesario determinar bajo qué parámetros los haría, dada la extrema vaguedad del término y la ausencia de una definición general suficiente[166]. Para esta labor de constitucionalización del derecho a un medioambiente sano la Corte Suprema irlandesa referencia la labor de estudio llevada a cabo por el experto en leyes y políticas ambientales David Boyd[167]. De dicho estudio se destaca que, en los países en los que se ha reconocido un tipo particular de derecho constitucional al medioambiente ha sido mediante instrumentos que permitían la modificación de la Constitución[168]. Pero incluso al margen de esa posible inclusión, el tribunal ya afirma en la sentencia que es innegable que los derechos fundamentales ya existentes y los valores constitucionales puedan desempeñar un papel importante en los procesos ambientales futuros mediante una interrelación entre todos ellos y el resto de las disposiciones legales, generando obligaciones específicas a cargo del Estado en circunstancias particulares[169].

c2) En segundo lugar, también hay que tener en cuenta la sentencia del 24 de marzo de 2021 del Tribunal Constitucional alemán en el que sometió a control judicial su Ley de Cambio Climático (*Klimaschutzgesetz*)[170]. De este asunto es-

---

[165] El propio tribunal se cuestiona «Returning to the issue in this case, it might be said that, in one sense, the beginning and end of this argument stems from the acceptance by counsel for FIE that a right to a healthy environment, should it exist, would not add to the analysis in these proceedings, for it would not extend the rights relied on beyond the right to life and the right to bodily integrity whose existence is not doubted. However, that very fact seems to me to demonstrate one of the difficulties with the asserted right. What exactly does it mean?...», *Ibid.*, 8.10.

[166] *Ibid.*, 8.11.

[167] *Ibid.*, 8.12. Para una ampliación consúltese D. Boyd (2011): *The Environmental Rights Revolution: A Global Study of Constitutions, Human Rights, and the Environment*, UBC Press, pp. 3-116, 214-232.

[168] Tal y como afirma el tribunal irlandés, el beneficio del reconocimiento constitucional es poder debatir y aprobar el derecho de manera democrática. *Ibid.*, 8.12.

[169] El tribunal ya reconoció que «…to fully acknowledge that there may well be cases, which are environmental in nature, where constitutional rights and obligations may be engaged». *Ibid.*, 8.14. Añadiendo que «I do acknowledge that, in an appropriate case, it may well be that constitutional rights might play a role in environmental proceedings. I would not rule out the possibility that the interplay of existing constitutional rights with the constitutional values to be found in the constitutional text and other provisions […] and also the right to property and the special position of the home, might give rise to specific obligations on the part of the State in particular circumstances.», *Ibid.*, 8.17.

[170] Abordamos este caso salvando las distancias y, sin tener en cuenta que el instrumento recurrido en el litigio alemán fue una ley, en vez de un instrumento de planificación porque nos

pecialmente interesa el tratamiento jurídico ofrecido a las lesiones producidas en los derechos fundamentales, porque en derecho alemán para reclamar una afectación de dichos derechos se requiere que, la lesión sea actual, propia e individual y directa a los derechos subjetivos[171]. Con esta postura su jurisprudencia consolidada rechazaba las violaciones abstractas de derechos fundamentales[172]. Sin embargo, el litigio alemán de 2021 supuso una novedad al considerar la existencia de un riesgo «paralesivo» de los derechos fundamentales a futuro. Esta argumentación se configuró en torno al cupo de emisiones de CO_2 disponible, y las obligaciones de reducir la temperatura a los niveles establecidos por el Acuerdo de París, además del objetivo de neutralidad de emisiones para el año 2050[173]. Teniendo estas precisiones en cuenta, se afirmó que, aun sin la constatación de la existencia efectiva de una vulneración de las obligaciones medioambientales (ausencia de certeza absoluta[174]); el riesgo paralesivo supondría la necesidad de tener en cuenta el carácter progresivo de las obligaciones y exigencias medioambientales que, de manera inversamente recíproca disminuyen el tiempo disponible para el desarrollo tecnológico y la adopción o planificación de medidas que combatan los niveles de emisión de GEI[175]. Es decir, cuanto mayor sean estos niveles (de emisión), menor es el tiempo disponible para establecer un horizonte de planificación (desarrollando una batería de medidas) que limite la temperatura global[176].

---

interesa reseñar la configuración a las lesiones de los derechos fundamentales ante la falta de regulación constitucional. BVerfG, Beschluss des Ersten Senats vom 24. März 2021 –1 BvR 2656/18. *Cf.* M. Ruiz Prieto (2022: 78-93); Á. M. Moreno Molina (2023: 575-578).

[171]   Véase párr.111, 112, *Ibid.*

[172]   El tribunal alemán considera exigible un interés personal que, diferencia al demandante del público en general, aceptando las denominadas querellas constitucionales populares, porque el mero hecho de que un número muy elevado de personas se vea afectado no impide que los derechos fundamentales individuales se vean afectados, *Ibid.*, párr.110.

[173]   BVerfG, Beschluss des Ersten Senats vom 24. März 2021 –1 BvR 2656/18, par. 186.

[174]   Es decir, la ausencia de una certeza científica plena sobre los impactos de las causas y los efectos del cambio climático no fue considerado por el tribunal alemán como un motivo con suficiente peso como para no actuar. Por ende «… a special duty of care imposed upon the legislator by Art. 20a of the Basic Law – also for the benefit of future generations – entails an obligation to take account of sufficiently reliable indications pointing to the possibility of serious or irreversible impairments.», BVerfG, Beschluss des Ersten Senats vom 24. März 2021 –1 BvR 2656/18, par. 2.b. *Cf.* Á. M. Moreno Molina (2023: 576).

[175]   Entre otras argumentaciones el tribunal alemán afirmó que «las regulaciones que ahora permiten las emisiones de CO_2 constituyen una amenaza legal irreversible para la libertad futura, porque con cada cantidad de emisiones de CO_2 que se permite hoy, el presupuesto residual prescrito por la constitución disminuye irreversiblemente y se vuelve más relevante para el uso de la libertad de CO_2 estar sujeto a restricciones más estrictas exigidas constitucionalmente» *Ibid.*

[176]   El tribunal continuó argumentando que «… el uso de la libertad relacionado con el CO_2 tendría que evitarse en algún momento de todos modos, porque el calentamiento global solo

Siendo la consecuencia de la disminución de las posibilidades de desarrollo, restricciones cada vez más urgentes a los titulares de derechos fundamentales por las limitaciones que se impondrán por las emisiones de CO_2, según el caso alemán. En definitiva, «cuanto menos se pueda recurrir a tales desarrollos [programación a largo plazo], más sensiblemente se verán afectados los titulares de los derechos fundamentales por las restricciones constitucionales cada vez más urgentes sobre el comportamiento relevante del CO2, con un presupuesto de CO2 cada vez menor»[177].

c3) En tercer y último lugar, no podemos pasar por alto el asunto de la *Association of Swiss Senior Women for Climate Protection* contra el *Federal Department of the Environment Transport, Energy and Communications («Verein KlimaSeniorinnen Schweiz v. Bundesrat»)* en el que más de 2000 mujeres mayores (entre 70 y 80 años) plantearon a las autoridades diversas deficiencias en el ámbito de la protección climática[178]. En concreto se persiguió el incumplimiento del Estado al no guiar la trayectoria de reducción de emisiones para mantener la temperatura por debajo del aumento de los 2oC preindustriales[179]. Por ello solicitaron al Departamento federal de Medio Ambiente, Transportes, Energía y Comunicaciones (DETEC), a la Oficina Federal de Medio Ambiente (FOEN) y a la Oficina Federal de Energía (SFOE) que emitieran «actos materiales» con el fin de subsanar las omisiones en materia de protección ambiental y vulneración de los

---

puede detenerse si la concentración antropogénica de CO_2 en la atmósfera terrestre ya no aumenta. Sin embargo, el rápido consumo del presupuesto de CO_2 para 2030 aumenta el riesgo de graves pérdidas de libertad, porque esto reduce el lapso de tiempo para los desarrollos técnicos y sociales, con la ayuda de los cuales el cambio de la forma de vida, que todavía está en gran parte asociada con las emisiones de CO_2, a un comportamiento climáticamente neutral podría llevarse a cabo de una forma que preserve la libertad», *Ibid*

[177] Considerando que el riesgo lo provocan aquellas normas que determinan la cantidad de emisiones de CO_2 que se permiten hoy en día, *Ibid*.

[178] Véase en Federal Administrative Court, Judgment A-2992/2017 of 27 November 2018 Verein KlimaSeniorinnen Schweiz et al. v. Federal Department of the Environment, Transport, Energy and Communications; Federal Supreme Court, Judgment 1C_37/2019 of 5 May 2020 Verein KlimaSeniorinnen Schweiz et al. v. Federal Department of the Environment, Transport, Energy and Communications; TEDH Verein klimaseniorinnen schweiz contra Suiza, 9 de abril de 2024, nº 53600/20.

[179] Los demandantes aducían «Que, d'ici à 2020, les défendeurs [les organes susmentionnés] prennent toutes les mesures nécessaires et relevant de leur compétence afin de réduire les émissions de [GES] de telle façon que la contribution de la Suisse s'aligne sur l'objectif consistant à contenir l'élévation de la température moyenne de la planète nettement en dessous de 2 oC par rapport aux niveaux préindustriels ou, à tout le moins, à faire en sorte qu'elle ne dépasse pas l'objectif de 2 oC, de manière à mettre fin aux omissions illégales qui compromettent ces objectifs.», par. 22, TEDH Verein klimaseniorinnen schweiz contra Suiza, 9 de abril de 2024, nº 53600/20.

principios de precaución y sostenibilidad[180]. Sin embargo, en todas las instancias estatales se rechazó la petición por considerar que los peticionarios no tenían el estatus de víctimas según el Convenio Europeo de Derechos Humanos (CEDH), dado que pretendía una orden judicial beneficiaria para el interés público buscando la regulación global de las emisiones de CO_2[181]. Situación que cambió una vez que al asunto alcanzó instancias europeas ante el TEDH, porque a pesar de reafirma la inexistencia de una acción popular se admite la posibilidad de demostrar que fue «directamente afectado»[182]. En concreto para ser víctima en el contexto del cambio climático «existe evidencia científica convincente que demuestra que el cambio climático ya ha contribuido a un aumento en la morbilidad y la mortalidad, especialmente entre ciertos grupos más vulnerables, que en realidad crea tales efectos y que, en ausencia de una acción decidida por parte de los Estados, corre el riesgo de progresar hasta el punto de ser irreversible y desastroso»[183]. El TEDH interpretó la condición de víctima de forma evolutiva a la luz del contexto ambiental y de la sociedad contemporánea ya sea bajo el estatus de víctima potencial o como personas que es probable que algún día se vean afectadas[184]. Ese contexto permitió otorgar legitimidad a las asociaciones que perseguían, entre sus fines específicos y objetivos estatutarios, la defensa de derechos fundamentales frente a amenazas concretas o efectos adversos del cambio climático sobre la vida, la salud, el bienestar y la calidad de vida[185]. Aunque las personas físicas todavía vieron

---

[180] *Vid.,* par. 22-31, especialmente «Les requérantes soutenaient que les omissions susmentionnées emportaient violation du principe de durabilité (article 73 de la Constitution), du principe de précaution (article 74 § 2 de la Constitution), du droit à la vie (article 10 de la Constitution), ainsi que de leurs droits découlant de la Convention, notamment « le droit à la vie, à la santé et à l'intégrité physique protégé par les articles 2 et 8 [de la Convention] », *eu égard à l'obligation positive de protéger…*», par. 26, *Ibid.*

[181] Después de la solicitud al Departamento Federal de Medio Ambiente, Transporte, Energía y Comunicaciones (DETEC), se interpuso recurso ante el Tribunal Administrativo Federal (TAF) y posteriormente recurso ante el Tribunal federal. En ambos casos se desestimaron los recursos, adoptando una argumentación reacia a considerar a los demandantes como sujetos afectados esgrimiendo sobre las disposiciones aducidas que «…visait à offrir une protection juridique contre des "actes matériels", mais non la possibilité d'une actio populares.[…] il fallait examiner soigneusement, dans les circonstances de chaque cas, si la personne concernée était touchée différemment de la population générale […] il était essentiel que l'auteur du recours fût atteint dans ses propres droits. […] la protection juridique garantie par cette disposition était toutefois limitée par l'application d'autres critères de recevabilité, notamment les conditions voulant que l'"acte matériel" touchât à des droits ou des obligations et que la personne concernée eût un "intérêt digne de protection"», par. 55; Consúltesen par. 32-63, *Ibid.*

[182] Par. 460- 477, *Ibid.*

[183] Par. 478 y 104-120, *Ibid.*

[184] *Vid.,* par. 460-471, *Ibid.*

[185] En este sentido el TEDH estableció que «l'association requérante a été légalement constituée, qu'elle a démontré qu'elle poursuivait un but spécifique, conforme à ses objectifs

rechazadas sus pretensiones porque para adquirir la condición de víctima en el contexto del cambio climático se necesita una alta intensidad de exposición de la persona natural concreta a los efectos nocivos del cambio climático y que exista una necesidad imperiosa de asegurar su protección[186]. De manera que pese a pertenecer los demandantes a categorías especialmente sensibles a los efectos del cambio climático, ese factor no fue elemento suficiente para otorgarles el estatus de víctima porque no pudo demostrarse mediante la documentación disponible su mayor riesgo de exposición[187].

Mas allá de la problemática asociada a la legitimación, las novedades que el litigió planteó y que nos apremian se refieren a la violación de derechos fundamentales como consecuencia de haber implementado el Estado, con grandes deficiencias, sus obligaciones positivas sobre el cambio climático, porque podrían servir de inspiración en el litigio pendiente ante el Tribunal Constitucional español.

De forma un poco más detallada, las omisiones y vulneraciones en el caso suizo se solicitaron respecto de la implementación de las obligaciones climáticas en el marco del objetivo del cambio climático, conforme a diversos artículos constitucionales (artículos 10 § 1, 74 § 2 y 73 de la Constitución Federal), así como de los artículos 2 y 8 del CEDH[188]. Frente a los incumplimientos aducidos contra los poderes públicos se solicitaron la implementación de medidas de mitigación necesarias y exigidas por la Constitución Federal y el CEDH, según el ámbito competencial de cada autoridad que, de una parte, protegieran la violación del derecho a la vida y salud de las demandantes (art. 2,8 y 10 CEDH); y de otra parte, redujeran las emisiones de gases de efecto invernadero (GEI) al menos un 25% en el año 2020 para alcanzar el objetivo de mantener por debajo de 2ºC el aumento de la temperatura global respecto de los niveles de 1990[189].

Dichas peticiones plantearon no solo la cuestión jurídica de determinar cómo el calentamiento global puede afectar a las condiciones vida y salud de miembros individuales sobre la base de los art. 2 y 8 del CEDH, sino un elenco

---

statutaires, dans la défense des droits fondamentaux de ses adhérentes et d'autres individus touchés contre les menaces liées au changement climatique au sein de l'État défendeur, et qu'elle était véritablement représentative et habilitée à agir pour le compte de personnes pouvant faire valoir de manière défendable que leur vie, leur santé, leur bien-être et leur qualité de vie», par. 524-528, *Ibid.*

[186]   Par. 527-535, *Ibid.*

[187]   El Tribunal consideró que «…les documents disponibles ne montrent pas que les intéressées aient été exposées aux effets néfastes du changement climatique ou qu'elles risquent à un moment quelconque à l'avenir de s'y trouver exposées dans une mesure propre à faire naître un besoin impérieux d'assurer leur protection individuelle,…», par. 533-535, *Ibid.*

[188]   *Vid.*, par. 22, *Ibid.*

[189]   *Ibid.*

de cuestiones relacionadas como, p. ej., supervisar si las medidas estatales ya adoptadas amenazaban el disfrute de los derechos, sin vulnerar la separación de poderes; readaptar con un enfoque más apropiado y adaptado al contexto del cambio climático la carga probatoria de las evidencias y datos científicos; reinterpretar el riesgo asociado a la irreversibilidad del calentamiento global; abordar el vínculo jurídico-causal entre los efectos del cambio climático y el disfrute de los derechos humanos; así como analizar el nexo causal entre las obligaciones positivas de las autoridades de un Estado hacia los daños y riesgos de daños asociados al cambio climático.

En dicho litigio se consideró que el cambio climático es una de las cuestiones más preocupantes para el medioambiente y para las condiciones de vida de los individuos y de las comunidades ya que los efectos nocivos son complejos y múltiples[190]. Aunque las consecuencias y los problemas resultantes del cambio climático se habían considerado tradicionalmente de naturaleza intrínseca colectiva, el TEDH tuvo que abordar desde una perspectiva particular los problemas causados por el cambio climático en el seno del CEDH[191]. El TEDH no quiso sustituir al poder legislativo ni al ejecutivo en la toma de decisiones para adoptar medidas frente al cambio climático, pero sí ejercer su función jurisdiccional[192]. Es decir, el TEDH dentro de los requisitos exigidos por el Estado de derecho y sobre la base jurídica del CEDH tiene como tarea garantizar el control del cumplimiento de los requisitos legales, así como la proporcionalidad de las medidas generales adoptadas por un legislador nacional.

En este sentido, en el seno del margen de apreciación de los Estados el TEDH diferenció entre dos márgenes de discrecionalidad de los Estados diferentes. Uno es el margen que proviene del compromiso de luchar contra el cambio climático en conjunción con el establecimiento de las metas y objetivos necesarios para ello. En éste la gravedad de la amenaza que representa el cambio climático y el consenso existente sobre los compromisos de reducción

---

[190]　En este sentido, el Tribunal afirmó que «…la question du changement climatique est l'une des plus préoccupantes de notre époque. Si la cause principale du changement climatique se trouve dans l'accumulation de GES dans l'atmosphère terrestre, les conséquences pour l'environnement ainsi que les effets néfastes de ce phénomène sur les conditions de vie des individus et des différentes communautés humaines sont complexes et multiples.», par. 410, Ibid.

[191]　Así se afirmó que «À ce jour, elle ne s'est jamais penchée sur le caractère particulier des problèmes engendrés par le changement climatique au regard des questions qu'ils posent sur le terrain de la Convention. Si sa jurisprudence en matière environnementale (voir, en particulier, le paragraphe 538 ci-dessous) peut être utile jusqu'à un certain point, les questions juridiques soulevées par le changement climatique présentent d'importantes différences avec celles qui ont été traitées jusqu'à aujourd'hui.», par. 414; Vid., también par. 413, Ibid.

[192]　Par. 412, Ibid.

de GEI aceptados por los Estados representa un margen de apreciación muy reducido[193]. El otro es el margen decisorio en las concretas elecciones efectuadas para alcanzar los objetivos fijados. O sea, este se refiere a la específica elección de los medios asumidos por el Estado, de sus opciones operativas y de las políticas adoptadas para cumplir los objetivos y compromisos internacionales integrados en su ordenamiento jurídico para lograr la neutralidad climática. Y ahí es donde los Estados disfrutan de su margen de discrecionalidad inescrutable e incuestionable por los tribunales[194].

Con independencia del mayor o menor margen de apreciación, lo que quedó constatado fue que los datos científicos aportados (p. ej., estudios e informes del IPCC) fueron asumidos por el tribunal como elementos de prueba, considerándolos indiscutibles en cuanto a los datos que contenían: existe un vínculo entre el cambio climático (p. ej., olas de calor) y el mayor riesgo de morbilidad y mortalidad de las personas de edad avanzada, los niños, las mujeres y las personas con enfermedades crónicas[195]. Cuestión diversa es que los demandantes del caso, aunque fueran una categoría especialmente sensible a los efectos del cambio climático, no pudieran demostrar su condición de víctima que necesitaba imperiosamente una protección individual en relación con un riesgo futuro[196]. Pero ello no impide considerar, sobre los conocimientos científicos con metodología exhaustiva y rigurosa, que la degradación ambiental

---

[193] En este sentido el TEDH diferenció que «Partant du principe que les États doivent jouir d'une certaine marge d'appréciation en la matière, les considérations ci-dessus appellent une distinction, quant à l'étendue de la marge d'appréciation, selon qu'elle concerne, d'une part, l'engagement de l'État en faveur de la nécessaire lutte contre le changement climatique et ses effets néfastes, et la fixation des buts et objectifs requis à cet égard, et, d'autre part, le choix par l'État des moyens propres à atteindre ces objectifs. Concernant le premier point, la nature et la gravité de la menace, ainsi que le consensus général quant aux enjeux liés à la réalisation de l'objectif primordial que constitue une protection effective du climat par la fixation d'objectifs globaux de réduction des émissions de GES conformément aux engagements pris par les parties contractantes en matière de neutralité carbone, appellent une marge d'appréciation réduite pour les États. Sur le deuxième point, c'est-à-dire le choix des moyens, y compris les choix opérationnels et les politiques adoptées pour atteindre les objectifs et engagements fixés sur le plan international compte tenu des priorités et des ressources, les États devraient se voir accorder une ample marge d'appréciation.», Par. 543, *Ibid*.

[194] *Ibid*.

[195] El Tribunal tuvo en consideración que «en particulier aux données scientifiques relatives à l'incidence du changement climatique sur les droits conventionnels, à celles qui concernent l'urgence de la lutte contre les effets néfastes du changement climatique et la gravité des conséquences de ce phénomène, y compris le risque sérieux que celles-ci n'atteignent un point d'irréversibilité, […] la Cour estime justifié de juger que la protection du climat doit se voir accorder un poids considérable dans la mise en balance de facteurs antagonistes.», par. 542, *Ibid*.

[196] Par. 478-488, *Ibid*.

puede provocar (grave riesgo) y ha provocado efectos negativos y potencialmente irreversibles en el disfrute de los derechos humanos[197].

El cúmulo de la evolución científica permitió confirmar la existencia de una obligación positiva de los Estados en cuanto a la adopción de medidas e implementación de regulaciones que sean capaces de mitigar los efectos existentes e irreversibles del cambio climático[198]. Obligación que debe integrar tanto a las personas vivas actualmente como a las generaciones futuras, dado que estas últimas soportarán las consecuencias de las omisiones y fracasos actuales[199].

La determinación de la anterior obligación positiva surgió del examen del vínculo causal entre el cambio climático y el efectivo disfrute de los derechos del CEDH[200]. Esto supuso interpretar que el CEDH es un instrumento cuyo objeto y fin están interconectados. Es decir, el CEDH es una norma cuyo objeto es la protección de los derechos humanos, pero su finalidad solo se logra mediante interpretaciones y aplicaciones de sus disposiciones de forma que garanticen que los derechos sean prácticos y efectivos[201]. De este modo el respeto efectivo de los derechos humanos del art. 8 CEDH exige que los Estados adopten medidas para reducir sus niveles de emisiones de GEI desde la perspectiva real de lograr la neutralidad climática en las tres décadas venideras[202].

---

[197]   Así, se tuvo en cuenta que «… la Cour doit aussi tenir compte du fait que l'insuffisance de l'action passée de l'État pour lutter contre le changement climatique, insuffisance largement reconnue, se traduit à l'échelle mondiale par une aggravation des risques de conséquences négatives et des menaces – déjà reconnues par les États du monde entier – qui en découlent pour la jouissance des droits de l'homme. La situation présente met donc en jeu des conditions actuelles impérieuses, confirmées par les connaissances scientifiques, que la Cour, en tant qu'organe judiciaire chargé de faire respecter les droits de l'homme, ne peut méconnaître», par. 413, *Ibid*. O bien que «… De même, il est à présent reconnu que la dégradation de l'environnement peut entraîner et a entraîné des effets négatifs graves et potentiellement irréversibles sur la jouissance des droits de l'homme. Ce constat se retrouve dans les documents scientifiques,…», par. 429-431, *Ibid*.

[198]   El Tribunal realizó afirmaciones en las que exponía que «…les requérantes ont renvoyé la Cour à des données scientifiques incontestables qui montrent l'existence d'un lien entre le changement climatique et un risque accru de mortalité, en particulier parmi les catégories vulnerables. À l'heure actuelle, rien dans les arguments présentés par le gouvernement défendeur ou les gouvernements intervenants ne vient remettre en question la pertinence et la fiabilité de ces éléments», par. 509, *Ibid*.

[199]   Par. 419-420, 459 *Ibid*.

[200]   Par. 427-444, *Ibid*. Vid., además que «…le devoir primordial de l'État est d'adopter, et d'appliquer effectivement et concrètement, une réglementation et des mesures aptes à atténuer les effets actuels et futurs, potentiellement irréversibles, du changement climatique. Cette obligation découle du lien de causalité existant entre le changement climatique et la jouissance des droits garantis par la Convention,…», par. 545, *Ibid*.

[201]   Así se consideró que «…l'objet et le but de la Convention, instrument de protection des droits de l'homme, appellent à interpréter et appliquer ses dispositions d'une manière qui en rende les garanties concrètes et effectives, et non pas théoriques et illusoires…», *Ibid*.

[202]   Par. 548, *Ibid*.

La afirmación previa supone, por un lado, considerar la aplicabilidad del art. 8 CEDH a situaciones relacionadas con el medioambiente porque los efectos adversos del cambio climático perturban la salud, el bienestar y calidad de vida de las personas. Y, por otro lado, entender que el nexo causal de la responsabilidad estatal con dicha afección son las contaminaciones directamente causadas por un Estado, pero también la falta de regulaciones adecuadas, la no toma de medidas urgentes o la ausencia de combinación de medidas de adaptación junto a medidas de mitigación que permitan abordar de forma efectiva los riesgos de sobrepasar el calentamiento global por encima de 1,5ºC[203]. Se trata de demostrar que la responsabilidad estatal surge ante la omisión de medidas razonables que sí habrían tenido la posibilidad real de cambiar el curso de los hechos o mitigar los daños causados[204].

En definitiva, antes de inmiscuirnos en el estudio comparado entre España y Francia, los asuntos nacionales europeos citados permiten observar en perspectiva la evolución sufrida en el posicionamiento jurídico hacia las cuestiones derivadas del cambio climático. Ese tipo de asuntos han posibilitado condenar al Estado bajo el deber de actuar en positivo adoptando baterías de medidas que estén a su alcance para reducir las emisiones de gases de efecto invernadero, así como entender que a pesar de las dudas científicas razonables aquel debía actuar[205].En este sentido, el acceso de los instrumentos de planificación

---

[203] En este sentido el Tribunal explicó que «Le non-respect par l'État de cet aspect des obligations positives qui lui incombent suffirait à la Cour pour conclure que l'État a manqué à ses obligations positives découlant de l'article 8 de la Convention, sans qu'il soit nécessaire de déterminer si les mesures d'adaptation accessoires ont été mises en place …». Para posteriormente afirmar que «Ces lacunes montrent que l'État défendeur a failli à son obligation positive découlant de l'article 8 de concevoir un cadre réglementaire fixant les buts et objectifs requis Par. 545, 550, 555, 562, *Ibid*.

[204] El Tribunal concluyó que «…le processus de mise en place par les autorités suisses du cadre réglementaire interne pertinent a comporté de graves lacunes, notamment un manquement desdites autorités à quantifier, au moyen d'un budget carbone ou d'une autre manière, les limites nationales applicables aux émissions de GES. En outre, la Cour a relevé que, de l'aveu des autorités compétentes, l'État n'avait pas atteint ses objectifs passés de réduction des émissions de GES (paragraphes 558-559 ci-dessus). Faute d'avoir agi en temps utile et de manière appropriée et cohérente pour la conception, le développement et la mise en œuvre du cadre législatif et réglementaire pertinent, l'État défendeur a outrepassé les limites de sa marge d'appréciation et manqué aux obligations positives qui lui incombaient en la matière.», par. 573, *Ibid*.

[205] Véase, p. ej., cómo en la apelación del caso Urgenda el tribunal ratificó que «the government has both positive and negative obligations relating to the interests protected by these articles, including the positive obligation to take concrete actions to prevent a future violation of these interests (in short: a duty of care)» y «the State has a positive obligation to protect the lives of citizens». Tribunal de apelación de la Haya, 9 octubre 2018, C/09/456689/ HA ZA 13-1396, considerando 41, 43. O cómo a pesar de tener en cuenta la evolución en materia climático el tribunal irlandés afirmó «The fact that some of those measures may come to be adjusted over time

energética actuales a los órdenes contenciosos nacionales ha favorecido dichas argumentaciones judiciales partidarias de entender que no existe una discrecionalidad absoluta en el ejercicio de la libertad de elección ejercida por los Estados en la adopción de medidas que afecten a la lucha contra el cambio climático, la reducción de emisiones de gases de efecto invernadero o a la transición energética, desde diferentes perspectivas como la obligación positiva de actuar a consecuencia del deber de diligencia, la vulneración de derechos fundamentales por acciones inacciones o la responsabilidad estatal derivada del vínculo causal climático[206].

---

because of developments in knowledge, data or technology does not alter the fact that a best current estimate as to how the NTO is going to be achieved needs to be made and not left to sometime in the future», The Supreme Court. Appeal Nº: 205/19, 31 julio 2020, Case Friends of the Irish Environment CLG y the Government of Ireland, par. 6.45.

[206] Tal y como se expondrá más adelante nos referimos respectivamente al caso Urgenda resuelto en el Tribunal de la Haya, 24 junio 2015, y Tribunal de Apelación de la Haya, 9 octubre 2018, C/09/456689/ HA ZA 13-1396; el *Affaire du Siècle* resuelto en el Tribunal Administratif de París, 3 février et 14 octobre 2021, nº1904967, 1904968, 1904972, 1904976/4-1; y el asunto *Friends of the Irish Environment CLG y the Government of Ireland* resuelto por la Supreme Court 31 july 2020, Appeal Nº: 205/19.

Capítulo 3

La disyuntiva respuesta judicial de España y Francia frente a la acción prestacional en la planificación energética

La urgencia implícita en la emergencia climática hace trasladar a cada acción o inacción decidida hoy en día el peso de determinar el futuro del planeta[207]. Si tenemos en cuenta que el curso de acción vinculante para los gobiernos de Francia y España tiene hitos temporales lejanos (como 2030 y 2050), no es aceptable aplazar ni los compromisos ni los litigios relativos a la transición energética hasta dicho momento. Ello supone comprobar con anterioridad si se han alcanzado ciertos objetivos intermedios o si se prevén las medidas necesarias, ordenando en caso contrario actuaciones prestacionales a tal fin[208].

En dicha senda se halla el asunto *Affaire du Siècle* en el que se buscó que el juez administrativo ordenase medidas prestacionales (ejecución de medidas reparadoras) en forma de «medidas adicionales» para poner fin a la conducta de inobservancia de la SNBC o mitigar los efectos de su incumplimiento[209].

---

[207] *Cf.* M. S. Hoynck, Conclusions CE 19 novembre 2020, Commune de Grande Synthe, n° 427301.

[208] La fuerte pugna, en sentido opuesto, entre los horizontes energéticos a largo plazo y los impactos catastróficos del cambio climático a corto plazo, en el ciclo económico o en el ciclo político, genera una tragedia de horizontes según la cual, no se puede esperar hasta 2030 a evaluar si los Estados han ignorado la obligación de resultado de la transición energética, para considerar los medios necesarios para corregirla. El motivo radica en que, actualmente, existen medios que permiten corregir la inacción logrando evitar un incumplimiento a futuro, véase en este sentido la argumentación de M. Carney (2015: 1-16).

[209] Tribunal Admisnitratif de París, 3 février 2021, Ass. Oxfam France et autres, n° 1904967, 1904968, 1904972, 1904976/4-1, cons.2. Pero antes de determinar dichas medidas, el *Tribunal Admisnitratif de Paris* ordenó una instrucción complementaria para «… de prendre toutes les mesures permettant d'atteindre les objectifs que la France s'est fixés en matière de réduction des émissions de gaz à effet de serre, …», *Op. cit.*, Art. 4. Véase además los considerandos 21, 30-33, 38, 39. *Cf.* también C. Cournil y M. Fleury (2021: 2,9); C. Cournil, A. Le Dylio y P. Mougeolle (2019: 1864-1869).

Debido a lo cual, aunque el Estado declarase como posible alcanzar los objetivos de emisiones planificados hasta 2030, las (in)acciones emprendidas por Francia hasta el momento habían generado una discrepancia coetánea entre la trayectoria de emisiones fijada en el presupuesto de carbono de la SNBC y el inventario de emisiones de gases de efecto invernadero registrado[210]. Sobre este exceso de emisiones (causante en parte del daño ecológico[211]) se ordenó al Estado que adoptara todas las medidas sectoriales útiles y necesarias para reparar los daños ecológicos vinculados al marco del primer presupuesto de carbono de la SNBC[212].

En consecuencia, la verdadera finalidad buscada en el litigio era que el juez instase al Estado a corregir su actuación, una vez identificada la ilegalidad o inactividad cometida por el poder ejecutivo[213]. O sea, respetando el margen de discrecionalidad propio de la Administración (dejando al poder ejecutivo que decida las concretas medidas a implementar) se buscan decisiones judiciales como la mencionada, que lleven a buen término la causa climático-energética en los litigios: más allá del examen de legalidad de los instrumentos de planificación (propio del ámbito judicial), la finalidad es la ordenación por el juez de medidas a las autoridades públicas como muestra de eficacia de la normativa climática (entre la que se incluyen los instrumentos de planificación) y/o rendición de cuentas de su actuación en la transición energética y climática[214].

La breve mención del asunto francés es, solo, una muestra de esta tipología de disputas europeas que han permitido el nacimiento de una nueva justicia climática en la que los tribunales pasan a controlar la discrecionalidad de las autoridades públicas en materia de cambio climático y transición

---

[210] Tribunal Administratif de Paris, 3 février 2021, Ass. Oxfam France et autres, n° 1904967, 1904968, 1904972, 1904976/4-1, cons. 30.

[211] *Op. cit.*, cons. 23-28. La exigencia por el tribunal de un vínculo directo entre la culpa asociada al incumplimiento de la obligación general de luchar contra el cambio climático y el agravamiento del daño ambiental supuso una limitación importante para poder establecer la responsabilidad climática estatal en relación con el vínculo causal, C. Cournil y M. Fleury (2021: 4-5).

[212] Tribunal Administratif de Paris, 14 octobre 2021, Ass. Oxfam France et autres, n° 1904967, 1904968, 1904972, 1904976/4-1, cons. 13.

[213] M. Fleury y C. Christel Cournil (2020: 646).

[214] La posición del juez administrativo francés (al igual que le sucede al resto de jueces de derecho comparado) en las disputas relacionadas con elementos climáticos exige un activismo judicial que sobrepasa las funciones tradicionales del poder judicial, al tener en ocasiones que dirimir y motivar una decisión en función de los efectos esperados a futuro, S. Lavorel (2021: 37-41). Dicho activismo, aun sin contar con unos contornos claros, suele estar marcado por situaciones en las que los jueces no solo deben interpretar nuevos textos normativos (como la SNBC), sino que deben hacerlo bajo elementos disruptivos, cambiantes o volátiles que, se influencian por intereses contemporáneos, lo que lleva a los jueces a ser un intérprete creativo, *Op. cit.*, 41-42.

energética, hasta el punto de imponerles una condena de hacer para que puedan cumplir los objetivos de neutralidad climática, previamente asumidos por los Estados[215].

Sin embargo, los dos países objeto de este estudio (Francia y España) cuentan con jurisprudencia muy distanciada en materia de acción prestacional relacionada con la planificación energética: en las decisiones de los tribunales administrativos franceses se encuentra cierta vinculación con las líneas argumentativas ofrecidas por otros tribunales nacionales europeos; mientras que en España, el Tribunal Supremo ha optado por una postura doctrinal diferente, alentada, en parte, por una normativa que, tal y como veremos, aporta trabas procesales para dar respuestas a nuevas pretensiones climático-energéticas relacionadas con los planes energéticos.

Ante dicho panorama abordaremos: (A) cómo la naturaleza reglamentaria del PNIEC ha sido un motivo jurídico para que los tribunales españoles no se hayan pronunciado sobre acciones prestacionales, en comparativa con las decisiones francesas; (B) en segundo término, analizaremos tres de los motivos más relevantes por los que las acciones prestacionales en el entorno jurídico de la planificación energética se presentan como una dificultad para los jueces en España, por contraposición a su salvedad (o por lo menos no han representado una traba) en los litigios franceses.

3.1. La naturaleza reglamentaria del PNIEC: ¿apoyo o impedimento para una condena prestacional?

La condena prestacional en España todavía no se ha materializado en decisiones climáticas de relevancia, perdiéndose la oportunidad en los recientes litigios climáticos desarrollados ante el Tribunal Supremo sobre el Plan nacional integrado de energía y clima[216]. Aunque en estos asuntos los demandantes pretendieron que el Gobierno hiciera todo lo que estuviera a su alcance para reducir las emisiones de gases de efecto invernadero en relación con sus obligaciones climáticas, el tribunal desestimó este tipo de pretensiones. De suerte que, a pesar de haber solicitado al poder judicial (como una especie *sui generis* de acción prestacional) declarar el deber de promulgar un nuevo PNIEC (con unos objetivos acordes a los compromisos asumidos) o bien la revisión de la intensidad de los objetivos incorporados al PNIEC en vigor, no se

---

[215] En los procesos climáticos acontecidos por Europa, las condenas de hacer impuestas a los Estados por los tribunales nacionales vienen conociéndose por el término inglés *injonction* o *injunction*, B. Lozano Cutanda (2021: 73).

[216] *Vid.* SSTS 3410/2023, de 18 de julio y 3556/2023, de 24 de julio.

ha condenado al Estado a la materialización de ninguna de dichas prestaciones, ni de ninguna otra determinada[217].

La falta de inclinación del poder judicial español por una condena prestacional en los citados litigios contra el PNIEC subyace, de forma principal, en la naturaleza jurídica reconocida a dicho plan: se ha considerado como una disposición de carácter general[218]. Ello ha supuesto que, las carencias e insuficiencias atribuidas al PNIEC se hayan tratado como una omisión reglamentaria, respecto de la cual, el control jurisdiccional tiene un carácter restrictivo por los dos siguientes motivos, íntimamente relacionados entre sí[219]:

a) El primer motivo ha sido el carácter revisor y no sustitutorio de la potestad jurisdiccional respecto de la potestad reglamentaria, al asociarse esta y, por ende, la planificación energética a la función constitucional de dirección política del Gobierno (art. 97 CE); de manera que los tribunales no pueden obligar a la Administración autora del PNIEC a redactarlo en un determinado sentido[220]. Así, del examen del PNIEC realizado por el tribunal español, bajo la

---

[217] En el recurso 2/265/2020 presentado el 15 de diciembre de 2020, ante la Sala tercera del Tribunal Supremo por Greenpeace España, Ecologistas en Acción-Coda y Oxfam Intermón, se adujeron argumentos en los que se afirmaba que «… el Gobierno tiene que «hacer todo lo que esté a su alcance», debe adoptar todas las medias que no sean imposibles o desproporcionadamente gravosas, con el objetivo de reducir los GEI a un nivel seguro para los derechos fundamentales de la población», pp. 147. Solicitando en coherencia que se declare y se condene al Gobierno a promulgar un PNIEC con unos objetivos acordes con los compromisos asumidos, pp. 177. *Cf.* STS 3410/2023, de 18 de julio, resumidas dichas pretensiones en los antecedentes de hecho.

[218] El Tribunal Supremo ha afirmado que «el Plan tiene naturaleza reglamentaria no parece deba cuestionarse […] nunca puede considerarse que, por su contenido, el PNIEC se trate de un acto administrativos que se agotase con su mera aplicación…», STS 3556/2023, de 24 de julio, FJ 2. En iguales términos la STS 3410/2023, de 18 de julio dictaminó que «no obstante su contenido heterogéneo, lo alejan de su calificación como acto plúrimo y lo acercan, a efectos de su enjuiciamiento o control jurisdiccional, a la de disposición general como, por otra parte, viene sosteniendo la jurisprudencia en relación con otros instrumentos de planificación, también de heterogéneo contenido, referidos a otros sectores materiales como el urbanismo o la ordenación territorial», FJ 5A.

[219] Como consecuencia de considerar al PNIEC como un reglamento el Tribunal Supremo ha establecido que «esa determinación de la naturaleza del Plan impugnado tiene otra relevancia que no es de menor importancia. Nos referimos a que, en las impugnaciones de las disposiciones reglamentarias en vía contencioso-administrativa, las potestades que se confieren a los Tribunales son más limitadas que la establecida para la impugnación de los actos administrativos. «, STS 3556/2023, de 24 de julio, FJ 2.

[220] Recientemente el Tribunal Supremo en los litigios climáticos de planificación energética ha vuelto a recordar la jurisprudencia existente, y aplicable al caso, en materia de omisión reglamentaria, según la cual «[l]as pretensiones deducidas frente a la omisión reglamentaria han encontrado tradicionalmente en nuestra jurisprudencia, además de la barrera de la legitimación, un doble obstáculo: el carácter revisor de la jurisdicción y la consideración de la potestad

perspectiva de un control de legalidad de una disposición reglamentaria (*ex* art. 106 CE), se concluye la falta de autorización de los tribunales para imponer o fijar a la Administración criterios de oportunidad, como lo son los concretos valores de reducción de emisiones de gases de efecto invernadero, pudiendo únicamente anular dicho plan[221].

De manera que la libertad para escoger, entre las distintas alternativas posibles, el mejor o más conveniente porcentaje de reducción de emisiones de gases de efecto invernadero para satisfacer los intereses públicos de protección medioambiental, únicamente corresponde a la Administración[222]. Esa libertad no puede ser sustituida en su núcleo de oportunidad, según el Tribunal Supremo, por la distinta opinión o voluntad de los particulares, ni por la decisión de los tribunales, ni siquiera por las conclusiones científicas de informes elaborados por el Panel Intergubernamental de Cambio Climático[223]. Es decir, el Tribunal Supremo rechaza admitir una sustitución judicial de la inactividad u omisión administrativa reglamentaria en materia de planificación energética, no pudiendo los tribunales dar un determinado contenido al PNIEC[224].

No obstante, a la postura adoptada por el Tribunal Supremo español le podemos contraponer tres extremos:

— En primer lugar, la determinación judicial de un nuevo contenido de un reglamento no es una actuación completamente distante a nuestro ordenamiento jurídico. Este tipo de prácticas nacieron en el Tribunal Supremo bajo la vigencia del art. 85 de la Ley de la Jurisdicción de 1956,

---

reglamentaria como facultad político- normativa de ejercicio discrecional. Ahora bien, tales reparos no han sido óbice para que, ya desde antiguo, se haya abierto paso una corriente jurisprudencial que ha admitido el control judicial de la inactividad u omisión reglamentaria», STS 3410/2023, de 18 de julio, FJ 5C. En el mismo sentido STS 409/2019, de 18 de febrero, FJ 2B.

[221] El Tribunal Supremo ha afirmado que «… las pretensiones, […] quedan limitadas, en principio y como regla general, a la de anulación», debido a lo cual «Lo que no podrán los Tribunales es, una vez declarada dicha nulidad [del PNIEC], determinar cómo han de quedar redactados los preceptos en sustitución del declarado nulo, porque con ello se estarían arrogando los Tribunales la potestad reglamentaria de la Administración, que se integra de una importante faceta de discrecionalidad, que no puede ser sustituida por los Tribunales, que solo podrán controlar la legalidad de la norma», STS 3556/2023, de 24 de julio, FJ 2 y 6.

[222] STS 3410/2023, de 18 de julio, FJ 6 C.

[223] *Ibid.* Para una mayor ampliación sobre las dificultades de sustitución de las decisiones discrecionales en el ordenamiento jurídico español véase la obra de P. Lucea Franco (2025: 278 pp.) destinado dicho estudio. *Cf.,* también en este sentido la opinión de Moreno Molina al considerar que la revisión del juez administrativo de un plan no puede consistir en que el ente judicial elabore él mismo un nuevo plan o medida, porque en última instancia se trata de decisiones de política climática, á. M. Moreno Molina (2023: 553-554, 582-583).

[224] El citado tribunal ha afirmado que «… resulta ciertamente más difícil admitir la posibilidad de una sustitución judicial de la inactividad o de la omisión administrativa reglamentaria hasta el punto de que el Tribunal dé un determinado contenido al reglamento omitido o al precepto reglamentario que incurre en infracción omisiva…», STS 3410/2023, de 18 de julio, FJ 5 C.

la cual permitía en materia de ordenanzas fiscales que el juez que anulaba el acto expresase de forma concreta cómo debían de quedar redactados los preceptos. Este tipo de control jurisdiccional *ex constitutione*, según el alcance del art. 106 de la Constitución, ha permanecido latente en la normativa local: el Real Decreto Legislativo 2/2004, de 5 de marzo, por el que se aprueba el texto refundido de la Ley Reguladora de las Haciendas Locales, establece en su art. 19.2, en relación con el recurso contencioso administrativo: «Si por resolución judicial firme resultaren anulados o modificados los acuerdos locales o el texto de las ordenanzas fiscales, la entidad local vendrá obligada a adecuar a los términos de la sentencia todas las actuaciones que lleve a cabo con posterioridad…». Aparentemente existe una contradicción entre esta regulación y el art. 71.2 de la Ley 29/1998, sin embargo, el Tribunal Supremo ha considerado válida una interpretación conjunta en la que el juez sí puede declarar las modificaciones que sean indispensables para la comprensión del texto anulado o corrijan errores materiales[225]. Respetando el juez de este modo el margen decisorio discrecional de la Administración al no dar un determinado contenido al reglamento y sustituyéndolo hasta donde la ley haya reglado el contenido, únicamente en caso de que se constituya una situación jurídica contraria al ordenamiento jurídico[226].

— En segundo lugar, llama la atención cómo la tajante abstención del Tribunal Supremo es diametralmente opuesta a la decisión del *Conseil d'État* en el asunto *Grande-Synthe*. En ese caso, el efecto ventajoso más esperado fue operar sobre la SNBC de valor reglamentario (alcance normativo de los objetivos programáticos[227]), dictaminando la obligatoriedad y la necesidad de que la autoridad competente adoptase las medidas necesarias para reducir el exceso de emisiones en comparación con los techos máximos planificados en la SNBC[228]. De modo que

---

[225] El Tribunal Supremo estableció que «En realidad, la resolución judicial impugnada entiende que le está vedado dar una nueva redacción del precepto o preceptos de la ordenanza fiscal cuya anulación decide, pero no precisar los criterios jurídicos que deberá respetar, en caso de que sea necesaria, la nueva regulación del artículo o artículos anulados, total o parcialmente, y a los que habrá de adaptarse la actuación de la Administración local al aplicar el precepto o preceptos en parte anulados…», STS 6141/2013 de 31 de octubre de 2013, FJ.5.

[226] STS 1115/2010, de 3 de marzo, FJ 3.

[227] *Vid.* CC, Décision n° 2015-718 DC du 13 août 2015, cons. 12. *Cf.* además M. Fleury, y C. Christel Cournil (2020:645-648); H. Delzangles (2021: 2125-2127).

[228] En el asunto Grande-Synthe se estableció que «L'effet utile de l'annulation pour excès de pouvoir du refus opposé à la demande de la commune requérante de prendre toute mesure utile permettant d'infléchir la courbe des émissions de gaz à effet de serre produites sur le territoire national, de prendre toute mesure de nature réglementaire tendant à « rendre obligatoire

no solo controló aspectos regulados en la SNBC, sino que la desestimación presunta del Gobierno francés para adoptar medidas reglamentarias adicionales que permitieran compatibilizar las emisiones con los presupuestos fijados en la SNBC también entró dentro de la competencia de control órgano judicial administrativo ordenando al poder ejecutivo, de forma taxativa e inapelable, adoptar medidas suplementarias, sin determinar su exacto contenido[229].

— Y, en tercer lugar, resulta llamativa la argumentación del Tribunal Supremo minusvalorando las recomendaciones y conclusiones científicas frente al gran peso que ofrece a la ponderación económica; todo ello para justificar la no modificación del contenido del PNIEC. Actualmente, dicho plan se encuentra alineado con los objetivos de la Ley 7/2021 de cambio climático y transición energética (única norma española que concreta los objetivos climáticos); en cambio, el tribunal no ofreció valor alguno a los informes técnicos especializados, a pesar de ser la mejor información científica disponible uno de los principios rectores de la mencionada ley nacional (art. 2) y del Acuerdo de París (arts. 4,7 o 14)[230]. Aun cuando en Derecho la aplicación de criterios intra y extrajurídicos por el poder judicial no responde siempre al mismo patrón, podría considerarse que cuando un tribunal quiere, puede. Es decir, aunque los informes científicos no tengan *stricto sensu* valor normativo, ha habido ejemplos anteriores en los que el Tribunal Supremo ha justificado la sustitución del contenido de una

---

la priorité climatique « et de mettre en oeuvre des mesures d'adaptation immédiate au changement climatique, réside dans l'obligation, que le juge peut prescrire d'office […] pour l'autorité compétente, de prendre les mesures jugées nécessaires…» CE, 19 novembre 2020, Grande-Synthe, n° 427301. *Cf.* además M. S. Hoynck, Concl. CE 19 novembre 2020, Commune de Grande Synthe, n° 427301; T. Rombauts-Chabrol (2022: 740-741).

[229] *Vid.* como el *Conseil d'État* después de la instrucción complementaria para investigar sobre la incidencia de la negativa de adoptar medidas determinó que «… faute qu'aient été prises, […] les mesures supplémentaires nécessaires pour infléchir la courbe des émissions de gaz à effet de serre produites sur le territoire national, le refus opposé à la requérante par le pouvoir réglementaire est incompatible avec la trajectoire de réduction de ces émissions fixée par le décret du 21 avril 2020 précité pour atteindre les objectifs de réduction fixés par l'article L. 100-4 du code de l'énergie et par l'annexe I du règlement (UE) 2018/842 du 30 mai 2018. […] afin d'assurer sa compatibilité avec les objectifs de réduction des émissions de gaz à effet de serre…», cons.8 y art. 2, CE 1 juillet 2021, Commune de Grande Synthe, n° 427301. Véase también CE, Ass., 19 juillet 2019, Association des Américains Accidentels, n° 424216, 424217, cons.5; B. Lozano Cutanda (2021: 73); F-X. Fort (2022: 693).

[230] Según el art. 2 de la Ley 7/2021 «Las actuaciones derivadas de esta ley y de su desarrollo se regirán por los principios […] m) La mejor y más reciente evidencia científica disponible, incluyendo los últimos informes del Grupo Intergubernamental de Expertos sobre el Cambio Climático (IPCC), de las Naciones Unidas».

disposición reglamentaria basándose en «la existencia de una información científica o técnica que asevere, en la dicción legal» una determinada circunstancia[231].

Por el contrario, el Tribunal Supremo ha recurrido de forma enfática al argumento de la ponderación económica para descartar ordenar al Gobierno cambios en el PNIEC, razonando que: la discrecionalidad tan amplia de la Administración en la planificación energética no es una habilitación omnímoda, sino que debe adecuar las medidas y criterios del PNIEC a los fines impuestos por el legislador (internacional, europeo o nacional[232]), como, p. ej., el crecimiento económico o el desarrollo sostenible[233]. En concreto, consideró que la ampliación de los porcentajes de reducción de emisiones de gases de efecto invernadero era un elemento que afectaría a todas las políticas de la Administración (presentes y futuras), condicionando los ejercicios económicos de varias anualidades, motivo por el que los jueces desecharon la ampliación del porcentaje de reducción de emisiones (aunque sea considerable)[234]. En cambio,

---

[231] Nos estamos refiriendo a la STS 1274/2016, de 16 de marzo, en la que el Tribunal Supremo justificó la sustitución de la Administración al ampliar el Catálogo de especies invasoras mediante su facultad de anular por omisión una norma reglamentaria basándose, entre otras cosas, en la prueba pericial practicada. En este sentido consideró que «…presupuesta la existencia de una información científica o técnica […] el principio de control judicial plenario de la actividad de la Administración, incluido el de los fines perseguidos con su ejercicio (art. 106.1 CE) autoriza a determinar, […] si es que procede la declaración de nulidad, también la inclusión o exclusión de especies en el expresado catálogo […]. Con tal actividad se satisface en plenitud el efecto determinante de la nulidad, trasunto del derecho a una tutela judicial efectiva (art. 24.1 CE), sin que quepa considerar que, por tal razón, quedaría transgredido el citado artículo 71.2 LJCA, que cursa en el solo ámbito del respeto judicial a las decisiones discrecionales de la Administración, que no es el caso.», FJ3. *Cf.* B. Lozano Cutanda (2021: 76-77).

[232] En la argumentación defendida por el Tribunal Supremo se ha afirmado «que desde la Declaración de Río de 1992, lo que se proponía es un justo equilibrio en la adopción de medidas que mitigasen el cambio climático y el mantenimiento del bienestar de los ciudadanos […] Se trata, en suma, de que las medidas que permitan reducir el cambio climático no sean incompatibles con el siempre aconsejable, no ya desarrollo económico, sino su incremento, que se considera compatibles con aquellas medidas», STS 3556/2023, de 24 de julio, FJ 6.

[233] Es palpable que el órgano jurisdiccional busca la argumentación económica, dado que no dedica unas líneas al principio 3 Declaración de Río de 1992 y cita expresamente el principio 12. Además manifestó, p. ej., que «…la consecuencia de la reducción de emisiones de GEI comporta importantes restricciones […] de tal forma que ha de buscarse un equilibrio, una ponderación entre la adopción de medidas […] Es más, la necesidad de adoptar dichas medidas comporta una afección generalizada de la misma economía de los Estados, trastocando no solo los objetivos macroeconómicos, sino la integridad de la política de los Estados en los ámbitos más variados como son los económicos, medioambientales, sociales, etc. […] En suma, afectar a las políticas en materia energética es remodelar toda la política económica y social del Estado», *Ibid.*

[234] Según el Tribunal Supremo «Pues bien, la pretensión que se examina, pese a pretender quedar reducida a la simple, aunque considerable, ampliación de los porcentajes de reducciones

no propuso ni elaboró una demostración de las consecuencias que conllevaría no elevar el porcentaje de emisiones para el desarrollo sostenible ambiental[235].

De los tres extremos citados podemos concluir que el hecho de que el PNIEC se haya considerado como un reglamento es una circunstancia que no debería de suponer una mayor limitación para el examen judicial, ya que el hipotético supuesto de sustitución (aumentar a un 55% la reducción de emisiones) operaría únicamente como una especie de precisión de los criterios jurídicos a respetar, en caso de que estuvieran regulados legalmente (elementos reglados), dado que habría desaparecido la discrecionalidad.

En cuanto al siguiente extremo, dudamos de la pertinencia de la afirmación del Tribunal Supremo de que la jurisprudencia de otros Estados no es vinculante, ya que sin ser incorrecta (no es fuente del ordenamiento jurídico español) es bastante expresiva y parece sutilmente velada[236]. En este sentido no es extraño encontrar en la jurisprudencia española la mención de sentencias externas como argumento para formular o apoyar la *ratio decidendi* de la resolución del caso. El uso persuasivo (no vinculante) de la jurisprudencia de otros países busca un argumento de autoridad en un tema controvertido, ya sea estructurando el debate, dando peso a un valor, un argumento o una consideración en detrimento de otros[237]. Motivo por el que nada habría impedido inspirarse o tener en cuenta (en la medida de lo posible) pronunciamientos judiciales (como el citado caso francés) en los que ya se hubiera dirimido la acción prestacional derivada de insuficiencias relacionadas con instrumentos de planificación de naturaleza reglamentaria.

En cuanto al tercer extremo analizado, por un lado, es palmaria la intención del alto tribunal español de alejarse de interpretaciones como las del asunto *Grande-Synthe*, en el que la constante remisión a los informes de órganos técnicos y científicos fue determinante (a lo largo de la instrucción complementaria),

---

de emisiones de GEI, es lo cierto que la decisión que ello comporta afecta a los más amplios sectores de la política nacional, pudiendo decirse que no quedaría materia alguna de la política que debe aprobar la Administración […] que no quedara afectada. O si se quiere, que nuestra decisión supondría imponerle al Gobierno la revisión de todas las decisiones políticas ya adoptadas con perspectiva de futuro y condicionar esas políticas de manera intensa para los ejercicios económicos de varias anualidades […] lo que se nos pide en la demanda […] que con esa decisión se imponga al Gobierno la adopción de una política económica muy diferente de la que tiene establecida nuestro, País, obligando a la Administración a reformular dicha política…», FJ 6, *Op. cit.*

[235] Solo prevé «…que no se contiene en ninguno de dichos documentos ni informes es un examen exhaustivo de los efectos que esas medidas [las de reducción de emisiones], por encima de las ya previstas y planificadas que los Estados consideran procedentes para dichos fines, supondrían para la economía en el momento actual y las privaciones a que debiera someterse a la ciudadanía…», STS 3556/2023, de 24 de julio, FJ 8.

[236] SSTS 3410/2023, de 18 de julio; 3556/2023, de 24 de julio.

[237] Es una práctica que viene siendo usada especialmente por el Tribunal Constitucional, para una ampliación consúltese X. Arzoz Santisteban (2022: 13-44); P. Tenorio (2016: 275-305).

para interpretar datos y ordenar al gobierno la acción prestacional de adaptar su ritmo de reducción de emisiones y los objetivos legales asumidos[238]. Por otro lado, aunque en la normativa aplicable a España existe una dualidad entre el desarrollo ambiental y el crecimiento económico en materia de emisiones, encontramos un marcado posicionamiento del Tribunal Supremo por los elementos económicos, a la vista de sus tesis priorizando estos últimos sobre lo ambiental. En general, la relación existente entre la protección climático-ambiental y las actividades económicas que lo dañan hace surgir tensiones, en la labor de conciliar ambos elementos, teniéndose que enfrentar a este escollo los tribunales nacionales en sus fallos. Si bien, normalmente, es el legislador el poder que suele salir «al rescate de la economía» a consecuencia de presiones sociales[239], frente a los órganos judiciales, compuestos por miembros de cualificación jurídico-técnica que, ajenos a presiones electorales, generalmente priorizan proteger los recursos naturales de los daños y riesgos del cambio climático, en vez del interés económico[240]. Sin embargo, en los litigios climáticos contra el PNIEC español, el Tribunal Supremo, en la tensión entre clima y desarrollo económico, claramente no ha seguido la postura ambientalista, decantándose por el argumento económico.

b) El segundo motivo restrictivo para adoptar medidas prestacionales, asociado a la consideración del PNIEC como una disposición reglamentaria en España, deriva del gran margen de discrecionalidad existente en materia de planificación energética y el riesgo implícito de alterar la separación de poderes[241].

---

[238] *Cf.* CE, 10 mai 2023, Grande-Synthe, nº 467982.

[239] Véase como en el asunto español del Catálogo de Especies Exóticas Invasoras tras la STS 1274/2016, de 16 de marzo, y la anulación de la exclusión de seis especies del Catálogo, el legislador aprobó la Ley 7/2018, de 20 de julio, de modificación de la Ley de Patrimonio Natural de la Biodiversidad argumentando en su Preámbulo que «La sentencia del Tribunal Supremo ha generado una gran preocupación por sus efectos económicos y sociales […] Esto ha supuesto un impacto económico negativo para los municipios rurales en los que estas actividades deportivas, turísticas y de ocio se llevan a cabo». Motivo por el que se adoptó una fórmula en la que se permitía la caza y pesca de cualquier especie que, a pesar de ser exótica invasora, hubiera sido introducida en el medio natural antes del 15 de diciembre de 2007 (art. 64 ter). Para una ampliación consúltese B. Lozano Cutanda (2019:1-5).

[240] Continuando con la cita del asunto del Catálogo de Especies Exóticas Invasoras, es revelador como el Tribunal Supremo en su STS 1274/2016, de 16 de marzo, únicamente se centró en el carácter invasor y la amenaza grave de las especies, argumentando, p. ej., «… las razones aducidas para oponerse a su inclusión en el Catálogo tampoco se basan en la negación de su carácter invasor o de su grado de amenaza, sino esta vez por motivos de aprovechamiento económico […] Sin embargo, también en este caso la prueba científica ha existido, de forma categórica, y en ella también se aconseja la inclusión en el Catálogo, que consideramos por ello igualmente procedente», FJ 4.2. *Cf.* también B. Lozano Cutanda (2021: 77) y (2023: 149).

[241] El Tribunal Supremo al desarrollar su discurso sobre imposibilidad de los tribunales de adoptar decisiones constriñendo a la Administración en materia de planificación energética, por

Si en términos generales, cualquier actividad de planificación de una materia comporta un alto grado de discrecionalidad, en la planificación de la transición energética y la lucha contra el cambio climático dicha discrecionalidad se acentúa[242]. Este margen de actuación o apreciación a favor del ente público en la determinación de los objetivos y medidas a establecer en el PNIEC, como herramienta principal de la transición energética, pertenece a la facultad político-normativa de la Administración y su determinación de las políticas energético-ambientales. Y es que, a pesar de que los compromisos internacionales y europeos suscritos y asumidos por el Estado español en materia de cambio climático (emisiones, energías renovables, eficiencia energética, economía circular, etc.) son límites mínimos, también son genéricos y se encuentran sin concretar, debiendo el Gobierno y la Administración ser quienes determinen su concreto alcance, no los tribunales[243]. En efecto, dado que la Ley 7/2021 de cambio climático y transición energética ha concretado en porcentajes precisos los mencionados compromisos, ha sido el legislador español el que ha establecido que dichos porcentajes son los adecuados para satisfacer los compromisos asumidos y no otras cifras, no pudiendo los tribunales contradecir al poder legislativo[244].

Postura que, aunque sea plenamente respetable y válida jurídicamente, en cambio, es antagónica a la seguida por el Tribunal de *Karlsruhe* en el litigio alemán de 24 de marzo de 2021 contra la Ley Federal de Protección del

---

existir un gran margen de discrecionalidad, argumenta la alteración de la separación de poderes consagrada en la Constitución española y exigencia de todo Estado de Derecho, STS 3556/2023, de 24 de julio, FJ 6.

[242] STS 3556/2023, de 24 de julio, FJ 8.

[243] El Tribunal Supremo ha señalado que «tanto el Convenio de París como la normativa comunitaria constituyen unos límites de mínimos […] ciertamente generales y no concretados, asumidos en el Convenio, de tal forma que la política seguida por el Gobierno y la Administración de nuestro País es asumir, como autoriza el Convenio, los compromisos como integrante en la Unión y sometida a sus criterios, esto es, a la política diseñada por la Unión en la que nuestro País ha colaborado a aprobar.», FJ 7, *Op. cit*.

[244] Recalcamos el término compromiso por ser el propio Tribunal Supremo el que ha querido matizar que, p. ej., España tiene respecto del Convenio de Paris «… concretos compromisos, mejor que obligaciones…», FJ 5, *Op. cit*. Además con relación al art. 3 de la Ley 7/2021 y sus objetivos mínimos establece que «Es cierto que el precepto establece claramente que ese tope de reducción es de mínimos ("al menos") lo que permitiría asumir unas reducciones de superior porcentaje; sin embargo, lo cierto es que el Legislador ha establecido que con ese mínimo España asume adecuadamente los compromisos –siempre generales– asumidos en el Convenio de París, vía política comunitaria; de tal forma que el éxito de la pretensión supondría que estableciéramos nosotros que dicho límite, que es el cumplimiento de los compromisos asumidos, no se han cumplido, en abierta contradicción con el Legislador y derogando implícitamente el precepto legal», FJ 7, *Op. cit*.

Clima de 12 de diciembre de 2019[245]. En dicho asunto, el órgano judicial valoró la actuación del legislador ordenándole actualizar los objetivos de reducción de emisiones para el periodo a partir de 2031, mediante una fijación directa en la ley de los porcentajes de reducción de emisiones o configurando obligaciones más concisas que permitieran al Gobierno concretar el volumen de emisiones[246]. Este fallo supuso abrir la posibilidad de que un órgano judicial nacional participara en la lucha contra el cambio climático y la transición energética controlando y corrigiendo decisiones del legislador como, por ejemplo, la elección de únicamente planificar hasta 2030 los objetivos vinculantes y las medidas a implementar para reducir las emisiones en un 55%[247].

Analizadas las dos restricciones anteriores, cabe concluir que estas no significan carencia total de control judicial sobre los PNIEC españoles por el hecho se considerarse reglamentos: de una omisión reglamentaria se puede controlar su legalidad cuando el ilícito supone incumplir la obligación expresamente prevista por la ley de elaborar y promulgar el PNIEC, o cuando la omisión reglamentaria cree de forma implícita una situación jurídica contraria al ordenamiento[248]. Pero una cosa es controlar dicha ilicitud y otra distinta que el poder judicial pueda dar un contenido determinado al PNIEC (ya sea por omisión o concretando objetivos, medidas o previsiones) para ordenar actuaciones prestacionales, dado que se trata del ejercicio de una potestad discrecional[249]. De dicha afirmación

---

[245] Se trata de un pronunciamiento histórico que sienta las bases de la conocida como *Justicia Climática*, al controlar un tribunal nacional europeo decisiones del poder legislativo, véase en BVerfG, Beschluss des Ersten Senats vom 24. März 2021. Para una ampliación consúltese C. Möllers y N. Weinberg (2021: 1069-1078); K. Kotulla y M. Kotulla (2022: 1-10); M.H.W. Möllers (2021: 284-290); R. Sinder (2021: 1078-1087); W. Frenz (2021: 583-588); G. Valencia Martín (2021: 97-1006).

[246] *Vid*, par. 256-265, BVerfG, Beschluss des Ersten Senats vom 24. März 2021

[247] El Tribunal determinó que «…no basta con que [se] obligue al gobierno federal a fijar reducciones anuales de los niveles de emisiones «en 2025» «para períodos posteriores a 2030» mediante una ordenanza legal. […] Según el reglamento, las determinaciones no deberían tomarse hasta 2025. Por tanto, no hay planificación más allá de 2030 hasta 2025 […] es poco probable que se pueda crear oportunamente un horizonte de planificación […] Si el legislador se hace cargo plenamente de la actualización de la senda de reducción, deberá regular todo lo necesario en el momento oportuno y con suficiente antelación», par. 257-258, *Op. cit. Cf.* B. Lozano Cutanda (2021: 70-73).

[248] El Tribunal Supremo en el análisis de las obligaciones asumidas por España en virtud del Convenio de París determinó que «… entre las obligaciones adjetivas y procedimentales que asumen las Partes destaca la de «preparar, comunicar y mantener» las denominadas contribuciones determinadas a nivel nacional -CDN- (artículo 4.2) …», STS 3410/2023, de 18 de julio, FJ 5C y 6A. Véase también SSTS 6137/2013, de 5 de diciembre, FJ 8; 1519/2018, de 5 de abril, FJ 2B.

[249] El Tribunal Supremo viene reconociendo que «… constatado el deber legal de dictar una regulación por la Administración y el incumplimiento de aquél resulta ciertamente más difícil admitir la posibilidad de una sustitución judicial de la inactividad o de la omisión administrativa reglamentaria hasta el punto de que el Tribunal dé un determinado contenido al reglamento

no nos apartamos, dado que así lo venimos demostrando en este estudio, aunque ello no ha sido obstáculo para mostrar ciertas objeciones a los concretos argumentos esgrimidos por el Tribunal Supremo para defender la ausencia de actuaciones prestacionales. Y aun así consideramos que existe una posibilidad en la que los tribunales sí que podrían condenar a la Administración a que elaborase un PNIEC con un contenido determinado (acción prestacional): se trataría del caso en el que se constatara y declarase la existencia de una obligación legal de dictar el PNIEC en ese determinado sentido[250]. O sea, si a la luz de la Ley 7/2021 de cambio climático y transición energética y sus concretos objetivos mínimos del art. 3, el PNIEC reflejara contribuciones no acordes a dichos objetivos, podrían los tribunales ordenar como actuación prestacional la inclusión en el plan de dichos objetivos mínimos o sustituirlos de oficio[251].

3.2. La anquilosada regulación contenciosa y la separación de poderes en los litigios de planificación climático-energética

Todos los impedimentos expuestos en el punto anterior no son las únicas dificultades a las que se deberán de enfrentar las pretensiones prestacionales sostenidas contra una planificación energético-climática en un litigio en España.

---

omitido o al precepto reglamentario que incurre en infracción omisiva…», STS 1519/2018, de 5 de abril, FJ 2B. en iguales términos STS 3410/2023, de 18 de julio, FJ 5C.

[250] El Tribunal Supremo ha reconocido que «… puede resultar viable una pretensión de condena a la Administración a que elabore y promulgue una disposición reglamentaria, e incluso a que ésta tenga un determinado contenido, en la medida que se constate y declare la efectiva existencia de una obligación o deber legal de dictar la norma reglamentaria en ese determinado sentido», STS 1519/2018, de 5 de abril, FJ 2B.

[251] La potestad de los tribunales de sustituir las decisiones de la Administración únicamente puede alcanzar a los elementos reglados de la potestad de planificación energética y, aunque «… en el ámbito de la potestad reglamentaria no suele alcanzar hasta la imposición del contenido con que ha de quedar redactada la norma reglamentaria, aunque exista la obligación legal de dictarla», STS 3410/2023, de 18 de julio, FJ 5C. Sin embargo, en materia de transición energética los objetivos mínimos de la Ley 7/2021 son infranqueables, no pudiendo el PNIEC ir *contra legem*, entendiéndose en esta línea argumentativa la afirmación de que «este Tribunal tiene encomendada la potestad de controlar el principio de legalidad de las disposiciones reglamentarias, […] esa potestad no autoriza a los Tribunales a imponer a la Administración los criterios de oportunidad, a salvo de los supuestos de la concreta imposición que se haga por norma de superior rango, en cuyo caso no existe dicha discrecionalidad», STS 3556/2023, de 24 de julio, FJ 2. Es más, el Tribunal Supremo valora que en el hipotético caso de aumentar el porcentaje de reducción de emisiones de gases de efecto invernadero del PNIEC a un 55%, dado que la Ley 7/2021 recoge un porcentaje de, al menos, un 23% «… y, la Administración debería dejar de aplicar el precepto legal, es decir, con esa decisión de este Tribunal se le impondría esa vulneración del precepto», FJ 7, *Op. cit.*

Tal y como veremos a lo largo de este epígrafe, la regulación contenciosa procesal y las últimas posturas doctrinales del Tribunal Supremo español (en disputas contra el PNIEC), no favorecen la defensa de pretensiones prestacionales de forma principal por tres motivos: a) la exigencia de una situación jurídica individualizada; b) la configuración de la inactividad administrativa; c) la férrea consideración a la separación de poderes. A pesar de que puedan existir otros motivos que obstaculicen el despliegue de la acción prestacional en España (no pretendemos agotar en este momento el examen de todos ellos), la selección de los tres citados cobra un singular valor si se comparan con otros litigios nacionales europeos, especialmente y en la media de lo posible, con las resoluciones francesas que aportan una visión diametralmente opuesta.

a) Entre los mencionados motivos hallaríamos, en primer término, que, para solicitar la adopción de medidas prestacionales adecuadas, legalmente se exige la existencia de una situación jurídica individualizada, para así poder restablecerla. O sea, según la configuración del art. 31.2 de la LJCA, se permite al demandante tener como pretensiones «el reconocimiento de una situación jurídica individualizada y la adopción de las medidas adecuadas para el pleno restablecimiento de la misma». Regulación en la que podría encontrar cobertura legítima la nueva oleada de litigios climáticos en los que se protegen situaciones jurídicas (ciertamente individualizadas[252]), instando a los gobiernos a hacer más y mejor en cuanto a las políticas climáticas, los objetivos legalmente asumidos para la transición energética o la protección de derechos fundamentales[253]. Véase en este sentido como, por ejemplo, en el asunto *Grande-Synthe* pese a abordarse cuestiones relacionadas con los riesgos y efectos derivados del cambio climático (que *a priori* son generales[254]), se consideró que

---

[252] Al ser la expresión «situación jurídica individualizada» un concepto jurídico indeterminado, su contenido o significado, no viene definido legalmente, teniendo que aproximarse a él mediante una delimitación negativa y positiva; la combinación de ambas perspectivas permite entender, de forma genérica, que se trata de circunstancias singularizadas en el demandante, las cuales afectan más a la exclusividad del disfrute de la situación jurídica que al hecho de que ningún otro sujeto se halle de forma coincidente en la misma situación jurídica. O sea, se trata bienes jurídicos basados en titularidades de derechos subjetivos o intereses legítimos de disfrute plural pero nunca exclusivo-excluyente, M. D. Rego Blanco (2005: 256-258). Véase también J.C. Cabañas García (1999: 125); M. García Pérez (1999: 29 y ss).

[253] La nueva tipología de casos climáticos fue iniciada con el asunto Urgenda en el que se persiguieron políticas más ambiciosas ante la insuficiencia de las existentes, ordenando al Estado que limitase el volumen de emisiones anuales de gases de efecto invernadero (par. 5.1), porque el poder discrecional del Estado es limitado, no pudiendo estar el cuidado del Estado por debajo del estándar legal aceptado mediante la firma de normativa internacional (par. 4.53, 4.66), Tribunal Supremo Holandés, 24/06/2015, C/09/456689 / HA ZA 13-1396.

[254] En materia de medioambiente la individualización de una situación jurídica puede plantear dificultades ante pretensiones prestacionales de restablecimiento a una situación anterior

ciertos municipios, por las peculiares características y situación de sobreexposición a riesgos e impactos directos derivados del problema climático, eran poseedores de intereses propios suficientes para legitimarlos en la solicitud de anulación de la inacción administrativa[255].

Sin embargo, la exigencia explícita en la ley contenciosa española del reconocimiento de una situación jurídica individualizada para su restablecimiento, más bien, se transforma en un impedimento para los litigios en materia de planificación energética. La tradicional concepción de la planificación de la energía como indicativa (excepto la planificación de la red de transporte) ha supuesto el estimarla como un instrumento carente de efectos jurídicos y, mucho menos, susceptible de vulnerar derechos subjetivos[256]. A pesar de ello, se podría pensar que la noción de la obligatoriedad de la planificación energética observada en los litigios franceses podría haber servido de orientación o inspiración en el litigio español y ayudar en este aspecto[257]. En otras palabras, en aquellos se consideró la obligación general de luchar contra el cambio climático sustentada, no solo en normativa internacional y europea, sino también en normativa nacional programática vinculante (art. L100-4 Código de Energía), así como en instrumentos de planificación como la SNBC. Es decir, la SNBC, definida legalmente por el art. L 222-1B del Código Medioambiental y desarrollada posteriormente por el *décret nº 2020-457 du 21 avril 2020 relatif aux budgets carbone nationaux et à la stratégie nationale bas-carbone*, representa el procedimiento a seguir para llevar a cabo la mitigación de emisiones en condiciones de sostenibilidad y lograr los objetivos definidos por la normativa[258]. De

---

o de corrección de los daños: p. ej., ante la solicitud de recuperar la capa de ozono, no sólo la individualización es imposible por la dificultad de localizar la situación que se pretende corregir, sino que se pone en duda la competencia de las autoridades estatales para efectuar tal reparación. A diferencia de, p. ej., una pretensión de reforestar un entorno dañado por tala ilegal o depurar un lago por vertidos ilegales, L. Ortega Álvarez (2000: 63).

[255] En el citado asunto se afirmó, p. ej., que «…Dans ces conditions, ces deux collectivités justifient d'un intérêt suffisant à intervenir au soutien de la demande d'annulation des décisions attaquées.».Incluso se declinó la alegación del ministro según la cual «… la circonstance, invoquée par la ministre à l'appui de sa fin de non-recevoir, que ces effets du changement climatique sont susceptibles d'affecter les intérêts d'un nombre important de communes n'étant pas de nature à remettre en cause cet intérêt», CE, 19 novembre 2020, Grande-Synthe, nº 427301.

[256] A. González Espejo (2002: 52); E. Domingo López (2000: 134).

[257] La consideración de la influencia de la jurisprudencia de forma transnacional está con frecuencia admitida doctrinalmente como consecuencia del activismo judicial, de una postura consecuencialista o, simplemente, de una dinámica de globalización. *Cf.* S. Lavorel (2021: 42-44); M. Torre-Schaub, L. D'ambrosio y B. Lormeteau (2019: 134). Para una ampliación sobre el comportamiento activista de los jueces en materia climática consúltese, entre otras obras, C Cournil (2018: 185-215); J. Peel y H. M. Osofsky (2018:37-68); E. Waitzer y D. Sarro (2019: 149-180).

[258] La SNBC es un documento de planificación importante en Francia que, además debe ser tenido en cuenta por el resto de las autoridades estatales y locales, tal y como se ha expuesto al inicio de este estudio. Siendo los datos de los presupuestos de carbono reflejados en la SNBC los

manera que podría considerarse a la SNBC integrada dentro del paquete normativo en el que sustentar la obligación general de luchar contra el cambio climático, dejando de ser un mero compromiso político y pasando a actuar como norma de referencia en la que apoyar peticiones concretas[259].

De forma análoga en España, recientemente el Tribunal Supremo consideró que, a pesar de que la mayor parte del contenido del PNIEC fuera analítico y programático, aquellas medidas que permiten conseguir los objetivos derivados de la normativa internacional y europea son jurídicamente vinculantes, en ese concreto y relevante aspecto[260]. Así, se circunscribe al PNIEC bajo la normatividad de los objetivos climáticos incorporados a legislación nacional (sus determinaciones a medio plazo están vinculadas y conectadas con los objetivos de, p. ej., la Ley 7/2021 de cambio climático y transición energética[261]), configurándose como un instrumento a través del que es obligado para los poderes públicos cumplir las obligaciones y objetivos asumidos por el Estado en materia de energía y que, además, participa de la fuerza normativa de los objetivos que incorpora[262].

Una vez desplazada la arraigada idea de no vinculatoriedad en la planificación energética (al considerar a los planes instrumentos válidos generadores de obligaciones con relación a los objetivos climáticos), es preciso traer a colación que la solicitud de una situación jurídica individualizada puede generar un pronunciamiento del juez reconociendo que la Administración debe de actuar de un determinado modo frente al actor en base a una titularidad[263].

---

notificados a la Comisión Europea y en el marco de la Convención de las Naciones Unidas, M. S. Hoynck, Conclusions CE 19 novembre 2020, Commune de Grande Synthe, n° 427301.

[259] A raíz de los asuntos climáticos, Francia ha experimentado una transformación jurídica en la que aparece una normatividad graduada, transformándose ciertas leyes blandas en normativa dura, *Ibid*. En este sentido, ciertas obligaciones como la reducción de emisiones de gases de efecto invernadero deben considerarse obligaciones positivas de resultado, no meros compromisos, por lo que todas las actuaciones o incumplimientos relacionados con ello serán justiciables, T. Rombauts-Chabrol (2022: 741).

[260] STS 3410/2023, de 18 de julio, FJ 5A.

[261] De todo el conjunto de previsiones, medidas y objetivos de un PNIEC creemos que aquellas determinaciones claramente vinculadas con los objetivos energéticos regulados en la Ley 7/2021 podrían considerarse vinculantes en relación con escenarios climáticos de medio plazo, véase en este sentido J. Rosa Moreno (2021: 111).

[262] En este sentido el Tribunal Supremo ha establecido que «… el contenido programático general que caracteriza al PNIEC aprobado no empece el hecho de que este instrumento planificador haya sido aprobado por Real Decreto del Consejo de Ministros, bajo el estricto mandato del Legislador, que impone su contenido (artículo 4.4 de la Ley de Cambio Climático) y con el objetivo de establecer una serie de medidas que permitan encauzar la actividad pública y privada a los efectos de la consecución de unos objetivos derivados de un Tratado Internacional y de un Reglamento de la Unión Europea, presentando, precisamente, naturaleza jurídica vinculante en lo que se refiere a este concreto y relevante aspecto.», STS 3410/2023, de 18 de julio, FJ 5A.

[263] La pretensión de reconocer una situación jurídica individualizada para adoptar medidas que la restablezcan puede generar del juez el reconocimiento al actor de una relación de

Obligación que, viéndose amparada en la imperatividad derivada de la normatividad de la planificación energética, podría combinarse con otros elementos para solicitar una reparación de una situación jurídica individualizada: p. ej., mediante la posible vulneración de derechos fundamentales por la falta de suficientes medidas en los instrumentos de planificación en la lucha contra el cambio climático[264]; o la consideración de que todos somos víctimas de los impactos negativos asociados al cambio climático[265].

No obstante, por el momento y a la vista de lo resuelto por el Tribunal Supremo para España, de los dos últimos argumentos, el mayor impedimento para el reconocimiento de una situación jurídica individualizada es su prueba fáctica: dado que los impactos climáticos y la afección de derechos pueden ser diferentes de unas personas a otras y dependen de las circunstancias personales específicas de cada uno, debe probarse la concreta vulneración[266]. O sea, aunque, los efectos adversos del cambio climático son mundiales y algunas regiones se ven más agraviadas, la afección por la planificación energética de los bienes jurídicos protegidos de forma compartida no es suficiente, necesitando justificar los hechos jurídicamente determinantes del agravio para

---

poder sobre un bien o cosa determinado; declararle acreedor de una prestación; u, obligar a la Administración a actuar de un determinado modo con base a la titularidad del actor, J.C. Cabañas García (1999: 125).

[264] Nos remitimos a lo expuesto sobre la vulneración de derechos fundamentales como consecuencia de los problemas asociados al cambio climático y su posible repercusión en los derechos fundamentales al estudio realizado en P. Lucea Franco (2025: 278 pp.). Baste recordar como en el marco del caso Urgenda ya se tuvieron en cuenta los arts. 2 y 8 del CEDH, así como el caso Leghari en el que se aceptó la violación de derechos humanos de los peticionarios como consecuencia de las deficiencias de los gobiernos en la lucha contra el cambio climático. Véase para ampliar O. De Schutter (2020: 567-608); J. Peel y H. M. Osofsky (2018: 37-67).

[265] *Vid.,* US Sup. Crt, 2 April 2007, *Massachusetts v. Environmental Protection Agency*, Nº 05 1120, 549 U.S. 497 (2007), pp. 6; Tribunal Supremo Holandés, 24/06/2015, C/09/456689 / HA ZA 13-1396; TEDH Verein klimaseniorinnen schweiz contra Suiza, 9 de abril de 2024, nº 53600/20. Véase para una ampliación J. Peel y H.M. Osofsky (2018: 37-67); H. M. Osofsky (2008: 573-620); P. Abadie (2020: 47-61).

[266] El Tribunal Supremo haciéndose eco de la jurisprudencia del TJUE referencia un fragmento en el que se expone que «Los demandantes no han demostrado que las disposiciones impugnadas del paquete legislativo vulneraran sus derechos fundamentales y los distinguieran individualmente de todas las demás personas físicas o jurídicas afectadas por dichas disposiciones, como en el caso del destinatario. Es cierto que cada individuo puede verse afectado de una forma u otra por el cambio climático, cuestión que es reconocida por la Unión y los Estados miembros que, en consecuencia, se han comprometido a reducir las emisiones. Sin embargo, el hecho de que los efectos del cambio climático puedan ser diferentes para una persona que para otra no significa que, por esta razón, exista legitimación activa para interponer un recurso contra una medida de alcance general. [...] un enfoque diferente tendría como resultado [...] crear *locus standi* para todos sin el criterio de afectación individual...», STS 3556/2023, de 24 de julio, FJ 8. Véase también STJUE, Asunto C-565/19 P, de 25 de marzo de 2021, Armando Carvalho y otros.

cada individuo o sus cualidades específicas por las que se ve especialmente comprometido[267].

Pero dejando de lado en este momento el problema de prueba fáctica de situaciones jurídicas individualizadas (porque un estudio más detallado desbordaría este modesto y específico epígrafe[268]), lo cierto es que la exigencia de individualización podría ser relativizada mediante la combinación de la vulnerabilidad climático-energética de ciertos derechos fundamentales y los planes energéticos[269]. O sea, al igual que sucedió en el asunto francés *Grande-Synthe*, el interés legítimo de ciertos municipios o ciudadanos (con alto riesgo ambiental derivado de los efectos del cambio climático[270]) con relación a la puesta en peligro de derechos fundamentales subjetivos que suponen un perjuicio personal o familiar (p. ej. derecho a la vida, a la salud o incluso derecho al medioambiente[271]) podría entrar en íntima conexión con los elementos obligatorios de los PNIEC[272]: los planes pueden colaborar engrosando el marco normativo en el que apoyar la petición concreta de una medida prestacional con relación a

---

[267] Véase como con ocasión de la posible afección de los derechos fundamentales el Tribunal Supremo ha estimado recientemente que la «… materia del ámbito climático requiere una especial legitimación para su impugnación en el esquema procesal comunitario, pero con el argumento implícito de que ese paquete legislativo aprobado por la Unión no puede ser objeto de revisión por los Tribunales más allá de haber acreditado una afectación personal y directa», STS 3556/2023, de 24 de julio, FJ 8. Parece haberse adoptado la postura tradicional de que «las personas físicas o jurídicas sólo cumplen el requisito de afectación individual si el acto impugnado les afecta en razón de determinadas cualidades que les son propias o en razón de circunstancias en las que se diferencian de todas las demás personas, y en virtud de estos factores los distingue individualmente como en el caso de la persona demandada», STJUE, Asunto C-583/11 P, de 3 de octubre de 2013, Inuit Tapiriit Kanatami y otros.

[268] Recordemos que la demostración y prueba fáctica presente en los procesos judiciales es un elemento propenso a producir problemas jurídicos tal y como se examina en P. Lucea Franco (2025: 278 pp.) con relación al control judicial de la planificación energética en Francia y España.

[269] *Vid*. TEDH Verein klimaseniorinnen schweiz contra Suiza, 9 de abril de 2024, nº 53600/20; resolución del Consejo de Derechos Humanos 48/13, de 8 de octubre de 2021; y resolución de la Asamblea General de naciones Unidas 76/300, de 28 de julio de 2022, en las que se ha reconocido el derecho a un medioambiente limpio, saludable y sostenible como un derecho humano.

[270] El riesgo ambiental de ciertos pueblos, municipios, grupos, personas o elementos, como consecuencia de su situación geográfica (coordenadas espaciales y entorno ambiental), supone una amenaza de sufrir efectos desfavorables y ver disminuida la capacidad de reacción y adaptación a las transformaciones sobrevenidas por el cambio climático, viendo incrementada la probabilidad y la gravedad de los daños derivados del cambio climático conforme aumenta el nivel de vulnerabilidad, B. Soro Mateo (2019: 111-112).

[271] Bonilla Sánchez, se hace eco de la doctrina que considera al medioambiente como un derecho subjetivo de todos los individuos, J.J. Bonilla Sánchez (2015: 76); mientras que López Ramón, lo hace de posturas que lo consideran un derecho colectivo de participación o un derecho público subjetivo no fundamental, F. López Ramón (2015: 86-88).

[272] En definitiva, como ricamente argumenta López Ramón «…la fuerza de la conciencia social sobre la necesidad de compromisos ambientales […] justifican interpretar que la palabra

una titularidad individual sustentada en una obligación climático-energética, al estar configurados con otro grado de detalle que las normas al uso (p. ej., el PNIEC 2023-2030 prevé que para alcanzar la neutralidad carbónica en 2050, antes se debe alcanzar el 2030 unas emisiones de 194,6 $MtCO_2eq$[273]), superando la exclusiva defensa de la legalidad para hacer efectiva la protección colectiva de los intereses climáticos.

Teniendo en cuenta todo lo anterior y, especialmente, el rumbo marcado por las últimas resoluciones del TEDH sobre la vulneración de los derechos humanos por cuestiones relacionadas con el cambio climático, se podría concluir que: la implementación de dicha doctrina en litigios españoles contra los instrumentos de la planificación de la transición energética supondría dejar expedita una vía jurídico-procesal a favor del reconocimiento de la existencia de situaciones jurídicas individualizadas. Estas podrían derivar del perjuicio sufrido en el derecho a la vida privada y familiar proveniente de la afección medioambiental a consecuencia de los daños o riesgos asociados a actuaciones omisivas o insuficientes planificando la descarbonización de la economía[274].

b) Continuando con los impedimentos se encuentra la configuración de la inactividad administrativa. Y es que no se puede pasar por alto cómo en todas aquellas materias relacionadas con el cambio climático, como lo es la transición energética y, por ende, la planificación de la misma, resultan especialmente alarmante las situaciones de inactividad administrativa. Véase, p. ej., como muchos de los grandes casos climáticos desarrollados hasta el momento

---

«derecho» equivale, como es habitual en el lenguaje jurídico, a derecho subjetivo, esto es, a una situación de poder individual susceptible de tutela judicial.», *Op. cit.*, pp. 88-89.

[273] Teniendo en cuenta los objetivos climáticos para 2030 y 2050 del art. 3 de la Ley 7/2021 de cambio climático y transición energética en los que se establecen porcentajes de reducción, el actual borrador del PNIEC 2023-2030 proporciona cifras máximas de emisiones para dichos periodos (mediante proyecciones intermedias) que concretan los ratios máximos de emisiones y que se podrían considerar de forma equivalente a los techos de emisiones de la SNBC. Ello facilitaría y esclarecería las disputas energético-climáticas hasta el punto de poder entender que, ciertos derechos fundamentales pueden verse afectados de forma individualizada sino se logran alcanzar las cifras máximas de emisiones previstas en el PNIEC, dado que es la senda marcada por la administración pública como óptima para alcanzar sus compromisos de transición energética. *Cf.* Borrador de actualización del Plan nacional integrado de energía y clima 2023-2030, pp. 66; B. Soro Mateo (2019: 115).

[274] En este sentido el Tribunal Constitucional español ha dictado resoluciones en las que sugiere acoger al medioambiente como un derecho subjetivo de titularidad de todos los españoles al emanar directamente de la dignidad de la persona, con fórmulas del tipo «La Constitución, en su art. 45, nos brinda algunos de los elementos del medio ambiente, los recursos naturales, aun cuando tampoco los enumere o defina. Es una noción tan vieja como el hombre, dotada de una sugestiva, aparente y falsa sencillez, derivada de su misma objetividad, mientras que el supraconcepto en el cual se insertan es un recién llegado, complejo y propicio a lo subjetivo, problemático en suma», STC 102/1995, de 26 de junio, FJ.6.

en otros países han basado parte de sus argumentaciones en la carente o insuficiente actuación de los poderes públicos, esto es, en la inacción o inactividad climática[275]. Así, en el cercano asunto francés del municipio *Grande-Synthe*, la inacción del Gobierno ante el exceso en las emisiones de gases de efecto invernadero (según los techos de presupuestos de carbono establecidos reglamentariamente en la SNBC), generó una falta de medidas y actuaciones útiles para doblar el exceso en la curva de emisiones que marcaron el fallo del litigio al requerir del Primer ministro acciones en positivo (medidas) para su solución[276].

A la vista de este tipo de fallos, el hecho de que los jueces nacionales, como consecuencia de perseguir la inactividad administrativa, condenen a las autoridades públicas a actuar en materia climática (adoptando aquellas medidas que sean necesarias para lograr la transición energética), no solo implica una pretensión impugnatoria, sino que otorga al poder judicial, como cualidad añadida, el ser un elemento de «presión o incentivación» para gestionar con mayor diligencia y eficacia casos de inacción pública en graves crisis, como la climático-energética[277].

En la vertiente ibérica, eso nos lleva a poner el punto de atención en la combinación que ofrece la Ley 29/1998, de la Jurisdicción contencioso-administrativa, mediante sus arts. 29 y 32, al posibilitar en los casos de inactividad administrativa que se «condene a la Administración al cumplimiento de sus obligaciones en los concretos términos en que estén establecidas»[278]. A este respecto, en la configuración proporcionada a la planificación de la transición energética por la Ley 7/2021, se observa que las obligaciones señaladas para dichos planes son muy genéricas[279]. Por ejemplo, el PNIEC participa

---

[275] J. Rosa Moreno (2021: 93-99).

[276] CE, 19 novembre 2020 y 1 juillet 2021, Commune de Grande-Synthe, n° 427301.

[277] En un litigio surgido en España, como consecuencia de la inactividad administrativa ante la crisis sanitaria de la Covid-19, el Ministerio Fiscal reprochó que «la pretensión de que el Tribunal Supremo, o el Poder Judicial en su conjunto, actúen como instrumento o agente de presión o incentivación actual y activa sobre las Administraciones responsables exigiéndoles mayor diligencia y eficacia en la gestión de la situación crítica en que nos hallamos. No es ese el papel que corresponde a la Jurisdicción o, al menos, no a través del proceso contencioso-administrativo», ATS 2446/2020, de 20 de abril, FJ 4. Sin embargo, El Tribunal Supremo al resolvió favorablemente sobre la adopción de las medidas cautelares solicitadas, requiriendo la adopción de todas las medidas que estuvieran al alcance de la autoridad pública, confirmando su función de incentivo activo para las administraciones públicas. *Cf.* también B. Lozano Cutanda (2021: 74-75).

[278] *Cf.* B. Soro Mateo (2019: 115); Á. M. Moreno Molina (2023: 552-553); Consúltese para ampliar la diferencia entre pasividad, inacción y negligencia gubernamental M. Gómez Puente (2011: 250-280).

[279] La regulación ofrecida por la Ley de cambio climático a los instrumentos de planificación no aporta claridad, ni soluciona lase dificultades de fondo con relación a este tipo de instrumentos porque, como bien señala López Ramon «el problema es de alcance general, pues

de los principios rectores del art. 2, entre los que se hallan el desarrollo sostenible o la descarbonización; incorpora como propios los porcentajes en forma objetivos mínimos nacionales de reducción de emisiones de gases de efecto invernadero, penetración de energías renovables o sistema eléctrico de origen renovable, entre otros, del art. 3; y se rige por los escuetos elementos básicos del art. 4 relativos a su contenido (simple remisión a los objetivos del art. 3), periodo abarcado (2021-2030) o forma de aprobación (real decreto del Consejo de Ministros)[280].

Esta falta de concreción es uno de los principales argumentos esgrimidos por el Tribunal Supremo para no ordenar actuaciones concretas al Estado español en el asunto conocido como «*Juicio por el clima*»[281]. El órgano jurisdiccional consideró que, para condenar a la ejecución de una prestación en materia de planificación, debía de ordenar «estrictamente» el cumplimiento de una obligación en los concretos términos en que esté establecida y, dado que las únicas obligaciones concretas han resultado ser, en opinión del mencionado órgano jurisdiccional, la aprobación del PNIEC y su comunicación a la Comisión Europea, no existe argumentación válida para ordenar al Estado español una actuación prestacional[282].

Y es que, a pesar de que la ley 7/2021 de cambio climático y transición energética supuso una innovación para las bases climáticas y energéticas del ordenamiento español[283], no es una norma en la que abunden los contenidos

---

no existe una regulación común de las potestades administrativas de planificación y programación», F. López Ramón (2021: 11). *Cf.* la relevancia de la Ley en el marco ordinamental español sobre el clima en J. Rosa Moreno (2021: 63 y ss.); J.F. Alenza García (2021: pto.1-6); y en la obra *Comentarios a la Ley 7/2021, de 20 de mayo, de cambio climático y transición energética*, en A. Palomar Olmeda y R. Terol Gómez (dirs.), Pamplona, Aranzadi 2021, 443pp.

[280] La generalidad y falta de concreción ejemplificada con la ley de cambio climático, por ser la más reciente, también se observa en normas anteriores que han regulado la planificación energética como, p. ej., el art. 79 de la Ley 2/2011, de 4 de marzo, de Economía Sostenible y el art. 4 de la Ley 24/2013, de 26 de diciembre, del Sector Eléctrico. No obstante, presentan un pequeño mayor desarrollo en cuanto al contenido mínimo que la Administración debía incluir en los planes (que recuerda en cierta medida al Anexo I del Reglamento (UE) 2018/1999 para los PNIEC), aunque no sea suficiente como para considerarlas obligaciones concretas.

[281] Véanse más desarrollados ciertos aspectos de los recientes litigios climáticos españoles en J. Doreste Hernández (2022: 390-402).

[282] El Tribunal Supremo analizó los arts. 3.1 y 4 del Reglamento (UE) 2018/1999, sobre la Gobernanza de la Unión de la Energía y de la Acción por el Clima, así como la a Ley 7/2021, de Cambio Climático y Transición Energética, determinando que «Resulta indiscutible, por tanto, la existencia de una doble obligación o prestación concreta a realizar por la Administración, consistente, tanto en la aprobación de un PNIEC como de comunicarlo […] a la Comisión Europea; obligaciones impuestas por dos disposiciones normativas […] y cumplidas, aunque tardíamente,…» STS 3410/2023, de 18 de julio, FJ 4 C.

[283] Para autores como Alenza García fue «un pequeño paso para la legislación climática y un gran paso para la climaticidad», J.F. Alenza García (2021: pto.6); mientras que, para López

regulatorios directos, pudiéndose considerar, en palabras de López Ramón, una «ley planificadora»[284]. Por este motivo, las obligaciones de la Administración en materia de planificación no se hallan apenas concretadas en ella, más allá del deber de elaborar un PNIEC y el dar cumplimiento a los compromisos internacionalmente asumidos bajo las prescripciones de la normativa europea[285].

A tenor de lo visto, no cualquier pretensión prestacional de actuación concreta por parte de la Administración se puede ejercitar bajo el amparo del art. 29 en combinación con el art. 32 de la ley 29/1998: aunque la prestación concreta puede ser de tipo material, jurídico e, incluso, supuestos de inactividad reglamentaria[286], solo permite remediar incumplimientos administrativos si la prestación «se debe» por haber sido previamente establecida[287]. Así pues, podría tratarse de prestaciones que comprenden obligaciones de dar o hacer si la Administración en materia de planificación energética estuviera obligada por una disposición general (que no necesita actos de aplicación) o por un acto administrativo[288]. De manera que para llegar a considerar una inactividad

---

Ramon se parece más a un plan de actuación gubernamental que a una norma jurídica, porque a pesar de ser un texto razonado y discursivo lo considera retórico y redundante, F. López Ramón (2021: 20).

[284] *Cf.* F. López Ramón (2021: 17). En el mismo sentido se pronuncia Alenza García al afirmar que, la Ley 7/2001 posee una asimétrica densidad normativa, dado que en ella conviven una gran mayoría de disposiciones con carácter programático y propositivo (al estar formadas por criterios generales y direcciones deseables), junto con muy pocas disposiciones muy concretas, J.F. Alenza García (2021: pto.5). Y es que el establecimiento, p. ej., de metas muy concretas para 2030 cuantificadas en porcentajes de reducción de emisiones, energías renovables y eficiencia energética, no se vio traducido en un mínimo de medidas concretas en la ley, dando lugar a una regulación ambiental «indeterminada» cargada de objetivos y propuestas programáticas, B. Lozano Cutanda (2021:63).

[285] No obstante, autores como Moreno Molina han considerado que, a pesar de la vocación de generalidad y contextualidad de la citada ley, ésta regula ampliamente el proceso de elaboración del PNIEC, Á. M. Moreno Molina (2023: 153); aspecto sobre el que diferimos a tenor de lo expuesto en P. Lucea Franco (2025: 278 pp.) sobre el control jurisdiccional de los planes energéticos en España, con relación a aspectos procedimentales.

[286] Véase sobre el alcance del término «prestación concreta» del art. 29 de la Ley 29/1998 como el Tribunal Supremo ha afirmado que «puede ir dirigido a conseguir una de estas dos finalidades: 1. Que la Administración lleve a cabo una actuación material debida; y 2. Que la Administración adopte un acto expreso en procedimientos iniciados de oficio, allí donde no juego el mecanismo del silencio administrativo.», STS 3996/2005, de 20 de junio, FJ 5B. Y sobre omisión reglamentaria STS 1519/2018, de 5 de abril, FJ 2 B y su explicación sobre la doctrina jurisprudencial restrictiva en esa materia.

[287] En este sentido el Tribunal Supremo ha considerado en relación con el art. 29 de la Ley 29/1998 que «… no existe inconveniente en entender que se comprenden tanto obligaciones de dar como de hacer, pero el presupuesto de la acción prevista en el artículo 29.1 de la LJCA, es que la Administración esté incumpliendo una concreta prestación a la que esté obligada «en virtud de un acto, contrato o convenio administrativo»», STS 409/2019, de 18 de febrero, FJ 3.

[288] Partiendo de la afirmación superior el Tribunal Supremo continúa argumentando que cuando «…se trata de juzgar la legalidad de la inactividad o pasividad administrativa en cumplir

en el ejercicio de la potestad de planificación energética hay dos opciones: o bien el PNIEC actúa como disposición reglamentaria y se considera que configura una prestación concreta; o, en su defecto, existe una actuación de implementación del plan por parte de la Administración que constituya el acto administrativo generador de la prestación debida (en este caso lo que se impugnaría sería el acto de aplicación y no el plan)[289].

Sin embargo, en los litigios contra el PNIEC el escollo restrictivo de la concreción de la inactividad administrativa *ex* art. 29 de la LJCA, podría haberse aliviado mediante una interpretación jurisdiccional más amplia de la noción de inactividad en el ámbito climático-ambiental asociada a los derechos fundamentales, en casos de excepcionalidad[290]. Teniendo en cuenta cierta jurisprudencia anterior del Tribunal Supremo adoptada en situaciones de emergencia[291], la laxitud interpretativa podría estar justificada jurídicamente para los casos en que las deficiencias o insuficiencias de la actuación administrativa en cuestiones relacionadas con la emergencia del cambio climático, como la planificación de la transición energética, afectaran a derechos fundamentales (p. ej., derecho a la vida, la integridad física o el domicilio)[292]. Esto sería así porque, aunque la norma incumplida (ya fuera la Ley 7/2021 o el

---

esa prestación, debida e incumplida, en cuyo caso el pronunciamiento de la sentencia consistirá en la condena a hacer lo que no se hizo y se debía haber hecho…», STS 409/2019, de 18 de febrero, FJ 3.

[289] Es decir «… no toda pretensión de realización de una actividad concreta por parte de la Administración es ejercitable al amparo de la previsión del artículo 29.1 de la Ley jurisdiccional. La acción prevista en este precepto no pretende remediar cualquier incumplimiento administrativo, sino que está destinada a exigir prestaciones concretas, sobre cuya existencia no se debate, derivadas de una disposición general (siempre que no precise de actos de aplicación) o de un contrato o convenio, pretendiendo, en consecuencia, el cumplimiento de obligaciones o prestaciones que ya han sido previamente establecidas», STS 3410/2023, de 18 de julio, FJ 4B.

[290] B. Lozano Cutanda (2008. 1994-2006); R. M. Fernández Egea (2016: 162-204).

[291] Consúltense como fallos de referencia en los que el Tribunal Supremo para proteger el interés público común y el medioambiente ha aplicado una noción ampliada de la inactividad administrativa del art. 29 de la LJCA, SSTS 6684/2008, de 3 de diciembre; 5178/2009, de 23 de julio; y 8172/2005, de 22 de diciembre. Además, el Tribunal Constitucional español ya ha incorporado, con anterioridad, la doctrina del TEDH de la «tutela indirecta» del medioambiente a través de los derechos fundamentales, como consecuencia de una inactividad administrativa, STC 119/2001, de 24 de mayo, FJ 6.

[292] Para esta afirmación puede tenerse en cuenta la STS 3024/2020, de 8 de octubre, ante una reclamación de inactividad del Ministro de Sanidad por incumplimiento del art. 12.4 del Real Decreto 463/2020, de 14 de marzo, del estado de alarma para la gestión de la crisis sanitaria de la Covid-19, afirmando que «… aun no siguiendo el cauce del artículo 29 de la Ley de la Jurisdicción, se puede impugnar por medio de este procedimiento especial aquella actuación de la Administración que, por su deficiencia o insuficiencia, conduzca a la lesión de derechos fundamentales e, igualmente, la omisión que produzca esos efectos aunque no se reclame el cumplimiento de una obligación prevista directamente por una disposición general y consistente en una prestación concreta en favor de personas determinadas», FJ 7.

propio PNIEC, a consecuencia de la inactividad administrativa) no impusiera una obligación de efectuar una prestación concreta en favor de personas determinadas (según los requisitos del art. 29 LJCA), sí sentaría unos principios u orientaciones que poseen la fuerza normativa propia de las disposiciones de dicha naturaleza[293]. O sea, aunque un PNIEC no pudiera ser idóneo para fundamentar derechos ni obligaciones concretas, sí tendría una eficacia directiva, orientadora o teleológica que operaría como límite frente a omisiones (inactividad) que lo contradijeran, hasta el punto de llegar a vulnerar derechos fundamentales[294].

En conclusión, se podría decir que, la inconcreción de la regulación de la planificación energética que ha llevado a considerar que el PNIEC no genera actividades concretas a favor de acreedores determinados, necesitando de actos concretos de aplicación, se podría haber solucionado reconociendo su fuerza orientadora (según lo expuesto) al amparo de la urgencia climática y de la protección de los derechos fundamentales. De esta forma se habría posibilitado controlar cualquier inactividad u omisión de la Administración en materia de planificación energética mediante el art. 29 de la LJCA, llegando, en su caso, a ordenar al ente público actuaciones de hacer que corrigieran la ilegalidad[295].

Todo ello, en vez de sostener que la inactividad administrativa en un plan energético-climático debe argumentarse mediante el silencio administrativo negativo como pretexto para no adentrarse en mayor medida en la posible existencia de situaciones jurídicas concretas derivadas de afecciones de derechos fundamentales por actuaciones de reducción de emisiones insuficientes (inactividad)[296]. Estrategia jurídica que evoca parcialmente el uso del

---

[293] Continuando con la cita del asunto anterior, el Tribunal Supremo prosiguió argumentando que «el precepto que se entiende incumplido si bien, según se ha dicho, no llega a imponer al Ministerio de Sanidad la obligación de efectuar la prestación concreta en favor de persona o personas determinadas que contempla el artículo 29 de la Ley de la Jurisdicción, sí sienta unos principios u orientaciones. Esto significa que su fuerza normativa es la propia de las disposiciones de esta naturaleza…», STS 3024/2020, de 8 de octubre, FJ 7.

[294] *Ibid.*

[295] La existencia de sentencias que aplican de forma estricta las precisiones de la ley se combina con otros fallos en los que los jueces interpretan de forma más amplia la inactividad administrativa, abriendo un nuevo paradigma para las disputas y pretensiones ambientales, B. Lozano Cutanda (2021: 74-76).

[296] El Tribunal Supremo ha vuelto a reafirmar recientemente su doctrina aplicándola al PNIEC, según la cual «… para que pueda hablarse de inactividad administrativa es necesario que la Administración esté obligada a desplegar una actividad concreta que esté establecida directamente por una disposición general, o un acto, contrato o convenio administrativo y de la cual sean acreedoras una o varias personas determinadas. Ahora bien, cuando existe un cierto margen de actuación o apreciación por la Administración o cuando la disposición general que impone la obligación exija un acto concreto de aplicación no será posible la admisión del recurso contencioso administrativo contra la inactividad material de la Administración consistente en

silencio en el asunto *Grande-Synthe* de Francia, en el cual se recurrió el silencio negativo (decisiones implícitas de rechazo) del Gobierno ante la petición de medidas útiles para doblar la curva de emisiones, de conformidad con los presupuestos de carbono de la SNBC[297]; aunque en aquel caso sí fue admitida la inactividad de la Administración[298].

c) Para ultimar el análisis nos referiremos a la férrea defensa de la separación de poderes por los altos tribunales españoles. No es que este axioma configurador de los Estados de Derecho deba minusvalorarse, sino que su implementación tangencial a los litigios de planificación energética configura un impedimento insoslayable para controlar ciertas actuaciones administrativas, tal y como veremos a continuación.

Aunque algunos de los litigios climáticos desarrollados en esta última década parezcan haberse considerado más simbólicos e inspiradores para futuros asuntos, que efectivos jurídicamente[299], en cambio, sí que resultan de sumo interés para analizar el tratamiento ofrecido al principio de la separación de poderes. Este el caso del control de la insuficiencia de las políticas climáticas en el asunto Urgenda, el cual se consideró que formaba parte del equilibrio en la distribución de poderes, en vez de la tradicional separación de poderes impeditiva de revisar acciones de los órganos políticos[300].Esa postura supuso que, aunque la decisión judicial afectase a las posteriores políticas climáticas, era un resultado inherente al papel que desempeña el poder judicial respecto a

---

que no ha dictado el acto aplicativo exigido por la disposición general sino que, en estos casos en defensa de los derechos e intereses legítimos afectados, los administrados podrán interponer recurso contencioso administrativo frente a los actos expresos o presuntos en virtud de la técnica del silencio administrativo negativo respecto de los cuales se impone un régimen de recursos y de plazos de interposición distintos del exigido para los supuestos de impugnación de la inactividad material de la Administración», STS 3410/ 2023, de 18 de julio, FJ 4B.

[297] CE, 19 novembre 2020, Grande-Synthe, nº 427301.

[298] CE, 1 juillet 2020, Grande-Synthe, nº 427301.

[299] La autora Torre-Schaub considera que, aquellos primeros litigios sobre cuestiones climáticas en los que aún no se había abordado la materia de forma suficiente por el poder legislativo o el ejecutivo supusieron un reequilibrio entre los tres poderes, porque el poder judicial aportó soluciones a un problema poco trabajado por los otros dos poderes; pero el respeto a las negociaciones de acuerdos internacionales, como el Acuerdo de París, frenó el activismo judicial, incorporando mandatos bastante limitados, M. Torre-Schaub (2020 a: 92). En términos semejantes Moreno Molina afirma la existencia de «más sombras que luces» en los litigios climáticos acontecidos hasta el momento, en cuanto a sus resultados variables y volubles Á.M. Moreno Molina (2023: 585-586).

[300] El Tribunal de la Haya consideró que «It is an essential feature of the rule of law that the actions of […] political bodies, such as the government and parliament can – and sometimes must – be assessed by an independent court. This constitutes a review of lawfulness.», (par. 4.95), Tribunal Supremo Holandés, 24/06/2015, C/09/456689 / HA ZA 13-1396.

las autoridades gubernamentales en un Estado de Derecho[301], dejando al Estado plena discrecionalidad para elegir la forma de cumplimiento del mandato judicial[302].

Podría decirse que, en Francia, asuntos posteriores, como el caso *Grande-Synthe* o el *Affaire du Siècle*, han seguido la estela iniciada por el caso anterior, al ser el poder judicial quien ordena al Gobierno adoptar medidas adicionales para lograr reducir las emisiones de gases de efecto invernadero o reparar los daños ecológicos[303]. En el primero de esos asuntos, la excepcionalidad de la separación de poderes no aparece alegada frente a la pretensión de los demandantes de que el poder judicial constriña al Gobierno en sus actuaciones y medidas en materia de emisiones. Para ello el *Conseil d'État* apoyó su decisión en una investigación complementaria llevada a cabo por órganos técnicos que le ofrecieron datos objetivos mediante los cuales constatar que la senda de reducción de emisiones de gases de efecto invernadero era demasiado lenta e insuficiente para alcanzar los techos de presupuestos de carbono fijados por la SNBC[304].

A la par que, una vez implementadas ciertas medidas adicionales de reducción de emisiones por parte del Gobierno, el *Conseil d'État* corroboró que incumbía, en última instancia, al juez considerar si los objetivos de reducción de emisiones fijados para 2030 eran considerablemente alcanzables[305]. Así, a

---

[301]   Argumentó que «The claim essentially concerns legal protection and therefore requires a "judicial review" […] The possibility – and in this case even certainty – that the issue is also and mainly the subject of political decision-making is no reason for curbing the judge in his task and authority to settle disputes», (par. 4.98), *Op. cit.*

[302]   Dictaminando que «it is relevant to note that the claim discussed here is not intended to order or prohibit the State from taking certain legislative measures or adopting a certain policy. If the claim is allowed, the Statewill retain full freedom, which is pre-eminently vested in it, to determine how to comply with the order concerned.», (par. 4.101), *Op. cit.*

[303]   Así en el discurso de Dider-Roland Tabuteau pronunciado para la apertura de la conferencia anual del Forum europeo de jueces de medioambiente, se manifestó «… que pour les décisions importantes, et singulièrement pour celles concernant le droit de l'environnement, le Conseil d'Etat observe, et le cas échéant s'inspire, des décisions que d'autres juridictions adoptent dans le monde», pto.II-1. *Cf.* sobre asuntos inspirados en el caso Urgenda, el desarrollado en Bélgica y conocido como *Klimaatzaak* (asunto climático) en D. Misonne (2020: 92 y ss.). Y sobre la afección del movimiento socio jurídico transnacional del cambio climático en las acciones climáticas ejercidas contra los Estados, en C. Cournil (2017: 254-256).

[304]   El *Conseil d'État* en la instrucción complementaria desarrollada se nutrió de información proveniente del *Centre interprofessionnel technique d'études de la pollution atmosphérique* (CITEPA) y del *Haut conseil pour le climat* (HCC), CE, 1 juillet 2021, Grande-Synthe, n° 427301.

[305]   Como juez de ejecución se consideró que «… il appartient, en dernier lieu, au juge de déterminer, dans une perspective dynamique, et sans se limiter à l'atteinte des objectifs intermédiaires, mais en prenant en compte les objectifs fixés à la date de sa décision d'annulation, si, au vu des effets est déjà constatés, des mesures annoncées et des caractéristiques des objectifs à atteindre ainsi que des modalités de planification et de coordination de l'action publique mises

la vista de los valores de emisiones registrados, de las medidas adoptadas o anunciadas y de la gestión de las políticas puestas en marcha, el *Conseil d'État* detectó que las evaluaciones prospectivas ofrecidas por el Gobierno se habían basado en modelos no verificados, por lo que el conjunto de parámetros mencionados poseía un importante grado de incertidumbre en cuanto a su capacidad para permitir de forma efectiva la reducción de emisiones de gases de efecto invernadero proyectadas para 2030, siendo incompatible con los objetivos de reducción en alza previstos en el tercer y cuarto presupuesto de carbono[306]. No obstante, en todas las resoluciones del *Conseil d'État,* a pesar de haberse constatado una insuficiente actuación por parte del Gobierno para doblar la curva de emisiones o un margen de duda razonable en cuanto a la consecución de los futuros presupuestos de carbono, siempre se remite al ejecutivo la labor de elección de las medidas que considere útiles para garantizar la coherencia de la tasa de reducción de emisiones con la trayectoria establecida en la SNBC[307].

Más fácil resultó para el *Tribunal Administratif de Paris* tomar parte en la disputa por responsabilidad en el asunto *Affaire du Siècle* dado que, a la luz de la regulación de los daños ecológicos, el Tribunal tenía poderes de plena

---

en oeuvre, les objectifs de réduction des émissions de gaz à effet de serre fixés à l'échéance de 2030 peuvent, à la date de sa décision, être regardés comme raisonnablement atteignables. Si au terme de cette analyse, le juge de l'exécution estime que des éléments suffisamment crédibles et étayés permettent de regarder la trajectoire d'atteinte de ces objectifs comme respectée, il peut clore le contentieux lié à l'exécution de sa décision. Si au contraire il estime que tel n'est pas le cas, il lui appartient d'apprécier l'opportunité de compléter les mesures déjà prescrites ou de prononcer une astreinte, …», CE, 10 mai 2023, Grande-Synthe, n° 467982.

[306] El *Conseil d'État* valoró que «…il résulte, … de l'instruction que […] d'une part, l'évaluation prospective qu'il a produite [le Gouvernement] repose sur des hypothèses de modélisation qui ne sont pas vérifiées à ce stade et ne permettent pas de considérer comme suffisamment fiables les résultats avancés, d'autre part, les conclusions de cette évaluation apparaissent en contradiction avec l'analyse par objectifs sectoriels de la stratégie nationale bas carbone menée par le Haut conseil pour le climat, […] Dans ces conditions, et compte tenu notamment du renforcement de l'ampleur des réductions de gaz à eff et de serre attendues par les 3ème et 4ème budgets carbone par rapport au niveau constaté jusqu'ici, il demeure des incertitudes persistantes, […], à rendre suffisamment crédible l'atteinte d'un rythme de diminution des émissions territoriales de gaz à eff et de serre cohérent avec les objectifs de réduction fixés pour 2030 par les dispositions législatives nationales ou par le droit de l'Union européenne pertinents.», *Ibid.*

[307] En el asunto Grande-Synthe, tanto en la resolución de julio de 2021 como en la de mayo de 2023, el Conseil d'État decide respectivamente «Il est enjoint au Premier ministre de prendre toutes mesures utiles permettant d'infléchir la courbe des émissions de gaz à effet de serre produites sur le territoire national afin d'assurer sa compatibilité avec les objectifs de réduction des émissions de gaz à effet de serre fixés à l'article L. 100-4 du code de l'énergie…» o bien «Il est enjoint à la Première ministre de prendre toutes mesures supplémentaires utiles pour assurer la cohérence du rythme de diminution des émissions de gaz à effet de serre avec la trajectoire de réduction de ces émissions retenue par le décret n° 2020-457 du 21 avril 2020…».

jurisdicción pudiendo ordenar al Estado poner fin a la conducta dañosa o mitigar los efectos perjudiciales[308]. Se ha de tener en cuenta que el art. 1246 del *Code Civile* francés establece que «Toute personne responsable d'un préjudice écologique est tenue de le réparer.» y que el art. 1249, del mismo código, establece los modos de reparación dando prioridad a la reparación en especie. De modo que, una vez constatado el daño ecológico causado por el exceso de emisiones, el Tribunal Administratif afirmó que «…, il peut, en vertu de ses pouvoirs de pleine juridiction et lorsqu'il est saisi de conclusions en ce sens, enjoindre à la personne publique en cause de mettre fin à ce comportement ou d'en pallier les effets»[309]. Pero, eso sí, aunque ordenase al ente público la adopción de medidas para doblar la curva de emisiones (alcanzando los objetivos asignados en la SNBC a diferentes sectores) y así reparar el daño, en ningún momento se invadió la discrecionalidad administrativa de elegir qué concretas medidas debían ordenarse para tal fin[310].

Lejos de la postura francesa se encuentran, sin embargo, las sentencias del Tribunal Supremo español pronunciadas en los litigios contra el PNIEC al distanciarse de las anteriores líneas interpretativas de la separación de poderes[311]. El alto órgano judicial español ha resaltado la preponderancia de este principio consagrado en la Constitución española argumentando que, si los tribunales determinan el contenido concreto de una disposición reglamentaria como el PNIEC en ausencia de norma legal que imponga un concreto contenido, se vulnera la potestad discrecional de la Administración y, por tanto, la separación de poderes que exige todo Estado de Derecho[312]. Circunstancia que

---

[308]   Tribunal Administratif de París, 3 février 2021, Ass. Oxfam France et autres, n° 1904967, 1904968, 1904972, 1904976/4-1, cons.38.

[309]   *Ibid.*

[310]   El Tribunal Administratif consideró que «… les injonctions demandées par les associations requérantes ne sont recevables qu'en tant qu'elles tendent à la réparation du préjudice ainsi constaté ou à prévenir, pour l'avenir, son aggravation.»; pero matizando que «L'état de l'instruction ne permet pas au tribunal de déterminer avec précision les mesures qui doivent être ordonnées à l'État à cette fin.», *Op. cit.*, cons.39. Postura que fue mantenida y ratificada de forma posterior a la instrucción señalando que «Dans le cadre du présent litige, les mesures concrètes de nature à permettre la réparation du préjudice peuvent revêtir diverses formes et expriment, par suite, des choix relevant de la libre appréciation du Gouvernement.», Tribunal Administratif de París, 14 octobre 2021, Ass. Oxfam France et autres, n° 1904967, 1904968, 1904972, 1904976/4-1, cons.13.

[311]   En España, autores como Moreno Molina consideran que los pleitos acontecidos en Europa sobre cambio climático pueden suponer una recomposición de opciones políticas, afectando a la convivencia social. De modo que el principio de separación de poderes es un principio se separa funciones constitucionales, debiendo desplegar todos sus efectos en contraposición al acrítico activismo judicial; pues el foro no puede ser un atajo institucional para lograr opciones políticas que no se alcanzaron democráticamente, Á.M. Moreno Molina (2023: 583).

[312]   El Tribunal Supremo ha considerado que «Lo que no podrán los Tribunales es, una vez declarada dicha nulidad, determinar cómo han de quedar redactados los preceptos en

no puede reprobarse, dado que toda la normativa aplicable a la planificación energética española configura un cuerpo legal de mínimos, el cual España ha respetado en su PNIEC, no pudiendo por ende sustituir los tribunales al poder legislativo[313].

Pero aun conviniendo que los tribunales no pueden sustituir al legislador en la configuración de los porcentajes legales asumidos por el Estado, resulta desconcertante cómo, para no pronunciarse sobre el contenido del plan, el Tribunal Supremo articula su argumentación: en primer lugar, basándose exclusivamente en la ponderación económica entre el aumento de la reducción de emisiones y su afección generalizada de la economía, dejando de lado otras tesis[314]; y en segundo lugar, en la falta de aplicación del «Objetivo55».

En cuanto a la importancia de la incidencia de las determinaciones del plan en todos los ámbitos de la política nacional, incluida la económica, no la cuestionamos[315]: el mercado de la energía tendría un impacto en la economía

---

sustitución del declarado nulo, porque con ello se estarían arrogando los Tribunales la potestad reglamentaria de la Administración, que se integra de una importante faceta de discrecionalidad, que no puede ser sustituida por los Tribunales, que solo podrán controlar la legalidad de la norma. En suma, se procedería a la alteración de la misma separación de poderes consagrada en la Constitución como una exigencia del Estado de Derecho, por más que ese axioma se minusvalore en los argumentos de la demanda.», STS 3556/2023, de 24 de julio, FJ 6.

[313] El Tribunal Supremo estableció que «… tanto el Convenio de París como la normativa comunitaria constituyen unos límites de mínimos, pero deberá concluirse que ese límite comporta atender los compromisos, ciertamente generales y no concretados…», FJ 7, *Op. cit.* A lo que añade, con relación al art. 3 de la Ley 7/2021 de cambio climático y transición energética que «…ese tope de reducción es de mínimos (« al menos») lo que permitiría asumir unas reducciones de superior porcentaje; sin embargo, lo cierto es que el Legislador ha establecido que con ese mínimo España asume adecuadamente los compromisos –siempre generales– asumidos en el Convenio de París, vía política comunitaria; de tal forma que el éxito de la pretensión supondría que estableciéramos nosotros que dicho límite, que es el cumplimiento de los compromisos asumidos, no se han cumplido, en abierta contradicción con el Legislador y derogando implícitamente el precepto legal.», *Ibid.*

[314] La ponderación exclusivamente económica hace concluir al tribunal que «… la pretensión que se examina, […] aunque considerable, ampliación de los porcentajes de reducciones de emisiones de GEI, […] afecta a los más amplios sectores de la política nacional, pudiendo decirse que no quedaría materia alguna de la política que debe aprobar la Administración (art. 97 Constitución) que no quedará afectada. O si se quiere, que nuestra decisión supondría imponer al Gobierno la revisión de todas las decisiones políticas ya adoptadas con perspectiva de futuro y condicionar esas políticas de manera intensa para los ejercicios económicos de varias anualidades.», STS 3556/2023, de 24 de julio, FJ 7.

[315] Véase como el propio Tribunal Supremo además afirmó que «Es más, la necesidad de adoptar dichas medidas comporta una afección generalizada de la misma economía de los Estados, trastocando no solo los objetivos macroeconómicos, sino la integridad de la política de los Estados en los ámbitos más variados como son los económicos, medioambientales, sociales, etc. que no parece sea necesario destacar, porque bastaría recurrir al mismo contenido del Plan

nacional si se aumenta la reducción de emisiones [316]. La discrepancia estriba en que, se razone tan intensamente la afección a futuro de la economía si se modifican los porcentajes de reducción de emisiones, lo cual correspondería al Gobierno; y paralelamente, sin embargo, no se haya evaluado prospectivamente si las reducciones actuales de emisiones del PNIEC son acordes a los compromisos ambientales o energéticos asumidos para 2030[317]. Ahí es donde observamos el doble criterio del tribunal, porque no se han integrado los riesgos relacionados con el cambio climático en las decisiones de planificación, no se han elaborado proyecciones prospectivas y falta sistemáticamente el recurso a elementos analíticos o informes de órganos técnicos especializados; pero, en cambio, se permite priorizar los elementos económicos sin conocer detalladamente las consecuencias ambientales de los porcentajes actuales de reducción de emisiones, valoraciones que debería de efectuar el ejecutivo.

Aparte de eso, se halla la afirmación de que la Ley Europea del Clima y su «Objetivo55» son una aspiración que no ha logrado el consenso suficiente para su implantación, por factores económicos conexos con la energía[318]; dejando completamente desplazada la vertiente ambiental del desarrollo sostenible

---

impugnado para comprender la incidencia que sus determinaciones comportan en todos los ámbitos de la política nacional.», *Ibid*.

[316] Al ser la energía «causa y fundamento del cambio climático y de la lucha contra él» supone considerar que «las evidentes consecuencias que para la economía nacional comportaría un aumento de reducción de emisiones como la pretendida, han de ponderarse con los efectos que dichas medidas tendrían para la propia economía nacional, […] con la peculiaridad de que el mercado de la energía incide en todo el sector industrial del Estado de tal forma que no hay faceta de la vida económica que no se vea afectada por las alteraciones en dicho mercado, como en la realidad actual es notorio.», *Op. cit.* FJ 8.

[317] En su desinterés por la evidencia científica ambiental el Tribunal Supremo ha afirmado que «Tampoco podemos […]atribuir, […] naturaleza jurídica vinculante a las recomendaciones y conclusiones científicas contenidas en los informes elaborados por el Panel Intergubernamental de Cambio Climático (IPCC)», STS 3410/2023, de 18 de julio, FJ 6C. Afirmación que, sin ser incorrecta, discrepa de la tendencia del asunto francés *Grande-Synthe* recurriendo a informes técnicos del *Centre interprofessionnel technique d'études de la pollution atmosphérique, Haut conseil pour le climat, Autorité environnementale du Conseil général de l'environnement et du développement durable, Conseil économique, social et environnemental* para aportar objetividad y certeza, *Vid.,*CE, 1 juillet 2020, Grande-Synthe, nº 427301.

[318] En apoyo de dicha afirmación el Tribunal Supremo únicamente menciona la incidencia de la pandemia y la Guerra de Ucrania en el mercado de la energía, sin aportar datos concisos de la afección real que ello ha supuesto para los objetivos nacionales de emisiones. En concreto el mencionado órgano afirma que « la denominada Ley Europea del Clima y, de manera más específica en el documento denominado «Objetivo 55», con una propuesta de reducción de emisiones del 55%, si bien al momento presente constituye una aspiración que no ha logrado el consenso suficiente para su implantación, a lo que no es ajeno el hecho de la reciente pandemia y la Guerra de Ucrania, en particular, por la incidencia que esas calamidades han tenido en el mercado de la energía, causa y fundamento del cambio climático y de la lucha contra él.», STS 3556/2023, de 24 de julio, FJ 8.

que es uno de los pilares de la intensificación de la acción por el clima[319]. Es más, esa perspectiva parece considerar un problema la acción por el clima en vez de «una oportunidad para todos los sectores de la economía», no poniendo en perspectiva otras consecuencias de la transición a la neutralidad climática, como p. ej., la salud pública, la calidad del medio ambiente, el bienestar de los ciudadanos, la prosperidad de la sociedad, el empleo o la competitividad de la economía[320].

Esa falta de compromiso por los tribunales españoles con los objetivos de reducción de emisiones incluidos en el Reglamento (UE) 2021/1119, de 30 de junio de 2021, por el que se establece la Ley Europea sobre el Clima, aunque jurídicamente haya sido cobijada bajo el margen de elección perteneciente a la discrecionalidad administrativa (núcleo infranqueable para el poder judicial, según la separación de poderes) plantea dos contratiempos:

— Por un lado, se desvincula de la senda marcada por el Pacto Verde Europeo que, aunque sea sólo una estrategia para la descarbonización en respuesta al cambio climático y la degradación medioambiental, representa un mandato para la actuación de la Unión Europea que se materializa mediante medidas normativas interrelacionadas y complementarias, debiendo ser considerado por los sistemas jurídico-planificadores nacionales[321].

— Por otro lado, se aleja de la mayor ambición propuesta por Europa y valorada influyentemente en otros litigios climáticos, para constreñir al Gobierno a adoptar nuevas medidas prestacionales, como en el asunto

---

[319] En el examen realizado por el Tribunal Supremo afirma que «…incrementar las medidas contra el cambio climático es una exigencia fundamental, si se quieren alcanzar los objetivos finales previstos en el Convenio de Paris, incluso con la importante premisa de que los objetivos ya establecidos para el año 2030 impondrían unos aumentos desmesurados en la etapa posterior para alcanzar dicho objetivo, proponiéndose el aumento actual de dichas medidas. […] esas medidas, por encima de las ya previstas y planificadas […] supondrían para la economía en el momento actual y las privaciones a que debiera someterse a la ciudadanía […] y es indudable que ese compromiso […] comporta un esfuerzo presupuestario que no puede ser desconocido al examinar los compromisos asumidos en el Convenio y añadido al aumento nacional del esfuerzo de reducción de emisiones.», *Ibid*.

[320] Tal y como señala el Reglamento (UE) 2021/1999 de 30 de junio de 2021 por el que se establece la Ley europea sobre el clima, cons.7 y 34.

[321] Así, la Comisión Europea ha manifestado que el objetivo de reducir las emisiones netas en al menos un 55% hasta 2030 «… ya no son aspiraciones ni ambiciones, sino obligaciones establecidas en la primera Ley Europea del Clima…», pp. 1, COM (2021) 550 final. Igualmente, el Consejo Europeo consideró que «…la UE debe ser más ambiciosa […] y actualizar su marco de actuación en materia de clima y energía. […] refrenda un objetivo vinculante para la UE de reducción interna neta de las emisiones de gases de efecto invernadero, de aquí a 2030, de al menos un 55% con respecto a los valores de 1990[…]Todos los Estados miembros participarán en este esfuerzo …», par. 12 y 14 de las Conclusiones del Consejo Europeo de 10 y 11 de diciembre de 2020. *Cf.* también R. Giles Carnero (2022: 139-140).

Grande-Synthe[322]. El *Conseil d' État* valoró que el aumento al 55% de reducción, objeto de acuerdo formal por el Parlamento Europeo y el Consejo, genera la necesidad de incrementar los esfuerzos nacionales para alcanzar los objetivos de Francia en 2030[323]. De esta forma el poder judicial francés no solo consideró plenamente vinculante los nuevos objetivos de reducciones propuestos por la Unión europea en su paquete «Objetivo 55» a través del Reglamento (UE) 2023/857, sino que asumió el incremento de los objetivos de reducciones asignados a Francia pasando del –37% al 47,5% de reducción para el periodo 2005-2030[324]. Modificación del marco regulatorio que, aunque no puede ser aplicada retroactivamente a la controversia, no supuso ignorarla en el análisis de la evolución del nivel de las emisiones de gases de efecto invernadero, porque de forma inminente representaban nuevos esfuerzos para Francia[325].

---

[322] Las comprobaciones efectuadas por el *Conseil d'État* del segundo y tercer presupuesto generó un nuevo tipo de control: el control de trayectoria. Dado que los objetivos energético-climáticos tienen horizontes lejanos (2030-2050) el examen judicial no puede retrasarse tanto en el tiempo, de manera que, lo único que puede realizarse es un examen anticipado de conformidad en el que se dictamina si los objetivos podrán alcanzarse de forma creíble y verificable, según los datos y previsiones disponibles en el momento de dictar sentencia, Discours de Bruno Lasserre, du 21 mai 2021 devant la Cour de cassation.

[323] El *Conseil d'État* determinó que «...à plus forte raison, dans la perspective du prochain relèvement de l'objectif de réduction des émissions à l'échelle de l'Union européenne à l'horizon 2030 de 40% à 55%, qui a fait l'objet d'un accord entre le Parlement européen et le Conseil en avril 2021 et qui vient d'être formellement adopté par ces deux institutions. Ce constat de la nécessité d'une accentuation des efforts pour atteindre les objectifs fixés en 2030 et de l'impossibilité, en l'état des mesures adoptées à ce jour, d'y parvenir n'est pas sérieusement contesté par la ministre de la transition écologique, ...», CE, 1 juillet 2021, Grande-Synthe, nº 427301

[324] El *Conseil d' État* argumentó que «A cet égard, le règlement (UE)2023/857 du 19 avril 2023, [...] fixant les objectifs nationaux contraignants pour chaque État membre [...] Dans ce cadre, l'objectif de réduction de ses émissions de gaz à effet de serre assigné à la France est porté de –37% à –47,5% pour la période 2005-2030.», *Ibid*. En este sentido, el Tribunal Supremo español al igual que trae a colación la COP 21 de Glasgow, la Ley Europea del Cima y el «Objetivo 55», siendo posteriores al inicio del litigio, podría haber citado el Reglamento (UE) 2023/857, de 19 de abril de 2023, para reafirmar la vinculatoriedad de los nuevos objetivos en cuanto a la reducción de emisiones, dado que a España se le ha adaptado *in crescendo* su objetivo de –26% a un –37,7% (art. 1, Anexo I columna 1 y 2).

[325] El *Conseil d'État* estableció que «Ces nouveaux objectifs fixés au niveau de l'Union européenne vont rapidement devoir être déclinés par les autorités françaises. A ce titre, devront être adaptés en conséquence, notamment, la stratégie nationale bas-carbone ainsi que les budgets carbone correspondants. [...] le nouvel objectif européen et ses déclinaisons nationales ne peuvent être regardés comme applicables, en tant que tels, au présent contentieux. Pour autant, cet élément ne saurait être ignoré dans l'analyse de l'évolution du niveau des émissions de gaz à effet de serre, dès lors que cette modification du cadre réglementaire mis en place par l'Union

De todo lo expuesto, podemos concluir que, aunque el principio jurídico de la separación de poderes sea un axioma presente tanto en Francia como en España, la interpretación de su concreto alcance no siempre resulta equivalente entre ambos Estados. Como consecuencia, en Francia el beneficio del que disfruta el juez administrativo para anular o reformar decisiones adoptadas por el poder ejecutivo en el ejercicio de prerrogativas públicas (p. ej., planificación de los techos de emisiones) ha sido implementado en litigios climáticos relacionados con la planificación energética de forma favorable a la ordenación de medidas por el poder judicial al Gobierno[326]. Ya sea por la *vis* expansiva de la emergencia climática, por la gravedad del incumplimiento de los techos de emisiones planificados en la SNBC, por la inactividad administrativa para doblar la curva de emisiones o por las dudas planteadas por órganos técnico-científicos sobre el logro de las condiciones previas indispensables para la disminución de las emisiones planificadas, lo cierto es que el *Conseil d'État* no consideró el principio de la separación de poderes un impedimento para discernir aspectos relacionados con la transición energética y ordenar al Primer ministro la adopción de medidas prestacionales, sin llegar a afectar el margen de discrecionalidad administrativo[327].

En cambio, en España el citado principio ha sido instrumentalizado por el Tribunal Supremo como una herramienta más conservadora bajo la que auspiciar no solo la negativa de modificar el contenido concreto del PNIEC (sustitución reglamentaria), sino también para justificar que una orden de modificar los porcentajes de reducción de emisiones planificados supondría paralelamente para el Gobierno la imposición de revisar elementos económicos (p. ej., los ejercicios económicos de varias anualidades) afectando a su discrecionalidad política. Lo que supuso en conjunto, y a nuestro juicio, dejar de lado la vertiente ambiental en pro de la económica en su argumentación ponderativa y pasar a inmiscuirse, el órgano judicial, en valoraciones que correspondían al Gobierno (p. ej., la afección y condicionamiento de la política económica y social por el aumento del porcentaje de reducción de emisiones), aunque hubiera renegado de ello en defensa de la separación de poderes. En definitiva, nos parece un tanto llamativa la postura del tribunal español, no solo por su distanciamiento con la corriente europea favorable a la protección jurisdiccional climática sin que ello suponga afectar a la separación de poderes estatal (despertada desde el asunto Urgenda y continuada

---

européenne va se traduire, de façon imminente, par un renforcement sensible des objectifs à atteindre par la France.», *Ibid*.

[326] Se trata de la aplicación del principio con valor constitucional ex art. 16 DDHC. En esta materia consúltese la DC 86-224 DC du 23 janvier 1987, cons.15.

[327] Art. 2, *Op. cit. Cf.* Á. M. Moreno Molina (2023: 572); M. Joassart (2016:435-447); M. Torre-Schaub (2020 a: 92) y (2020b:148-152).

posteriormente por litigios como los mencionados en Francia); sino porque realmente el Tribunal Supremo prefiere no ordenar ninguna medida prestacional (p. ej., la revisión de los porcentajes de emisiones) para no afectar a la discrecionalidad administrativa (como parte integrante de la separación de poderes), apoyándose en una valoración económico-presupuestaria (que también corresponde al ejecutivo), en vez de tener más presente los riesgos asociados a la vertiente ambiental o atendiendo con mayor énfasis las metas materiales del «Objetivo 55» europeo.

Capítulo 4

El papel de la planificación energética en los litigios de responsabilidad

Las carencias de los Estados en la lucha contra el cambio climático y la insuficiente acción pública para la transición energética han hecho recurrir de forma estratégica al poder judicial para la protección y reparación climática[328].

Al igual que ha sucedido anteriormente con otras materias (p. ej., el medioambiente), invocar al juez para que establezca la responsabilidad de los Estados en la crisis climática ha hecho que el poder judicial vaya más allá de sus funciones tradicionales, buscando los litigantes en muchas ocasiones, más que una compensación por el daño sufrido, la notoriedad pública de la urgencia en la adopción de medidas efectivas contra el cambio climático[329].

No obstante, a partir de 2015, con el asunto Urgenda se produjo un punto de inflexión mediante el reconocimiento, por un juez nacional, de la responsabilidad estatal por su insuficiente actuación[330]. A partir de ese momento, la

---

[328] *Cf.* T. Rombauts-Chabrol (2022: 735-736). Además, téngase en cuenta que la declaración de un «Estado de emergencia climática» ante la crisis climática ha supuesto desde hace varios años un aumento del activismo social por el «activismo judicial», M. Torre-Schaub (2017: 107-125). Este activismo judicial permite a las autoridades públicas rendir cuentas a fin de fortalecer la eficacia de la normativa climática, véase en S. Lavorel (2021: 37 y ss.).

[329] En este sentido, los litigios climáticos en los que se persigue la responsabilidad estatal podrían encuadrarse en la denominada «estrategia disruptiva», apodada así por abogados como Marcel Willard y Jacques Vergès, según la cual la argumentación jurídica no persigue tanto la compensación en especie de una persona concreta, sino avanzar en la causa implicando a la opinión pública en el asunto. Para una ampliación consúltese M. Willard (1951: 317 pp.); J.M. Vergès (1968: 209 pp.).

[330] A pesar de que la existencia de obligaciones climáticas se haya usado para denunciar legislaciones inadecuadas, la falta de ambición en los objetivos de reducción de emisiones o proyectos contrarios a la lucha contra el cambio climático no fue hasta el asunto Urgenda cuando se expresó como una obligación que incumbía al Estado. M. Torre-Schaub (2018a: 30-31). No obstante, para una ampliación en decisiones anteriores que abrieron el camino del incumplimiento de la obligación climática consúltese TEDH, 6 diciembre 2006, n° 30/2005; New South Wales

sucesión de litigios (en diferentes países[331]) solicitando la responsabilidad de los poderes públicos ha presentado formas diversas basándose en fundamentos diferentes como, p. ej., el incumplimiento de los compromisos internacionales en materia de reducción de emisiones de gases de efecto invernadero o la deficiente incorporación de la cuestión climática en el desarrollo de políticas medioambientales e industriales[332]. También variables han sido los resultados perseguidos mediante las reclamaciones de responsabilidad, dado que a veces se han buscado compensaciones por los daños, en otras ocasiones se ha pretendido reducir o prevenir con mayor intensidad el fenómeno climático-ambiental, o bien se ha solicitado de forma estratégica la afirmación judicial de una responsabilidad climática estatal[333].

Podría decirse que, ante la evidencia internacional del camino seguido hacia un cambio climático catastrófico, las actuaciones inadecuadas de los Estados han hecho cambiar la perspectiva judicial: la insuficiencia en la actuación de los Gobiernos puede llevar a un tribunal a considerar que un incumplimiento de los objetivos climáticos (p. ej., en materia de reducción de emisiones) sea la causa de daños o riesgos ambientales y, por tanto, susceptibles de acarrear responsabilidad[334]. En este contexto los jueces pasan a ser los encargados del resurgir de la institución clásica de la responsabilidad estatal, al

---

Land and Environment Court, 27 november 2006, NSWLEC 720; Land Court of Queensland, 27 march 2012, [2012] QLC 13; Federal Court of Australia North, 20 march 2008, 167 FCR 463; Corte Constitucional de Colombia, Sentencia de 8 febrero 2016, C-035/16.

[331] La propagación de litigios climáticos solicitando la responsabilidad estatal se ha extendido a nivel global por todo el mundo, encontrado decisiones, p. ej., en Sudáfrica en el asunto: North Gauteng High Court, 8 March 2017, N°. 65662/16; en Colombia en los asuntos: Corte Suprema de Justicia, 5 abril 2018, STC 4360-2018, n° 11001-22-03-000-2018-00319-01 y Corte constitucional de Colombia, 2016, Decisión C-035; en Estados Unidos los asuntos: Superior Court of the State of Washington for King County, 19 November 2015, n° 14-2-25295-1 SEA y el US District Court of Oregon, 10 November 2016, n° 6:15-CV-01517-TC; en India el asunto: Sup. Crt of India, 13 May 2016, n° 857 (2016) S.C.C.; en Noruega los asuntos: Oslo District Court, 4 January 2018, Case Nb.16-166674TVI-OTIR/06 y el Borgarting Court of Appeal, 23 January 2020, Case Nb.18-060499ASD-BORG/03; en Nueva Zelanda el asunto: High Court of New-Zealand, Wellington Registry, 2 November 2017, CIV 2015-485-919 [2017] NZHC 733; o en Pakistán el asunto: Lahore High Court, Green Bench, 4 September 2015 y 14 September 2015, W.P. n°. 25501/2015.

[332] S. Lavorel (2021: 41).

[333] M. Torre-Schaub, L. D'ambrosio y B. Lormeteau (2019: 76).

[334] Los sucesivos informes del IPCC, las diferentes declaraciones de emergencia climática (la efectuada por la Unión Europea 2019/2930(RSP), como las de los Estados), han variado las agendas políticas y ha remodelado los instrumentos jurídicos (normativos y planes). Además, ha posicionado a la litigación climática como una estrategia a disposición de la sociedad civil para apelar al poder judicial responsabilidad en la gobernanza climática, J. Doreste Hernández (2022: 386-390).

reinterpretar de forma extensiva la noción de litigio climático y ampliando el propio concepto de la responsabilidad climática[335].

La búsqueda de la responsabilidad estatal ante actuaciones negligentes o frente al fracaso de las políticas nacionales en los enormes retos que supone la transición energética, hace no poder pasar por alto uno de los litigios climáticos más recientes y célebres en los últimos tiempos de Francia en materia medioambiental[336]; se trata del asunto conocido como el *Affaire du Siècle* (en parte relacionado con el comentado caso *Grande-Synthe*[337]) en el que se reclamó al Estado francés la reparación de los daños morales y ecológicos sufridos, como consecuencia de la deficiente actuación en la lucha contra el cambio climático y los sucesivos incumplimientos en sus obligaciones rebasando los presupuestos de carbono[338].

No nos pasa inadvertido cómo una de las disputas más aclamadas en materia energético-ambiental de Francia, se ha desarrollado bajo el litigio contencioso de responsabilidad de plena jurisdicción, en vez de hacer uso del litigio por *excès de pouvoir*. Sin embargo, en el proceso *Affaire du Siècle,* realmente, no se buscaba la anulación de los presupuestos de carbono o de la SNBC (acción que permite el recurso por *excès de pouvoir*), sino que la verdadera pretensión fue la reparación del daño moral y ecológico, así como poner fin a su agravamiento adoptando todas las medidas que permitieran cumplir con los objetivos climáticos asumidos y planificados por Francia[339]. Lográndose el objetivo perseguido al condenar el *Tribunal Administratif de Paris* al Estado a pagar un euro a

---

[335] La responsabilidad climática es una noción susceptible de provocar mutaciones en la institución clásica de la responsabilidad avanzando hacia una combinación de la responsabilidad jurídica y la responsabilidad ética y moral (en el sentido del deber), M. Torre-Schaub (2018a: 28-29).

[336] La incompetencia de los estados para gestionar el cambio climático ha potenciado acudir a los órganos judiciales para reclamar medidas compensatorias y reparatorias frente a los daños derivados del cambio climático, I. Vilaseca Boixareau y J. Serra Calvó (2018: 4).

[337] En el asunto *Affaire du Siècle* la sentencia se comienza considerando que «Par un jugement du 3 février 2021, le tribunal a, d'une part, reconnu que l'État, à hauteur des engagements qu'il n'a pas respectés dans le cadre du premier budget carbone, était responsable d'une partie du préjudice écologique lié à l'impact direct du surplus d'émissions de gaz à effet de serre sur le réchauffement climatique. [...] Dans la présente instance, les quatre associations demandent au tribunal d'enjoindre au Premier ministre et aux ministres compétents de prendre toutes les mesures nécessaires pour réparer le préjudice écologique lié au surplus d'émissions de gaz à effet de serre résultant du non-respect par l'État du premier budget carbone et faire cesser, pour l'avenir son aggravation et, notamment, dans le délai le plus court possible, de prendre toutes les mesures permettant d'atteindre les objectifs que la France s'est fixés en matière de réduction des émissions de GES,...», Tribunal Administratif de París, 14 octobre 2021, Ass. Oxfam France et autres, nº 1904967, 1904968, 1904972, 1904976/4-1.

[338] *Ibid.*

[339] En la reclamación efectuada por las asociaciones *Oxfam France*, *Notre Affaire À Tous*, la *Fondation pour la Nature et l'Homme* y *Greenpeace France* contra el Estado, la elección de ese tipo de contencioso estuvo relacionada con la pretensión pretendida: no se buscaba ninguna

cada asociación demandante, en concepto de daño moral, y al ordenarle a poner fin al agravamiento del daño ecológico observado mediante la adopción de medidas que redujeran las emisiones de gases de efecto invernadero[340].

La categoría de litigios denominados de responsabilidad en los que se ubica el *Affaire du Siècle,* principalmente, se caracterizan por ser recursos de carácter subjetivo en los que el juez se pronuncia sobre la existencia, contenido y efectos de los derechos subjetivos del solicitante, agotando el examen del juez la cuestión que se le somete a su decisión porque tiene plenos poderes para anular y reformar la actuación administrativa [341].

De dichos recursos de responsabilidad, lo interesante para los litigios en materia de planificación energética es el cambio que representa para la labor judicial al tener que afrontar las dificultades que supone discernir si existe una obligación climática, valorar si la actitud del Estado ha sido culposa o establecer cuál ha sido el nexo causal entre el daño y la actuación de la Administración, entre otros elementos[342].

Por su parte, España todavía no ha participado de grandes procesos judiciales climáticos de responsabilidad relacionados con la planificación energética de referencia, dado que el *Juicio por el Clima* seguido ante el Tribunal Supremo no contuvo pretensiones de responsabilidad, sino anulatorias[343]. No obstante, el hecho de que no se hayan producido no significa que no puedan producirse en un futuro, dado que la Ley 29/1998, de 13 de julio, reguladora de la Jurisdicción Contencioso-administrativa prevé los cauces para un proceso de responsabilidad patrimonial de las administraciones públicas para los casos de incumplimiento de sus deberes legales o bien un procedimiento para la protección de los derechos fundamentales de la persona[344].

---

anulación, sino la condena del Estado por daños ecológicos, Tribunal Administratif de París, 14 octobre 2021, Ass. Oxfam France et autres, nº 1904967, 1904968, 1904972, 1904976/4-1.

[340] Tribunal Administratif de París, 3 février 2021, Ass. Oxfam France et autres, nº 1904967, 1904968, 1904972, 1904976/4-1, art. 3 y 4.

[341] P. Caille (2017: pto.22); C. Pujalte y É. de Lamaze (2014: 153-154). Para una ampliación consúltese, M. Deguergue (1995: 211-220); P. Bon (2013:127-140); R. Chapus (2010: 584 pp.); G. Darcy (1996: 157 pp.); P. Duez (1938: 342 pp.); M. Paillet (1980: 434 pp.); J.-M. Pontier (2010: 19-26); J. Moreau (1992:443 pp.); H.-B. Pouillaude, Thèse Paris 2, 2011.

[342] Las dificultades a las que tienen que hacer frente los tribunales en asuntos climáticos en los que se exige responsabilidad son varias, hallándose entre ellas la legitimidad de los demandantes para actuar en nombre de las generaciones presentes y futuras, la temporalidad del fenómeno climático o la consideración de que el cambio climático es una cuestión política, M. Torre-Schaub, L. D'ambrosio y B. Lormeteau (2019: 75-76).

[343] En España, los dos litigios climáticos más recientes versaron sobre la planificación energética y fueron orientados de forma principal a la búsqueda de la anulación de los Planes nacionales integrados de energía y clima, así como a la declaración de una condena prestacional por inactividad de la Administración, *Vid.* SSTS 3410/2023, de 18 de julio; 3556/2023, de 24 de julio.

[344] B. Soro Matero (2019: 66).

A priori, parece que, parte del motivo por el que, en ninguno de los litigios climáticos iniciados contra el PNIEC se planteó la responsabilidad del Estado español, fue la falta de un incumplimiento constatado. Es decir, a diferencia de Francia, en donde no se habían alcanzado los presupuestos de carbono fijados, incumpliéndose los niveles de reducción de emisiones de gases de efecto invernadero planificados, en España, la ausencia de hitos intermedios vinculantes desde 2020 a 2030 (fecha objetivo del PNIEC[345]), únicamente, ha permitido cotejar las emisiones respecto de los compromisos asumidos para 2020 que, hasta el momento han sido cumplidos, aunque se hayan planteado ciertas dudas de ambición y viabilidad a futuro en las demandas contra el PNIEC[346].

La disparidad en la que se encuentran España y Francia en cuanto al bagaje de litigios climáticos relacionados con la planificación energética no es obstáculo para analizar de forma comparada ciertas dificultades jurídicas a las que ya han hecho y deberán de hacer frente los tribunales de ambos países para afrontar ese tipo de litigios; es más el contraste de trayectorias jurisprudenciales nos ofrece una variedad argumental y de datos con los que enriquecer la comparativa.

Teniendo en cuenta la puntualización superior y sin pretender un análisis de todos los elementos que pueden representar dificultades para los jueces en los litigios de responsabilidad climática asociados a instrumentos de

---

[345] Véase, por ejemplo, como el Real Decreto 818/2018, de 6 de julio, sobre medidas para la reducción de las emisiones nacionales de determinados contaminantes atmosféricos, incorpora (según lo establecido en la Directiva (UE) 2016/2284) en su Anexo II, el compromiso nacional de reducción de emisiones de dióxido de azufre o de óxido de nitrógeno en unos porcentajes fijos «para cualquier año entre 2020 y 2029». Igualmente, los instrumentos de planificación, como el PNIEC, únicamente referencian 2030 como fecha de referencia para alcanzar los porcentajes asumidos, aunque se hagan ejercicios de prospectiva con la previsión de la evolución de las emisiones (PNIEC 2021-2030, pp. 37-39; PNIEC 2023-2030, pp. 66-70).

[346] Antes de la aprobación de la Ley 7/2021 de cambio climático y del PNIEC 2021-2030, España asumió, según la Decisión nº 406/2009/CE sobre el esfuerzo de los Estados para reducir sus emisiones de GEI hasta 2020, el deber de limitar, como mínimo, sus emisiones en un −10% (respecto de 2005). Esta cifra fue expresada en toneladas equivalentes de CO_2 en las Decisiones 2013/162/UE, 2013/634/UE y 2017/1471/UE, estableciendo ésta última, p. ej., una cantidad de 219.351720 de tCO_2eq para 2020. Dichas cantidades se revisan anualmente, de cara a analizar el grado de cumplimiento por cada Estado, siendo la Decisión de ejecución (UE) 2022/1953 de la Comisión de 7 de octubre de 2022, la que determinó que España había tenido 184.188341 tCO_2eq en 2020. A la vista de esta comparativa, entre las asignaciones anuales de emisiones de España y las emisiones realmente producidas, se observa que España viene cumpliendo, por ahora, sus compromisos en materia de emisiones de gases de efecto invernadero. Para aun ampliación consúltese el Diario de transacciones de la Unión Europea (ESD Compliance Dashboard), [consulta 22 de noviembre 2024], disponible en: https://ec.europa.eu/clima/ets/transactions; European Environment Agency: EEA greenhouse gases-data viewer [consulta 22 de noviembre 2024], disponible en: https://www.eea.europa.eu/; Eurostat Statistics Explained: Greenhouse gas emission statistics [consulta 22 de noviembre 2024], disponible en: https://ec.europa.eu/eurostat/statistics-explained/

planificación, el propósito de esta sección es poner en valor la planificación energética en el análisis de dos de ellos.

El primero estriba en cómo la ardua tarea de configurar una obligación jurídica climática en la que amparar eventos dañosos o el riesgo de sufrirlos (a consecuencia de incumplimientos e inobservancias de los objetivos, cuotas o porcentajes regulados y planificados), se ha visto especialmente aliviada en el *Affaire du Siècle*, al poder integrar y combinar la tradicional, aunque difusa, argumentación apelada en emblemáticas decisiones europeas de responsabilidad (p. ej., principios de prevención, protección o precaución, el deber de cuidado y diligencia) con la concreción ofrecida por la planificación energética (A).

El segundo de los elementos a analizar será el vínculo causal entre los daños climáticos y la actuación de los entes públicos españoles y franceses, del cual, teniendo en cuenta ciertos patrones de litigios europeos ya formalizados, examinaremos la imperante influencia de la planificación energética en el vínculo causal de las últimas resoluciones galas, el potencial que los planes energético-climáticos representan (en un ejercicio de prognosis) para coadyuvar al régimen de la responsabilidad patrimonial de la administración pública en España, así como la incursión de los conocimientos científicos en la planificación para la configuración del vínculo causal (B).

4.1. El uso de la planificación energética para concretar la obligación climática de los Estados

Una de las dificultades que se viene planteando para los jueces administrativos está relacionada con la delimitación de una obligación climática, en base a la cual el derecho a un medioambiente saludable pueda servir como argumento jurídico en las demandas por daños relacionados con el cambio climático y la transición energética. La ausencia de mandatos específicos o suficientemente obligatorios en las legislaciones nacionales, así como un contexto internacional en el que normas como el Acuerdo de París no establecen claramente obligaciones legales, dificulta la imputabilidad de responsabilidades por los daños y riesgos asociados al cambio climático[347]. En el seno de ese ámbito normativo difuso, la sucesión de litigios relevantes en materia climática ha permitido, tal y como veremos a continuación, paulatinamente reforzar y facilitar la argumentación jurídica en la construcción de la obligación climática mediante la

---

[347] Hay que tener en cuenta que la responsabilidad climática normativizada es una concepción emergente de contornos flexibles y difusos, que se viene construyendo gracias a la jurisprudencia de los últimos años que, pese a ser incipiente, está en constante evolución, M. Torre-Schaub (2018a: 28-29).

reinterpretación de principios tradicionales hasta la incorporación de la planificación energética como criterio de referencia del deber de prudencia.

Formando parte de los litigios que ayudan a delimitar la obligación climática analizaremos: a) el *Affaire du Siècle* francés, que representa una de las decisiones europeas en las que la planificación energética pasó a ser una norma jurídicamente vinculante, en forma de declinación concreta de los compromisos internacionales y europeos, ayudando a establecer las concretas obligaciones climáticas del Estado; b) realizando, en segundo lugar, una implementación teórica para España de cómo los planes energéticos (PNIEC) se posicionan como una herramienta más del *corpus* jurídico a la hora de configurar la obligación climática en futuras demandas de responsabilidad.

a) Del asunto *Affaire du Siècle* podríamos decir que es uno de los grandes litigios climáticos de Francia en el que se produjeron, en general, importantes innovaciones en el seno del recurso de responsabilidad y, en particular, con relación a la planificación[348]. Nos estamos refiriendo, en este momento, a la configuración que se ofreció a la obligación general de combatir el cambio climático; la cual fue presentada por las asociaciones demandantes para buscar la responsabilidad del Estado por daño ecológico considerando que éste había desconocido su obligación climática al no adoptar medidas suficientes que aseguraran la aplicación del marco legislativo y reglamentario (especialmente representado por el *dècret* de la SNBC) fijado para luchar contra el cambio climático y reducir las emisiones de gases de efecto invernadero en niveles acordes con mantener la temperatura promedio global de la atmósfera en 1,5°C[349]. Según esto, puede observarse cómo la pretensión contra el Estado, por la obligación general de luchar contra el cambio climático, fue presentada como un incumplimiento con una doble vertiente: por un lado, como una inacción de la Administración no adoptando medidas suficientes que asegurasen implementar la normativa en vigor; y, por otro, como una acción insuficiente al fijar objetivos que no permitían limitar la temperatura global por debajo de 1,5°C[350].

---

[348] La principal novedad y más destacable atribuible a este asunto fue condenar por primera vez al Estado francés como responsable de un daño ecológico por el incumplimiento de los objetivos de reducción de emisiones asumidos por el Gobierno. Así el *Tribunal Administratif de Paris* consideró que «Au regard de l'ensemble de ces éléments, le préjudice écologique invoqué par les associations requérantes doit être regardé comme établi»; y por tanto «Il résulte de tout ce qui précède que les associations requérantes sont fondées à soutenir qu'à hauteur des engagements qu'il avait pris et qu'il n'a pas respectés dans le cadre du premier budget carbone, l'État doit être regardé comme responsable, au sens des dispositions précitées de l'article 1246 du code civil, d'une partie du préjudice écologique constaté au point 16.», Tribunal Administratif de París, 3 février 2021, Ass. Oxfam France et autres, n° 1904967, 1904968, 1904972, 1904976/4-1, cons. 16 y 34.

[349] *Op. cit.* cons. 17.

[350] *Ibid.*

En el desarrollo de los fundamentos jurídicos del *Tribunal Administratif de Paris* configurando la obligación general de luchar contra el cambio climático encontramos una dualidad argumentativa: por un lado, reproduce parte de la hermenéutica desarrollada en litigios climáticos europeos en los que se comenzó a delimitar dicha obligación sobre normativa internacional o europea; y, por otro lado, innova estableciendo una íntima relación entre la normativa nacional y la planificación energético-climática, para adaptar la obligación climática al supuesto fáctico francés.

En el comienzo de la argumentación del tribunal francés de la obligación general de lucha contra el cambio climático sostenida en base a normativa internacional y europea, entendemos que se asumen las líneas generales de la obligación climática estatal asentadas por la doctrina jurisprudencial europea[351]. Y es que, a pesar de que normas como la Convención Marco de Naciones Unidas sobre el Cambio Climático o el Acuerdo de París no establezcan obligaciones legales climáticas constitutivas de derechos directos a favor de los demandantes, sí contienen principios jurídicos vinculantes sobre los que formular un deber de diligencia asociado a la obligación climática[352]. Dicha diligencia se transforma en un deber de cuidado que el Estado está obligado a observar, adoptando medidas de mitigación suficientes para prevenir el cambio climático[353]. Así, aunque principios como el de sostenibilidad, protección o prevención no tengan un efecto directo, sí que determinan el marco y la forma en que los Estados pueden ejercer sus poderes discrecionales en materia de política climática: el Estado ineludiblemente (bajo el deber de cuidado) tiene que respetar los deberes del estándar climático internacional o comunitario[354]. Ello supone incluir en la responsabilidad estatal frente al cambio climático, como parte de su obligación climática general, p. ej., todos los actos

---

[351] Especialmente del asunto Urgenda, Tribunal Supremo Holandés, 24/06/2015, C/09/456689 / HA ZA 13-1396. Porque asuntos como el *Plan B Earth* contra de Reino Unido en el que se persiguió el incumplimiento de la revisión de los objetivos de emisiones para 2050 por avances significativos de la ciencia, el derecho internacional o la política fue un fracaso. La normativa aplicable no creaba ningún deber vinculante como para establecer nuevos objetivos para 2050; considerándose racional la decisión de no modificarlos porque el ejercicio discrecional no fue *ultra vires*, High Court of Justice Queen's Bench division Administrative Court, 22 february y20 july 2018, n° CO/16/2018.

[352] Tribunal Administratif de París, 3 février 2021, Ass. Oxfam France et autres, n° 1904967, 1904968, 1904972, 1904976/4-1, cons. 18 y 19. *Cf.* Tribunal Supremo Holandés, 24/06/2015, C/09/456689 / HA ZA 13-1396, par. 4.52.

[353] Es decir, principios internacionales como el de equidad, precaución y sostenibilidad, y principios europeos como el alto nivel de protección y prevención, son relevantes para configurar el deber de cuidado ante el cambio climático; porque, aunque no vinculen de manera directa a un Estado sí tienen eficacia interpretativa, según la doctrina *reflect effect*. Ello permite que sean tenidos en cuenta por los tribunales para determinar si un Estado ha vulnerado su deber de cuidado, M. Antonino de la Cámara (2022: 312-313). *Vid., Op. cit.* par. 4.55-4.63.

[354] *Op. cit.* par. 4.53,4.63.

u omisiones controladores de emisiones de los entes públicos, al materializar la obligación estatal de cuidar a terceros para prevenir y evitar los riesgos graves y mortales asociados al cambio climático[355]. En consecuencia, el *Tribunal Administratif de Paris* asume la existencia de una obligación estatal positiva de adoptar medidas de mitigación en materia de cambio climático sustentada sobre el deber de cuidado (*Duty of care*[356]), de conformidad con los últimos conocimientos científicos y la política climática internacional y comunitaria[357].

Junto a lo anterior, se encuentra el grueso argumentativo efectuado de la normativa nacional, el cual se sostuvo en el valor constitucional aportado al medioambiente por el art. 3 de la *Charte de l'environnement*; continuando con el art. L 100-4 *Code de l'énergie* y sus objetivos de política energética nacional de reducir las emisiones de gases de efecto invernadero en un 40% hasta 2030 y lograr la neutralidad climática en 2050; concluyendo con el *Code de l'environnement* y su ineludible remisión a la SNBC y los presupuestos de carbono[358].

Esta última referencia a la SNBC es de vital importancia, no solo porque la *Stratégie nationale bas-carbone* establezca el procedimiento para implementar la política nacional de mitigación de emisiones de gases de efecto invernadero a medio y largo plazo, que permitirá alcanzar los objetivos asumidos en el art. L 100-4 del *Code de l'énergie*; sino porque los techos máximos de emisiones contenidos en la SNBC se consideraron fuente de derecho positivo vinculante al ser declinaciones de los compromisos internacionales y europeos[359]. Es decir, el Estado tenía la obligación climática de reducir las emisiones de gases

---

[355] *Op. cit*. par. 4.65,4.74. *Cf*. M. Torre-Schaub, L. D'ambrosio y B. Lormeteau (2019: 86-87); F. Brocal von Plauen (2005: 522-530).

[356] La terminología inglesa enfatiza la diferencia entre el *Duty of care* o deber de cuidado, que es una obligación de actuar, la cual al ser infringida acarrea responsabilidades por antijuridicidad; y, el *standard of care* que, se relaciona con la culpabilidad de la conducta y su reprochabilidad según el nivel de diligencia observado. Así, el problema de la ausencia de una norma concreta que imponga la obligación de adoptar medidas de reducción (*duty of care*), se ha ido resolviendo jurisprudencialmente mediante la congregación de diferentes normas, extrayendo un deber de cuidado genérico que debe ser ejecutado discrecionalmente por el Gobierno en el marco del estándar de diligencia (*standard of care*), N. Rodríguez García (2016: 17-18).

[357] Tribunal Administratif de París, 3 février 2021, Ass. Oxfam France et autres, nº 1904967, 1904968, 1904972, 1904976/4-1, cons.18-21. *Vid*. en la misma línea Tribunal Supremo Holandés, 24/06/2015, C/09/456689 / HA ZA 13-1396, par. 4.83-4.84. *Cf*. también sobre la importancia de la ciencia cuando las leyes implementen conocimientos científicos como niveles umbral, constituyendo estos un punto de partida para el examen legal, en K. Purnhagen (2015: 444).

[358] *Vid*. considerando 20 y 29, Tribunal Administratif de París, 3 février 2021, Ass. Oxfam France et autres, nº 1904967, 1904968, 1904972, 1904976/4-1.

[359] Es importante recordar que el *Tribunal Administratif de Paris* se basó en la decisión del *Conseil d'État* del asunto Grande-Synthe, en la cual se reconoció el carácter vinculante de la trayectoria de emisiones de gases de efecto invernadero prevista en el art. L100-4 del Code de l'énergie y desglosada en la SNBC, mediante presupuestos de carbono para cada periodo. *Cf*. también B. Lormeteau (2022: 4-5).

de efecto invernadero según las cuotas y objetivos cuantificados en el documento de planificación, implementando positivamente aquellas medidas susceptibles de lograr el resultado esperado, porque no se trataba de un simple compromiso político, sino que era una auténtica obligación jurídica[360].

De este modo el *Tribunal Administratif de Paris* mediante el análisis de los presupuestos de carbono contempló que se había superado en un 3,5% el primero de ellos, generando un incumplimiento en la trayectoria fijada en la SNBC (considerándola, en parte, como la obligación climática[361]) y acarreando una responsabilidad por daño ecológico a consecuencia de las emisiones adicionales vertidas[362].

No obstante, hay que puntualizar que el segundo presupuesto de carbono de la SNBC no pudo ser tomado en consideración por dicho tribunal para sustentar la responsabilidad (aunque no afecta a su rango de obligación climática), porque ya había sido configurado por el *Conseil d'État* (en el asunto

---

[360] La consideración de la planificación energética como una fuente jurídica vinculante para los tribunales fue una novedad del *Affaire du Siècle* respecto de casos anteriores, como, p. ej., el asunto *ASBL Klimaatzaak* en el que «ni les divers plans ou autre document stratégique ne constituent en soi une source d'obligations juridiquement contraignantes pour les pouvoirs publics», pp. 82 Tribunal de Première Instance francophone de Bruxelles, 17/06/2021, nº 201574585/A. Vinculatoriedad ratificada por Tribunal Supremo español (aunque no se trate de procedimientos de responsabilidad estatal) al declarar sobre el PNIEC que «…tiene naturaleza reglamentaria no parece deba cuestionarse», STS 3556/2023, de 24 de julio, FJ 2; así como «Bajo esta consideración del PNIEC como un instrumento de planificación administrativa vinculante y, por tanto, en los términos expuestos, como una disposición de carácter general…», STS 3410/2023, de 18 de julio, FJ 5A. *Cf.* también T. Rombauts-Chabrol (2022: 741 y 743).

[361] El control de la trayectoria climática viene constituido por la verificación judicial de la compatibilidad creíble y verificable entre la planificación vinculante (SNBC y los presupuestos de carbono pasados, en curso y futuros) y un número no delimitado de decisiones y medidas apreciadas en conjunto respecto al objetivo de emisiones. O sea, un balance teleológico y conceptual entre las medidas actuales y los resultados futuros que se traduce en una probabilidad de expectativas, T. Rombauts-Chabrol (2022: 743-744). Para una ampliación véase H. Delzangles (2021: 2115-2127); J. Rochefeld y B. Parance (2021: étude 795); Discours de Bruno Lasserre, vice-président du Conseil d'Etat, du 21 mai 2021 devant la Cour de cassation.

[362] Este tipo de control judicial puede encuadrarse dentro del clásico control de legalidad, en el que el juez coteja el (in)cumplimiento de una norma reglamentaria (SNBC) sirviéndose para ello de la trayectoria climática seguida hasta el momento de dictar sentencia, B. Lormeteau (2022: 4-5); T. Rombauts-Chabrol (2022: 743). En este sentido «…la circonstance que l'État pourrait atteindre les objectifs de réduction des émissions de gaz à effet de serre de 40% en 2030 par rapport à leur niveau de 1990 et de neutralité carbone à l'horizon 2050 n'est pas de nature à l'exonérer de sa responsabilité dès lors que le non-respect de la trajectoire qu'il s'est fixée pour atteindre ces objectifs engendre des émissions supplémentaires de gaz à effet de serre, qui se cumuleront avec les précédentes et produiront des effets pendant toute la durée de vie de ces gaz dans l'atmosphère, soit environ 100 ans, aggravant ainsi le préjudice écologique invoqué.», Tribunal Administratif de París, 3 février 2021, Ass. Oxfam France et autres, nº 1904967, 1904968, 1904972, 1904976/4-1, cons. 31.

Grande-Synthe[363]), como una obligación climática de resultado futuro a cargo del Estado, de la que se controlaba la trayectoria de los venideros presupuestos: es decir, el juez controló anticipadamente (en la fecha en que dictaminó la sentencia) si se podrían alcanzar de forma pertinente, suficiente, creíble y verificada los techos de emisiones, según las medidas actuales o propuestas a implementar[364].

La falta de incorporación de los presupuestos de carbono futuros como elemento jurídico en el que basar la responsabilidad de la decisión del *Affaire du Siècle* no significa minusvalorar su vinculatoriedad como obligación climática; simplemente se debe a que, el primer presupuesto de carbono (2015-2018) sustenta la obligación climática que funda la responsabilidad estatal en el daño ecológico, siendo la reparación esgrimida por el juez detener la agravación del daño ya constituido, al no poder responsabilizar por daños climáticos futuros inciertos *ex* art. 1246 del *Code Civil* (no se sabe con certeza si se seguirán incumpliendo los presupuestos de carbono)[365].

A la vista de todas las estipulaciones y disposiciones citadas en los párrafos superiores, se desprende la importancia de la planificación energética en la construcción de la obligación climática general del Estado francés, necesaria para configurar la responsabilidad por incumplimiento. A diferencia de otros litigios nacionales europeos en el que el grueso argumentativo de la obligación climática reposó en normativa y principios internacionales y europeos, en el *Affaire du Siècle* la SNBC irrumpe como herramienta jurídica clave al ser los *décrets relatifs aux budgets carbone nationaux et à la stratégie nationale bas-carbone* parte del bloque normativo configurador de la obligación climática general en que se apoyó el juez contencioso para establecer la responsabilidad estatal de reparación, como consecuencia del exceso de emisiones[366].

---

[363] El *Conseil d' État* después de una instrucción complementaria de investigación determinó que «… il demeure des incertitudes persistantes, qui n'ont pas été levées par l'instruction contradictoire menée, […] quant à la capacité des mesures prises à ce jour et des modalités de coordination stratégique et opérationnelle de l'ensemble de l'action publique mises en oeuvre, à rendre suffisamment crédible l'atteinte d'un rythme de diminution des émissions territoriales de gaz à effet de serre cohérent avec les objectifs de réduction fixés pour 2030 par les dispositions législatives nationales ou par le droit de l'Union européenne pertinents», CE, 10 mai 20203, Grande-Synthe, n° 467982, cons. 25.

[364] M. Torre-Schaub (2022: 75-84).

[365] Habiéndose considerado por el *Tribunal Administratif de Paris* que «…à hauteur des engagements qu'il avait pris et qu'il n'a pas respectés dans le cadre du premier budget carbone, l'État doit être regardé comme responsable, au sens des dispositions précitées de l'article 1246 du code civil, d'une partie du préjudice écologique constaté au point 16», Tribunal Administratif de París, 3 février 2021, Ass. Oxfam France et autres, n° 1904967, 1904968, 1904972, 1904976/4-1, cons. 34.

[366] El *Tribunal Administratif de Paris* consideró que «…l'État ne peut être regardé comme responsable du préjudice écologique invoqué par les associations requérantes qu'autant que le non-respect du premier budget carbone a contribué à l'aggravation des émissions de gaz à effet

Y es que, en la labor interpretativa a la que están expuestos los jueces nacionales para configurar la obligación climática general de cada Estado, sobre la que apoyar la responsabilidad culpable de estos, se puede observar cómo los tribunales han modulado la exégesis de las normas y la planificación energética aplicables en su *ratio decidendi*. Los tribunales tratan de diagnosticar las omisiones e inacciones estatales en materia climática mediante una compilación heterárquica de aquellas obligaciones que, aun siendo de bajo grado normativo como en el caso del derecho a la transición energética, ya han sido asumidas por el Estado y las está incumpliendo[367]. En otras palabras, se produce una extensión del principio de legalidad que está abriéndose para acoger nuevos elementos vinculantes. Véase en este sentido cómo en el asunto francés, al no existir un concepto jurídico estático de la obligación climática, el tribunal se vio abocado a construirlo sobre los criterios que consideró decisivos, para convertir la conducta del Estado en ilícita y ser de este modo susceptible de responsabilidad. Es así como, junto a la normativa internacional y europea utilizada desde hace unos años, la planificación energética se ha convertido progresivamente en un elemento basilar de la obligación climática a cargo de los Estados; dado que, al necesitar la institución de la responsabilidad climática poder hacer operativa la responsabilidad contra las autoridades públicas, dicha institución se viene interpretando por los tribunales de forma expansiva para construir obligaciones climáticas más amplias en las que la planificación energética también permita imputar responsabilidad jurídica[368].

b) Frente a la amplia delimitación francesa de la obligación climática ligada a los instrumentos de planificación energético-climática en un litigio de responsabilidad, merece una pequeña mención la configuración de la obligación climática ofrecida por el Tribunal Supremo en los recientes litigios climáticos españoles. Aunque no se hayan desarrollado en el seno de disputas de responsabilidad, y a falta de más litigios emblemáticos en la materia, aportan una visión actualizada del régimen jurídico climático español en relación con la planificación energética. Es interesante observar cómo, en las SSTS 3410/2023, de 18 de julio y 3556/20223, de 24 de julio, el órgano judicial español defendió

---

de serre. Par suite, les injonctions demandées par les associations requérantes ne sont recevables qu'en tant qu'elles tendent à la réparation du préjudice ainsi constaté ou à prévenir, pour l'avenir, son aggravation.», cons. 39, *Op. cit.*

[367] La principal labor de los tribunales al determinar las obligaciones climáticas concretas de los Estados no se produce mediante consideraciones políticas, sino a través de la aplicación de criterios jurídicos: el poder judicial al configurar en su fallo la responsabilidad estatal en torno a la obligación climática, únicamente recuerda al Estado las obligaciones previamente asumidas por él mismo, ya sea en forma de tratados internacionales, normativa europea, leyes nacionales o instrumentos de planificación, M. Antonino de la Cámara (2022: 318-321).

[368] M. Torre-Schaub, L. D'ambrosio y B. Lormeteau (2019: 77-81).

claramente la consideración de que los Planes Nacionales Integrados de Energía y Clima son verdaderos actos de naturaleza reglamentaria[369]. Esta postura jurisprudencial, no solo disipa las dudas de la vinculatoriedad jurídica de los instrumentos de planificación energética que, todavía, persistían en la doctrina española[370], sino que posiciona a los planes energéticos (PNIEC) en una categoría jurídica equivalente a la ostentada por la SNBC y la PPE de Francia. Este paralelismo entre la planificación española y francesa no plantea actualmente mayor trascendencia, dado que se trata de dos ordenamientos jurídicos autónomos; pero bien es cierto que, en posibles futuros litigios de responsabilidad que se puedan plantear en España por cuestiones climático-energéticas, el hecho de que el poder judicial haya ratificado a los PNIEC como normas que ostentan rango reglamentario puede suponer que:

— *Primus*: Los planes energéticos tengan, de ahora en adelante, un importante papel en la configuración de la responsabilidad climática como base de la normativa sobre la que sustentar la obligación jurídica del Estado español de actuar frente al cambio climático, junto a normativa y principios tradicionales internacionales, europeos u nacionales.

— *Secundus*: A imagen y semejanza de lo sucedido ante otros órganos judiciales de derecho comparado, los tribunales españoles sean objeto de una circulación de conocimientos y prácticas transnacionales y globales mediante las que innovar su doctrina a través de las posibilidades hermenéuticas que proporcionan los planes energéticos como recursos innovadores en materia de obligaciones climáticas[371].

---

[369] Así el Tribunal Supremo afirmó que «… el Plan tiene naturaleza reglamentaria no parece que deba cuestionarse…», STS 3556/2023, de 24 de julio, FJ 2. *Vid*. STS 3410/2023, de 18 de julio, FJ 5A.

[370] En esta materia, nos remitimos a la parte del estudio destinado al examen de la naturaleza jurídica de la planificación en la que se abordan las diferentes tipologías de planificación existentes P. Lucea Franco (2025). Aun así, cabe destacar cómo en la doctrina española se ha venido observando un cierto desconcierto en cuanto a si se trataba de planes con carácter normativo o simples instrumentos de contenido programático, *Vid*. J. Rosa Moreno (2021: 102-108); E. Domingo López (2000: 132-135).

[371] La tendencia observada en los jueces nacionales de todo el mundo en los litigios climáticos viene siendo un clima favorable al diálogo e implementación de aquellos recursos o soluciones más favorables que, se han desarrollado en otros procesos a partir de elementos jurídicos interesantes, nuevos argumentos o derechos invocados de forma novedosa. Teniendo en cuenta este tránsito de conocimientos y prácticas, se podrían observar en los jueces españoles dinámicas en las que aplicando el método comparativo, se utilizasen argumentos de otros tribunales relacionados con la planificación energético-climática como una simple ilustración ejemplificativa; como una observación por analogía del impacto que tendría la aplicación de un determinado criterio; como apoyo confirmatorio en el uso del mismo criterio; o como argumento concluyente para aplicar la misma base jurídica, M. Torre-Schaub, L. D'ambrosio y B. Lormeteau (2019: 134).

— *Tertius*: Aunque las normas que impusieran las obligaciones climáticas dejen margen de discrecionalidad en cuanto a los medios a implementar, en caso de producirse un comportamiento ilícito por parte del Estado los instrumentos de planificación podrían formar parte integrante del deber de prudencia de las autoridades públicas en la emergencia climática frente a los compromisos internacionales y europeos[372]. No solo su parte vinculante, incluso las declaraciones estratégicas del PNIEC se integran en el deber general de diligencia que conforma la obligación positiva de prevenir los riesgos y consecuencias nocivas para vida privada y familiar derivadas del cambio climático. En este sentido es interesante tener en cuenta resoluciones como la del TEDH de 9 de abril de 2024 en la que se han considerado vulnerados derechos fundamentales por la falta de regulaciones y medidas climáticas que previnieran el aumento de las emisiones[373]; en combinación con fallos de tribunales nacionales europeos, como el asunto belga *ASBL Klimaatzaak*, en el que la constatación de deficiencias en el PNIEC (y otros instrumentos de planificación energético-climática regional) supuso un incumplimiento del deber general de diligencia de los entes públicos en la gobernanza climática[374]. De manera que, aunque los tribunales españoles sólo juzgasen la constatación de deficiencias, sin llegar a corregirlas (principio de separación de poderes), los planes energético-climáticos (reforzados como disposición reglamentaria) se postulan como una herramienta versátil para delimitar la obligación climática interconectando la exigencia de prudencia y el deber general de diligencia (implícitos en la obligación climática generadora de responsabilidad) con la prevención de riesgos medioambientales y los daños en los derechos humanos.

En definitiva, tras el examen del litigio francés climático más relevante en el que se ha abordado la exigencia de la responsabilidad estatal, la labor judicial

---

[372] El uso de los instrumentos de planificación energético-climática como uno de los elementos sobre los que configurar la obligación climática estatal es una práctica que ha implementado con anterioridad en asuntos nacionales europeos, *Vid*. Tribunal de Première Instance francophone de Bruxelles, Section Civile, ASBL Klimaatzaak, 17/06/2021, nº 201574585/A, pp. 75-76.

[373] TEDH, Verein klimaseniorinnen schweiz contra Suiza, 9 de abril de 2024, nº 53600/20, pp. 226-238.

[374] El PNIEC belga obtuvo dudas de grupos de expertos acerca de su viabilidad a partir de 2030, ya que requería medidas radicales o poco realistas a partir de esa fecha para lograr la neutralidad climática en 2050. También fue cuestionado por la Comisión Europea por su falta de gobernanza climática al no estar coordinado con los planes regionales y carecer de relación los resultados previstos y los objetivos fijados, *Op. cit*., pp. 73-79; Documento de trabajo Comisión Europea «Évaluation du projet de plan national en matière d'énergie et de climat de la Belgique» de 18 de junio de 2019 pp. 2-19 SWD (2019) 211 final.

de reinterpretación de las herramientas jurídicas existentes (deber de diligencia, principio de precaución, falta culposa del Estado), así como la inclusión de nuevos elementos como la planificación energética, ha sido clave para configurar la obligación climática del Estado, reforzando su deber de actuar frente a los retos del cambio climático[375].

Pero, aun así, y a pesar de la existencia de una significativa jurisprudencia de derecho comparado en la que los jueces ya han condenado como responsables a los Estados sobre la base de una obligación climática general, todavía persisten muchas dificultades, puesto que la intensidad y gradación de las responsabilidades reconocidas por el juez pueden ser muy variadas. Ya no solo porque en la responsabilidad es difícil predeterminar con anterioridad a un litigio cuál será la batería normativa que el tribunal aplicará para determinar la obligación climática[376]. Sino porque la responsabilidad puede argumentarse de forma principal o subyacente en herramientas jurídicas ya existentes y muy diversas, como el deber de diligencia, el principio de precaución, el deber de vigilancia, el fracaso culpable, la doctrina del *Public Trust*, el deber de información, los instrumentos de planificación energética, el respeto por un plan de prevención, el mecanismo de la competencia desleal o incluso los productos defectuosos[377]. Además, puede variar el objetivo perseguido mediante la responsabilidad porque en ocasiones no se persigue establecer o afirmar responsabilidades, y en otros casos se pretende obligar. Por ese motivo los jueces para determinar la cuestión climática a ellos sometida, como un objeto jurídico protegible y teniendo en cuenta las consecuencias de las (in) acciones sobre el clima, pueden concluir responsabilidades en el sentido clásico, responsabilidades morales o, simplemente, resultar un argumento sólido a favor de la protección del medioambiente[378].

---

[375] Aunque los procesos judiciales enmarcados bajo la denominación de litigio climático sean un fenómeno novedoso en los que surgen nuevos derechos (p. ej., clima sostenible y vivible), buena parte de aquellos se basan en derechos y jurisprudencia tradicionales del ámbito ambiental mediante la reinterpretación judicial de herramientas y derechos ya conocidos, *Op. cit.*, pp. 93-94.

[376] La determinación *a priori* de la normativa, e incluso, de los informes no vinculantes, pero con eficacia interpretativa que aplicarán los tribunales para configurar la obligación climática, que sustentara la responsabilidad climática del Estado, se presenta en ocasiones como una cuestión controvertida pudiendo incluso generar un descenso de la seguridad jurídica, M. Antonino de la Cámara (2022: 317-318).

[377] La responsabilidad de los Estados en cuestiones climáticas puede presentar diferentes argumentos jurídicos según se defienda en un ámbito internacional, europeo o estatal, M. Torre-Schaub, L. D'ambrosio y B. Lormeteau (2019: 74-75).

[378] La variabilidad de los resultados en los litigios de responsabilidad climática en parte es consecuencia de que se trata de un concepto emergente y poco estabilizado, resultante de una jurisprudencia incipiente, pero en evolución, M. Torre-Schaub, L. D'ambrosio y B. Lormeteau

4.2. La delimitación del nexo causal de responsabilidad climática a través de la planificación energética

Una práctica generalmente aducida en los asuntos climáticos de responsabilidad estatal ha sido plantear a los jueces administrativos, de forma sistemática, como impedimento de inadmisibilidad del recurso la falta de imputabilidad del daño al Estado[379]. Circunstancia que, puede estar llamada a mejorar en España y Francia mediante un alivio en la configuración del vínculo causal como consecuencia de las especiales características de la planificación de la transición energética de ambos países, tal y como iremos viendo a lo largo de este epígrafe.

A este respecto, uno de los mayores obstáculos sufridos viene siendo establecer o probar en el plano jurídico el vínculo causal entre el daño sufrido por los demandantes (o las generaciones futuras) y el comportamiento acusado al Estado de empeorar el clima, ya sea por su inacción e incumplimientos o por una normativa difusa y planificaciones incoherentes o poco ambiciosas (entre otras muchas causas). En esencia, durante años ha sido difícil el poder vincular de forma directa las emisiones de gases de efecto invernadero de un Estado y los daños climáticos localizados sufridos por unos individuos[380]. Al fin y al cabo, no se puede olvidar que, p. ej., el calentamiento terrestre es un fenómeno mundial que afecta al público en general y, al proyectar sus daños sobre un bien común como la atmósfera, se planteó la duda de si el perjuicio, al ser global, no era individualizable y, por tanto, no afectaba a nadie[381]. Dificultades de la causalidad a las que tampoco ayuda la latencia temporal asociada al problema climático y a los daños derivados de él, que se extienden en el tiempo tanto al pasado como al futuro, afectando y poniendo en riesgo a las generaciones futuras, que sufrirán situaciones injustas sin haber participado en ellas[382].

(2019: 75). Véase también sobre la evolución de la responsabilidad climática en el sentido del deber desde una perspectiva ético-moral en F. Ost (2003: 265-305).

[379] *Cf.* S. Lavorel (2021:45). Junto a ese argumento no es difícil encontrar alegatos que pretenden socavar la competencia del tribunal que conoce el asunto o el interés de los demandantes para actuar en el asunto, para una ampliación consúltese L. Neyret (2015: 2278-2282).

[380] La existencia de variables climáticas, como un calentamiento antropogénico, ha venido dificultando las estimaciones de cuantificar la participación de los Estados en el calentamiento global, dado que la causalidad general no es equivalente a la causalidad específica, S. Maljean-Dubois (2019: 96).

[381] La consideración de los daños medioambientales como «daños de todos» ha causado dudas acerca de su evaluación y reparación jurídica alrededor de dos puntos esenciales: la naturaleza del daño y el nexo causal, M. Torre-Schaub, L. D'ambrosio y B. Lormeteau (2019: 55-56).

[382] *Op. cit.,* pp. 75-76; La institución clásica de responsabilidad exigía una presunción de causalidad, la cual solo podía darse si se disipaban las incertidumbres científicas o aceptándolas en el marco de la precaución, M. Torre-Schaub (2007: 686-713); M. Torre-Schaub (2016: 704).

A lo que se debe añadir la existencia de obligaciones climáticas difusas sustentadas en principios tradicionales, como, p. ej., el principio de responsabilidades comunes pero diferenciadas (instaurado desde 1992 en la Convención Marco de las Naciones Unidas sobre el Cambio Climático y todavía presente en normativa como el Acuerdo de París de 2015), el cual planteó un impasse difícil de superar en el establecimiento de responsabilidades claras[383].

La combinación de esas causas (problema global, latencia temporal y normativa difusa) perjudica, especialmente, a la relación de causalidad de las reclamaciones de responsabilidad climática, pero un estudio completo de todas ellas se alejaría de la finalidad de este punto. La cual está orientada a poner en relieve el valor, como elemento causal, de los planes energético-climáticos reproduciendo las facilidades que ha traído su inclusión para formular el vínculo causal en litigios de responsabilidad estatal.

Por ello, comenzaremos el desarrollo situando en sus justos términos la causalidad jurídica de las últimas resoluciones galas en materia de responsabilidad climática, en las que se halla una patente influencia de la planificación energética en el vínculo causal (a). Una vez abordada la causalidad jurídica francesa, advertiremos, por comparativa para España, cómo la planificación energética puede ser una punta de lanza para superar ciertas dificultades que representaría una causalidad basada en los deberes de diligencia y prevención (aducidos en los tribunales del resto de Europa), a la vista de la actual regulación de la responsabilidad patrimonial de la Administración tanto para daños ya producidos como por el riesgo de su producción futura (b). Y finalizaremos el epígrafe aunando a ambos países (España y Francia) en el escrutinio de la inclusión judicial del conocimiento científico para respaldar la causalidad jurídica en las disputas climáticas relacionadas con la planificación (c).

a) En el mediático asunto *Affaire du Siècle,* de forma principal, se cuestionó la existencia, contenido y alcance de la responsabilidad climática estatal[384]; específicamente, se hizo frente al problema de la demostración del vínculo causal

---

[383] La ausencia de una obligación general de, p. ej., no emitir gases de efecto invernadero ha generado obstáculos en las reclamaciones judiciales climáticas al limitar el vínculo de responsabilidad a situaciones tradicionales de negligencia o alteración del orden público, M. Torre-Schaub (2018a:30); M. Torre-Schaub, L. D'ambrosio y B. Lormeteau (2019: 74).

[384] La labor de arquitectos de los jueces nacionales en la construcción de la responsabilidad climática se viene encontrado con dificultades en el derecho de la responsabilidad pública en materia climática en cuestiones como la apertura de la jurisdicción a intereses atípicos, la identificación de nuevas fuentes estatales de obligaciones jurídicas protectoras del clima e inclusivas de la planificación energética, la flexibilización del requisito de la causalidad o las modalidades de reparación del daño ecológico, entre otras, A. Van Lang (2019: 653). *Cf.* también L. Neyret (2015: 2278-2282); M. Torre-Schaub (2018a: 28-33); M. Deguergue (2018: 2077-2081).

entre el daño específico y el cambio climático global o entre la inacción estatal y el agravamiento del problema climático[385].

Para demostrar y configurar el citado vínculo causal de la responsabilidad climática, según veremos a continuación, en la estrategia argumentativa jurídica del *Tribunal Administratif de Paris* encontramos sesgos de una postura clásica inspirada en la causalidad por riesgo, aplicando normativa, deberes o principios más tradicionales[386]; combinada con la nueva corriente de alinear la planificación energético-climática con el deber de diligencia que incumbe a la obligación positiva de las autoridades públicas de adoptar de adoptar medidas que remedien y prevengan las consecuencias nocivas del calentamiento global[387].

Hay que comenzar recordando que el *Tribunal Administratif de Paris* tuvo que ubicar la responsabilidad estatal comenzando por constatar la existencia del daño ecológico, *ex* art. 1247 del *Code Civil*; pasando inmediatamente a establecer el vínculo causal entre el empeoramiento del citado daño y la actuación de la Administración[388].

En consecuencia, los demandantes pretendieron, con relación al vínculo casual, que el comportamiento y las medidas insuficientes adoptadas por la Administración fueran una de las causas que había contribuido a no detener el cambio climático, agravando el daño ambiental y representando un incumplimiento de las obligaciones asumidas por las autoridades públicas[389].

---

[385]   M. Torre-Schaub, L. D'ambrosio y B. Lormeteau (2019: 184).

[386]   Los juicios en los que se producen disputas relacionadas con el cambio climático pueden considerarse un movimiento transnacional, de modo que los jueces franceses a la hora de enfrentarse a las nuevas cuestiones jurídicas relacionadas con el cambio climático en el *Affaire du Siècle* se situaron en consonancia con otros procesos de justicia climática iniciados en más de 24 países, para una ampliación consúltese M. Nachmany, S. Fankhauser, J. Setzer y A. Averchenkova (2017: 1-27); Informe «The Status of Climate Change Litigation : A Global Review, 2017», pp. 1-41; C. Huglo (2018:55-112,167-174); C. Cournil (2019: 338-340).

[387]   *Vid*. Tribunal de Première Instance francophone de Bruxelles, Section Civile, ASBL Klimaatzaak, 17/06/2021, nº 201574585/A. Gracias a este tipo de corrientes en derecho comparado se viene observando un progresivo cambio en la tradicional institución de responsabilidad mediante una ampliación del clásico concepto de nexo causal a otro más «humanitario»; propiciando que, la causalidad derive de la existencia de una obligación de proteger a los ciudadanos contra los riesgos ambientales y climáticos para salvaguardar derechos fundamentales como la vida y la salud, M. Torre-Schaub (2018a:32).

[388]   Después de exponer una serie de efectos climático-ambientales observados en Francia, especialmente desde 2003, el *Tribunal Administratif de Paris* afirmó que «Au regard de l'ensemble de ces éléments, le préjudice écologique invoqué par les associations requérantes doit être regardé comme établi.», cons.16, Tribunal Administratif de París, 3 février 2021, Ass. Oxfam France et autres, nº 1904967, 1904968, 1904972, 1904976/4-1.

[389]   Algunas de las asociaciones demandantes sostuvieron que «le lien de causalité entre ces fautes et l'aggravation du changement climatique est établi : dans les domaines de la protection de l'environnement et de la santé en particulier, la responsabilité de l'État peut être engagée dès lors que le comportement de l'administration est l'une des causes déterminant du

Para la construcción del citado vínculo, el *Tribunal Administratif de Paris* tomó como punto de partida el incumplimiento del deber de diligencia por no cumplir la obligación general de Francia de combatir de forma urgente el cambio climático al no adoptar las medidas suficientes que aseguraran la aplicación del marco jurídico asumido internacional, europeo o nacional en materia de emisiones[390]. Ello suponía incorporar la tradicional doctrina del riesgo en el vínculo causal, según la cual, ante el exceso de emisiones, el Estado había faltado a su deber de ser líder en la lucha climática, siendo muy probable que se produjeran graves daños en bienes comunes derivados del cambio climático, violándose el estándar de seguridad (deber de cuidado) en la lucha contra el cambio climático[391].

Ese incumplimiento (al igual que ha sucedido en otras disputas medioambientales francesas[392]) no pudo asociarse a una sola inacción o deficiencia, sino que el vínculo entre las carencias del Estado y los efectos lesivos difusos, perjudiciales o contaminantes del cambio climático tuvo que asociarse a un heterogéneo número de insuficiencias y retrasos, configurando una cadena causal holística de varios eslabones, como p. ej., la falta de compromisos suficientes en materia de emisiones, acciones exiguas con relación a los desafíos y objetivos asumidos, o bien el exceso de emisiones de CO_2 en comparación con los techos nacionales de carbono[393]. De ese modo, aunque la insuficiencia de las medidas

dommage ; en l'espèce, l'État français, informé et conscient de l'insuffisance des mesures qu'il a adoptées pour atteindre ses objectifs climatiques, a commis des manquements dans la mise en oeuvre de ses obligations, fautes qui contribuent directement à l'impossibilité d'enrayer le changement climatique et à son aggravation ; par conséquent, ses fautes et carences sont à l'origine directe de l'aggravation du dommage environnemental lié au changement climatique, dommage à l'origine directe des préjudices invoqués», Tribunal Administratif de París, 3 février 2021, Ass. Oxfam France et autres, nº 1904967, 1904968, 1904972, 1904976/4-1, pp. 5.

[390] *Op. cit.*, cons.18-21, 31.

[391] Para una ampliación de la superación de obstáculos en la justiciabilidad climática relacionados con la construcción pretoriana del vínculo causal consúltese M. Torre-Schaub (2016: 709-712); M. Torre-Schaub, L. D'ambrosio y B. Lormeteau (2019: 83). *Cf.* Tribunal Supremo Holandés, 24/06/2015, C/09/456689 / HA ZA 13-1396, par. 4.79-4.93; Tribunal de Première Instance francophone de Bruxelles, Section Civile, ASBL Klimaatzaak, 17/06/2021, nº 201574585/A, pp. 50.

[392] En la jurisprudencia francesa ya existían litigios de responsabilidad relacionados con el medioambiente en los que, el vínculo causal se determinó por una aplicación flexible de la causalidad adecuada; teniendo en cuenta diversos factores relacionados con la insuficiencia de la política nacional como la falta de aplicación inmediata y estricta de la normativa europea, así como las deficiencias en la implementación de los reglamentos internos, Cour Administrative d'Appel de Nantes, Association Halte aux marées vertes, 1er décembre 2009, nº 07NT03775.

[393] Tribunal Administratif de París, 3 février 2021, Ass. Oxfam France et autres, nº 1904967, 1904968, 1904972, 1904976/4-1, cons.30-33. Además, en el contencioso climático el nexo entre un daño particular y el acto imputable al demandado (el ente público) supone comprobar una pluralidad de causas en cascada, combinadas o sucesivas, dando lugar a una causalidad fraccionada y plural triple, que une una actividad general, el calentamiento global del cambio climático

estatales no fuera considerada por el tribunal la causa directa del daño ecológico, se puso en valor el hecho de no haber respetado el marco del primer presupuesto de carbono establecido por la SNBC, considerándolo una trasgresión de los compromisos previamente asumidos por las autoridades públicas. Debido a lo cual, del exceso de emisiones, el Estado sí que fue considerado responsable, porque ese excedente adicional no solo había contribuido a agravar el daño ecológico, sino que continuaría produciendo efectos negativos durante los 100 años de vida de los gases en la atmósfera[394]. Perspectiva esta última a futuro en la que aparece la protección de las generaciones futuras como un elemento asociado al tradicional principio de prevención y sobre el que prolifera la responsabilidad del Estado francés; al extenderse en el tiempo y con consecuencias más graves en la vida y ecosistemas los efectos acumulativos de los daños vinculados a la persistencia de gases de efecto invernadero provenientes del exceso de emisiones, constatado según los presupuestos de carbono de la SNBC[395].

Es así como el *Tribunal Administratif de Paris* (además del principio de prevención ampliamente usado en litigios climáticos transnacionales) se sirvió, especialmente, de la herramienta de la planificación energética (SNBC) para generar el vínculo jurídico entre las deficiencias del Estado en la lucha contra el cambio climático y el daño ecológico[396]; al ser los presupuestos de carbono uno de los elementos jurídicos que permitieron al juez avalar el vínculo directo entre el exceso de emisiones de gases de efecto invernadero y el calentamiento global[397].

---

y un hecho dañosos particular, M. Bacache (2018: 56). *Cf.* sobre la distinción de daño ecológico de primer y segundo grado usada por el tribunal y configurada en J. Bétaille (2021: 2228-2234).

[394]   El *Tribunal Administratif de Paris* consideró que «…les associations requérantes sont fondées à soutenir qu'à hauteur des engagements qu'il avait pris et qu'il n'a pas respectés dans le cadre du premier budget carbone, l'État doit être regardé comme responsable, au sens des dispositions précitées de l'article 1246 du code civil, d'une partie du préjudice écologique constaté au point 16.», cons.34, *Op. cit.*

[395]   El Tribunal consideró que «Le préjudice écologique né d'un surplus d'émissions de gaz à effet de serre présente un caractère continu et cumulatif dès lors que le non-respect constaté du premier Budget carbone a engendré des émissions supplémentaires de gaz à effet de serre, qui s'ajouteront aux précédentes et produiront des effets pendant toute la durée de vie de ces gaz dans l'atmosphère, soit environ 100 ans. Par conséquent, les mesures ordonnées par le juge dans le cadre de ses pouvoirs d'injonction doivent intervenir dans un délai suffisamment bref pour permettre, lorsque cela est possible, la réparation du préjudice ainsi que pour prévenir ou faire cesser le dommage constaté.», Tribunal Administratif de París, 14 octobre 2021, Ass. Oxfam France et autres, n° 1904967, 1904968, 1904972, 1904976/4-1, cons.11, 13.

[396]   El juez administrativo francés utilizó las herramientas jurídicas que tuvo a su disposición para adoptar una postura en el litigio climático, desencadenando una nueva dinámica impulsora en la lucha contra el cambio climático, que puede ser precursora de una evolución normativa o, incluso, de una revolución judicial, M. Torre-Schaub, L. D'ambrosio y B. Lormeteau (2019: 185).

[397]   Según el *Tribunal Administratif de Paris* «Par un jugement du 3 février 2021, le tribunal a, d'une part, reconnu que l'État, à hauteur des engagements qu'il n'a pas respectés dans le cadre

En el asunto francés, la inventiva argumentativa de los jueces llevó a que, en una causa climática, no todas las normas utilizadas para respaldar jurídicamente el vínculo causal pertenecieran al derecho *clásico*. El *corpus alternativo* que había conformado el *droit mou* o *soft law* (hasta ese momento) pasó a ser la piedra angular del proceso mediante instrumentos de planificación, como la *Stratégie nationale bas-carbone,* de los que ya no se cuestionó su vinculatoriedad jurídica[398]. Podría decirse que el juez administrativo francés recepcionó con audacia los argumentos jurisprudenciales de asuntos similares, pero no hizo descansar la responsabilidad estatal en el modelo clásico de esta institución, cristalizando su propia hermenéutica al situar como última *ratio* a la planificación energética de la SNBC y sus trayectorias específicas de los presupuestos de carbono máximos[399]. Es decir, gracias a la vulneración de un instrumento de planificación (el incumplimiento observado del primer presupuesto de carbono) el juez pudo constituir el vínculo de la responsabilidad del Estado sobre un elemento puramente jurídico (complementando al elemento temporal y geográfico del daño), al relacionar el daño ecológico con el incremento del calentamiento climático proveniente de la inacción o acción insuficiente administrativa (incumplimiento de la trayectoria fijada en la SNBC), como si se tratase de una obligación de resultado[400].

---

du premier budget carbone, était responsable d'une partie du préjudice écologique lié à l'impact direct du surplus d'émissions de gaz à effet de serre sur le réchauffement climatique.», Tribunal Administratif de París, 14 octobre 2021, Ass. Oxfam France et autres, nº 1904967, 1904968, 1904972, 1904976/4-1, cons.1.

[398] La utilización en un procedimiento climático de argumentos sustentados en instrumentos, reglas o normas que se salen del derecho convencional supone una movilización del juez hacia el *droit souple* en su búsqueda de provocar cambios en el derecho existente, mediante soluciones que acomodan nueva información científica, modulan la prueba o relajan la configuración del vínculo causal por transmisión transnacional de otros asuntos, M. Torre-Schaub (2018b: 123-126). Teniendo esto en cuenta, véase cómo en el *Affaire du Siècle* para determinar el daño ecológico se combinaron principios tradicionales como el de prevención junto con herramientas reinterpretadas como la planificación energética (SNBC).

[399] En el contexto de un litigio de responsabilidad, el *Tribunal Administratif de Paris* consideró que el daño ecológico surgía del incumplimiento de la obligación estatal general de luchar contra el cambio climático, la cual provenía de normativa internacional como la Convención Marco de las Naciones Unidas sobre el Cambio Climático o el Acuerdo de París; de normativa europea como la Decisión 94/69/CE, la Decision nº 406/2009/CE o el Reglamento (UE) 2018/842; y de normativa nacional como la *Charte de l'environnement*, el *Code de 'énergie*, el *Code de l'environnement* y los *décrets relatif aux budgets carbone nationaux et à la stratégie nationale bas-carbone, Vid.* cons.18-20 y 29-30 Tribunal Administratif de París, 3 février 2021, Ass. Oxfam France et autres, nº 1904967, 1904968, 1904972, 1904976/4-1.

[400] Es interesante señalar cómo al establecer el tribunal la responsabilidad del Estado por el incumplimiento culpable de los presupuestos de carbono y el empeoramiento de este fenómeno por la suma de nuevos gases, la tradicional causalidad basada en el elemento temporal y geográfico se ve desplazado por una causalidad de tipo jurídico entre un incumplimiento de una obligación legal climática y el daño climático-ecológico, B. Lormeteau (2022: 6). En cuanto a la obligación de resultado, la obligación general de luchar contra el cambio climático pesa sobre

En conclusión y atendiendo a lo expuesto, la configuración del nexo causal en el *Affaire du Siècle* utilizando la planificación energética permitió reducir significativamente la complejidad de conexión entre los objetivos energético-climáticos, la omisión o inacción estatal y el daño ecológico. Consideramos que, en parte, ello se produjo al representar los techos de emisiones de la SNBC un tope jurídicamente vinculante concretado en toneladas de emisiones (no difuso), posibilitando que los resultados del control de cumplimiento (del primer presupuesto ya expirado) y del examen de trayectoria (de los futuros presupuestos) fueran imputados a la Administración. Es decir, si el Gobierno es el último responsable de implementar las políticas de cambio climático, de planificar las medidas necesarias para la transición energética, así como de lograr los objetivos asumidos internacionalmente para la neutralidad climática de 2050[401]; el incumplimiento del primer presupuesto, así como el condicionamiento de los siguientes (por el exceso acumulado de emisiones) son el vínculo necesario para hacer que, todo ello, también sea responsabilidad del Estado: tanto por el daño ecológico ya producido (exceso constatado en el presente) como por el que puede llegar a producirse (riesgo) de no adoptar medidas lo antes posible que doblen la curva de emisiones[402].

b) En España, la configuración del nexo causal de la responsabilidad medioambiental ha sido abordada por la jurisprudencia española de forma coyuntural[403]; pero se carece de asuntos mediáticos que lo hayan hecho con relación a los daños derivados del cambio climático y, por ende, con relación a la planificación energética[404].

---

la Administración que debe implementar los medios necesarios para lograrla, pero además deben no sobrepasar los valores establecidos en la SNBC, véase F-X. Fort (2022: 694-695); T. Rombauts-Chabrol (2022:743-745); M. Torre-Schaub (2020b: 157).

[401] En definitiva, es el Estado el responsable de la obligación general de luchar contra el cambio climático, *Vid*. cons.18-20 y 29-30 Tribunal Administratif de París, 3 février 2021, Ass. Oxfam France et autres, nº 1904967, 1904968, 1904972, 1904976/4-1.

[402] En este sentido el *Tribunal Administratif de Paris* determinó que «... l'État ne peut être regardé comme responsable du préjudice écologique invoqué par les associations requérantes qu'autant que le non-respect du premier budget carbone a contribué à l'aggravation des émissions de gaz à effet de serre. Par suite, les injonctions demandées par les associations requérantes ne sont recevables qu'en tant qu'elles tendent à la réparation du préjudice ainsi constaté ou à prévenir, pour l'avenir, son aggravation.», cons.39 *Op. cit.*

[403] P. ej., los recursos contencioso-administrativos de responsabilidad patrimonial contra las administraciones públicas interpuestos en la CCAA de Murcia, como consecuencia de los efectos devastadores de las reiteradas «DANAS» que azotan la zona, pueden considerarse litigios climáticos de responsabilidad dada la especial singularidad geográfica y vulnerabilidad de dicha región, B. Soro Mateo (2019: 120 y 129).

[404] La doctrina española viene teorizando posibilidades para accionar la responsabilidad patrimonial por causas climáticas (con base en los arts. 32 y ss. Ley 40/2015), estableciendo una

Parte de dicha ausencia consideramos que radica en la vigente configuración jurídica del sistema resarcitorio para exigir responsabilidad ambiental de las Administraciones públicas españolas, el cual requiere que se haya producido un daño cierto, efectivo, evaluable económicamente e individualizado en una persona o bienes de un particular y que dicho daño sea imputable a la Administración como consecuencia del funcionamiento normal o anormal del servicio público, sin que el perjudicado tenga el deber jurídico de soportarlo[405]. A la vista de una ordenación tan tradicional de la responsabilidad ambiental, no es de extrañar que esta no profundice en el aspecto climático, ni en las consecuencias que pueden derivarse de las omisiones o incumplimiento de las obligaciones de las autoridades públicas en la transición energética y la lucha contra el cambio climático[406].

La especial naturaleza que presentan los daños asociados al cambio climático ponen de relieve la inadecuación de ciertos elementos y presupuestos clásicos de la institución de la responsabilidad española[407]. Obligando a los tribunales españoles en los litigios futuros climáticos de responsabilidad a adoptar una postura sobre la prueba del nexo causal, que debería de orientarse de forma más preventiva y probabilística que antropocéntrica[408]. Esta última afirmación cobra especial sentido ante el mantenimiento por los tribunales españoles de un principio de causalidad que no permite de forma objetiva generalizar los riesgos en la responsabilidad patrimonial de las Administraciones

---

acción contra infraestructuras e instalaciones que causen o agraven el daño y los riesgos del cambio climático; la reclamación por omisión de medidas legales de protección de poblaciones especialmente expuestas o por omisión del deber de obligar a los operadores a cumplir la normativa de responsabilidad medioambiental; la responsabilidad por inactividad administrativa como consecuencia de la omisión material de un deber legal genérico de actuación frente al cambio climático; o bien, el emprendimiento de una acción frente a la inactividad formal, *Cf.* B. Soro Mateo (2019: 121); M. Gómez Puente (2011: 72).

[405] Vid. art. 106. 2 CE 1978; Ley 40/2015, de 1 de octubre, de Régimen Jurídico del Sector Público (arts. 32-34); o Ley 26/2007, de 23 de octubre, de Responsabilidad Medioambiental. *Cf.* STSJ CV 5504/2023, de 30 de octubre, FJ5.

[406] B. Soro Mateo (2019: 64-66).

[407] Entre ellos se hallarían la falta de una regulación para los casos de omisión, la ausencia de una regulación adecuada de la vulnerabilidad ambiental, la necesidad de reformular la fuerza mayor, las dificultades asociadas a la legitimación colectiva y las generaciones futuras, la exigencia de situaciones jurídicamente individualizadas, la breve prescripción de las acciones resarcitorias o de reparación y los límites temporales de la normativa, consúltese para una ampliación sobre las debilidades del sistema español de responsabilidad ambiental de las administraciones públicas para afrontar los retos del cambio climático *Op. cit.,* pp. 90-119.

[408] Las complejidades de aplicar los sistemas resarcitorios vigentes en el ordenamiento jurídico español a litigios climáticos no solo alcanzan a la problemático del nexo causal, sino que se extiende a otros elementos como el carácter continuado y sobrevenido de los daños o la breve prescripción de las acciones resarcitorias, *Op. cit.,* pp. 64-66. *Cf.* también sobre la transformación de la institución de responsabilidad estatal A. Van Lang (2019: 656).

públicas hasta cubrir cualquier evento; porque, si no, se convertiría a los entes públicos en aseguradoras universales de todos los riesgos, con la finalidad de prevenir cualquier evento dañino hasta convertirse en un sistema providencialista[409]. Es más, en asuntos en los que se ha abordado la omisión del deber de vigilancia en actividades que podían entrañar un riesgo ambiental (como p. ej. las relacionadas con la facultad de policía), algunas resoluciones judiciales españolas consideraron que la falta de cumplimiento de dicho deber no constituía un nexo causal o título suficiente como para entender incumplida la diligencia pública debida y, por tanto, condenar a la Administración[410].

De modo que, si en el seno de la actividad inspectora medioambiental ya se ha reflexionado que la localización del elemento causal de imputación de la responsabilidad es dificultosa, porque las normas no detallan de forma casuística la concreta obligación o deber preventivo del ente público[411], el mismo e incluso mayor impedimento deberán de afrontar los tribunales españoles en cuestiones relacionadas con la planificación de la transición energética y la neutralidad climática, cuando no existan normas técnicas o estándares que señalen la diligencia apropiada o exigible a la Administración en las tareas de planificación energética[412].

Y la realidad es que encontrar una *regulae artis* en materia de planificación energética, que permita valorar a los jueces la (in)acción administrativa en la materia, no resulta tarea fácil dado que debería permitir enjuiciar, no solo el cumplimiento de las normas, sino la adopción de medidas adecuadas para lograr los objetivos y metas energético-climáticas[413].

---

[409]   STSJ CV 5504/2023, de 30 de octubre, FJ5.

[410]   Véase, p. ej., como en la STS 19397/1993, de 17 de marzo, relacionada con las facultades abstractas de policía y vigilancia se consideró que «... siendo cada vez más, y cada vez más generales, los fines que el Ordenamiento jurídico asigna a ésta, y ordenado constitucionalmente que los sirva «con eficacia» (art. 103.1 de la Constitución), la responsabilidad patrimonial de la Administración podría alcanzar una expansión gigantesca si se admitiera que nace en todos aquellos casos en que la Administración no cumple con eficacia los fines que le señala el Ordenamiento jurídico (vg persecución de los delitos, cuidado del medio ambiente, ordenación del tráfico viario, organización de servicios sanitarios, etc.)[…] en los casos de meras inactividades de la Administración, acaso sólo permita concluir que ni el puro deber abstracto de cumplir ciertos fines es suficiente para generar su responsabilidad…», FJ 4. En el mismo sentido SSTS 1732/1993 y 1704/1993, ambas de 17 de marzo. *Cf.* también B. Soro Matero (2019: 93-94).

[411]   Téngase en cuenta que, aunque grosso modo la facultad de policía ambiental consiste en un deber de vigilancia de las actividades que entrañan riesgos medioambientales, las normas ambientales no regulan casuísticamente las obligaciones qué incumben a la Administración por dicha función de policía; dificultando, todo ello, la labor judicial de encontrar el nexo causal que permita imputar responsabilidad al ente público en casos de incumplimiento de las funciones, B. Soro Mateo (2019: 94).

[412]   *Op. cit.,* pp. 94.

[413]   *Ibid.*

Por ello, el aumento de la judicialización climática de la responsabilidad estatal a la que pueden verse expuestos los tribunales españoles por cuestiones como, p. ej., la falta de fomento de las energías renovables o el incumplimiento de los objetivos de reducción de emisiones, según lo planificado por las autoridades en los planes energéticos, ha hecho plantear a la doctrina si, llegado el momento, el poder judicial podrá establecer responsabilidades climáticas adecuadas ante comportamientos pasivos de los entes públicos sin contar con una normativa específica apropiada en materia de responsabilidad[414].

Ante dicha incógnita no podemos adelantar una respuesta, debiendo esperar que lo resuelvan los jueces españoles en los futuros litigios climáticos al ampliar el horizonte de la responsabilidad del Estado, adentrándose, p. ej., en el terreno de la relación de causalidad. Pero lo que sí podemos afirmar (a la vista de las recientes resoluciones del Tribunal Supremo[415]) es que el carácter reglamentario de los planes energéticos les hará formar parte del entramado argumentativo del nexo causal en materia de responsabilidad[416]. Su presencia se articulará como un límite exigible de un deber de diligencia *sui generis*, al constituir objetivos jurídicos vinculantes asociados a compromisos de trayectorias que permitirán medir el estado de (in)cumplimiento de las metas de la transición energética y los riesgos o consecuencias inciertas y difusas a ello asociado[417].

De esa forma los planes energéticos posibilitarían a los tribunales administrativos huir del nexo causal genérico de la diligencia exigible a un buen padre

---

[414] La labor de los tribunales a la hora de establecer responsabilidades climáticas de los Estados viene siendo objeto de estudio por la doctrina española desde los albores de litigios climáticos a nivel mundial como los desarrollados ante la Corte Internacional de Justicia, el Comité Unesco sobre el patrimonio mundial, la Comisión Interamericana de Derechos Humanos, la Organización para la Cooperación y el Desarrollo Económicos o los litigios en Estados Unidos, para una ampliación véase S. Borrás Pentinat (2013: 3-49). También se tienen en cuenta informes elaborados sobre bases de datos de acceso abierto de litigios climáticos que, aunque analicen contenciosos climáticos de otros países, sirven de referencia sobre la envergadura, tipología, morfología o naturaleza administrativa y judicial de las acciones climáticas, véase J. Setzer y C. Higham (2022: 1-50).

[415] *Vid*. SSTS 3556/2023, de 24 de julio; 3410/2023, de 18 de julio.

[416] La consideración de obligación jurídica vinculante a los objetivos incorporados en planes energéticos, como el PNIEC, posibilita implementar en España controles de trayectoria climática sustentados en la planificación, a modo de controles de legalidad, abriendo el nexo causal de la responsabilidad estatal al cotejo de resultados concretos y a un balance teleológico entre las medidas actuales y los previsibles resultados futuros, T. Rombauts-Chabrol (2022: 744-745); M. Torre-Schaub, L. D'ambrosio y B. Lormeteau (2019: 84).

[417] De hecho, autores como Conde Antequera ya habían señalado hace unos años que, toda la normativa producida con ocasión del cambio climático incorporaba la obligación o deber de prevención del cambio climático posibilitando un fundamento para la imputación de responsabilidad patrimonial a la Administración en casos de incumplimiento, J. Conde Antequera (2015: 96).

de familia (término propio de la responsabilidad derecho civil) y que puede considerarse como el estándar de conducta pública que una sociedad espera de una Administración razonable[418]. Porque, aunque el sistema de responsabilidad patrimonial de las Administraciones públicas tenga un carácter objetivo, la tendencia jurisprudencial administrativa en España es proclive a buscar la culpabilidad que justifique la condena[419]. Es más, poniendo en perspectiva y tomando de inspiración las reflexiones de otros tribunales europeos, en los que la clave del nexo causal de la responsabilidad climática a nivel nacional ha sido combinar en el concepto de la diligencia pública debida la noción del *duty of care* y del *stand of care*, la planificación energética se postula como un gran recurso con el que alinear la jurisprudencia española con la europea. Y ello se debería a que, si el *duty of care* representa para las administraciones un deber genérico de cuidado y actuación para reducir los riesgos asociados al cambio climático, necesitando de normas que especifiquen las actuaciones que se deben realizar para considerar un incumplimiento o conducta como antijurídica y contraria a derecho, la planificación energética constituye un firme recurso normativo regulador, en el que hallar algunas de las actuaciones debidas por las administraciones públicas en materia de transición energética[420]. A lo que se puede sumar el *stand of care* que, al estar relacionado con la intensidad con la que las administraciones deberían de observar las obligaciones tendentes a lograr la transición energética, los planes energéticos con su desarrollo técnico y científico (plasmado p. ej., en medias, objetivos, proyecciones o escenarios) pueden ayudar a entender cuándo una conducta omisiva sería culpable, en caso de sobrepasar el nivel de diligencia reprochable[421]. En definitiva,

---

[418] La implementación de los planes energéticos como herramientas jurídicas en las que sustentar la causalidad jurídica de la responsabilidad de la Administración en términos de transición energética, permitiría al ordenamiento jurídico español desligarse de concepciones tradicionales que se encuentran derogadas en países como Francia. Se trata de la referencia a un buen padre de familia eliminada del sistema normativo francés mediante la *Loi n° 2014-873 du 4 août 2014 pour l'égalité réelle entre les femmes et les hommes*. Para una ampliación consúltese G. Tomás Martínez (2015: 57-103).

[419] Como bien expone Soro Mateo, aunque el régimen de responsabilidad de las administraciones públicas sea objetivo, un descuido u omisión de una diligencia pública debida se considera negligente porque quebranta las precauciones que exige la prudencia y la prevención de un daño, B. Soro Mateo (2019: 80-81).

[420] En la distinción conceptual efectuada entre el deber de cuidado (*duty of care*) y el nivel de diligencia (*standard of care*), la carencia de normativa en la que sustentar el *duty of care* viene siendo un problema al que se han tenido que enfrentar los tribunales europeos en los litigios climáticos, *Cf.* N. Rodríguez García (2016: 17-18, 24); B. Soro Mateo (2019: 90-91).

[421] El cómo actuar de los entes públicos según lo establecido en los planes y el resto de las normas admite cierta discrecionalidad, respecto de la cual, no solo el aporte científico y metodológico de los planes, sino, p. ej., las trayectorias intermedias de descarbonización permitirán concretar y aportar certeza al marco en el que considerar el *standard of care*, *Ibid*.

sería interesante que todo lo anterior fuera tomado en cuenta a la hora de delimitar el nexo causal en los futuros litigios climático-energéticos que surjan en España, aunque en el derecho español la responsabilidad de las Administraciones públicas se haya positivizado de forma objetiva (ámbito del *duty of care*); porque la concreción de la diligencia del Estado en la consecución de la transición energética (cuál era el deber público y su nivel de diligencia exigible) será una difícil tarea que recaerá sobre los tribunales en cada disputa concreta, sino se quiere trasladar a los ciudadanos el deber de soportar los daños derivados del cambio climático, como riesgos asumidos[422].

c) En las dos letras superiores no hemos querido plantear la planificación energética como una panacea de la responsabilidad estatal española o francesa, porque el recurso en exclusiva a ese tipo de planes no es autosuficiente. Aunque los planes favorecen la construcción judicial del nexo causal por su grado de detalle, los hitos intermedios de trayectoria o los informes, métodos y escenarios aplicados para configurar las proyecciones, hay que nutrirlos de otros elementos, como el conocimiento científico. La causa estriba en que los jueces, tanto españoles como franceses, todavía padecen muchas incertidumbres asociadas al cambio climático y la transición energética, generándoles duda si, p. ej., la situación climática a futuro puede ser mucho peor de lo que actualmente se prevé en los planes, si peligra el suministro energético o si los Estados están haciendo lo suficiente para evitar los peligros derivados del cambio climático y cumplir los objetivos planificados a corto y largo plazo[423].

Ese tipo de interrogantes hacen que, en la labor activa llevada a cabo por los jueces administrativos esclareciendo el nexo causal entre el incumplimiento coetáneo de un plan energético y sus consecuencias a futuro (bajo una dimensión preventiva de la responsabilidad), sea imperioso introducir conocimiento científico. En este sentido aparece el criterio de autores, como Soro Mateo, Bacache o Van Lang (entre otros), por el cual resaltan cómo la ciencia vendrá a reducir la incertidumbre en materia de responsabilidad, facilitando la presunción de causalidad, en términos generales[424]. A lo que, de forma especial, sumaremos cómo el hermanamiento de la ciencia con la planificación energética (en parte tecnificada) aumenta la certeza y simplifica la demostración jurídica

---

[422] B. Soro Mateo (2019: 91).

[423] Desde el emblemático asunto Urgenda las cuestiones relacionadas con el cambio climático se han visto impregnadas de un alto grado de incertidumbre al que los jueces deben hacer frente a la hora de valorar la actuación preventiva del Estado en la evitación de los peligros derivados del cambio climático, *Op. cit.*, pp. 82.

[424] B. Soro Mateo (2019: 74); M. Bacache (2018: 57-58); A. Van Lang (2019: 657).

del vínculo causal, en aquellos casos en que se aplique un plan en la argumentación jurídica de la responsabilidad[425].

En cuanto a la aportación general de la ciencia al vínculo causal, encontramos que, en los litigios analizados, los avances provenientes de la comunidad científica han sido una importante herramienta de toma decisiones en los fallos judiciales climáticos[426]. El mayor y mejor conocimiento científico disponible procedente de los estudios, datos e informes, tanto de organismos internacionales (p. ej., IPCC[427]) como de órganos nacionales (p. ej., *Haut Conseil pour le Climat*), ha ayudado a los jueces a disponer de útiles y técnicas con las que reflexionar jurídicamente sobre el elemento del nexo causal, bloqueado por la falta de pruebas, vinculando los efectos del cambio climático a las acciones humanas[428]. Ha sido así, cómo el establecimiento del vínculo causal en las disputas climáticas ha evolucionado desde el clásico vínculo inmediato y directo (entre causa y efecto), a un vínculo global y progresista; al poder los jueces comprender mejor y razonar en términos de derecho las consecuencias, impactos y riesgos nocivos asociados a la falta o insuficiente actuación de los poderes públicos frente a la transición energética[429].

La específica aportación al vínculo causal de los avances científicos incorporados en el cuerpo de los planes energético-climáticos o utilizados para su implementación e interpretación, ayuda a dar cabida a una certeza jurídica relativa[430]. Esta se produce al formular los jueces una relación causal jurídica a través de la planificación en la que, aunque no se posea la verdad absoluta, la

---

[425] El gran número de estudios e informes científicos sobre los que se elaboran los planes energéticos, suelen alcanzar tal dimensión, que impregna a la planificación de una presunción de acierto y legalidad con la que cotejar escenarios de incumplimiento y riesgo para generar un vínculo causal, Á. M. Moreno Molina (2023: 555-556).

[426] No obstante, la versatilidad de disciplinas científicas como la climatología (comunidad científica abierta, no regulada, heterogénea y descentralizada), el volumen ingente de datos y cifras (imposibilidad de medirlas todas) o el tratamiento estadístico (operaciones actuariales y matemáticas para hacer cálculos aproximados en un ejercicio de prognosis) hacen que, el «corpus» climático (incluidos los planes energéticos) esté basado en cálculos aproximados; sin aumentar desmesuradamente la incertidumbre, gracias al creciente volumen de conocimientos de la comunidad científica coincidente, Á.M. Moreno Molina (2023: 37-51); J. Romm (2016: 147-266); M. Lynas, B. Houlton y S. Perry (2021: 1-8).

[427] *Vid.* el recurso sistemático a los informes del IPCC, aludiendo al examen en ellos producido de los avances científicos y técnicos en Tribunal de Première Instance francophone de Bruxelles, Section Civile, ASBL Klimaatzaak, 17/06/2021, nº 201574585/A, pp. 5, 12, 15, 16, 17, 23, 25, 27, 34, 40, 59, 63, 66.

[428] M. Torre-Schaub, L. D'ambrosio y B. Lormeteau (2019: 119-120,131-132); M. Torre-Schaub (2018b: 120-122); F. Gemenne (2013: 395-422).

[429] M. Torre-Schaub, L. D'ambrosio y B. Lormeteau (2019: 85, 133); M. Torre-Schaub (2018b: 120-122).

[430] En este sentido, es oportuno recordar que ciencia y derecho tienen finalidades diferentes: la primera busca explicar la realidad, mediante secuencias lógicas de alcance universal;

incertidumbre jurídica del vínculo (entre el riesgo del daño y la insuficiencia que se impute al ente público con relación a la planificación) será desplazada gracias al conocimiento científico[431]. Es decir, los consensos científicos (latentes en los planes) sobre aspectos del calentamiento global como, p. ej., el vínculo entre las emisiones de gases de efecto invernadero, el aumento de la temperatura y los fenómenos climáticos extremos posibilitan formular el nexo causal climático, mediante presunciones jurídicas o por razonamientos probabilísticos y finalistas[432]. Adquiriendo plena virtualidad, gracias a las trayectorias indicativas, proyecciones o escenarios energéticos de los planes energético-climáticos (entre otros), porque aportan criterios técnicos que ayudan a relacionar de forma preventiva cómo una inacción de un Gobierno, ante aspectos planificados o planes no acordes a los compromisos climáticos, europeos supone un riesgo (anticipación jurídica de los daños) en aspectos vitales de los seres humanos[433].

Este apunte lo realizamos porque, p. ej., en el asunto francés *Grande-Synthe,* a pesar de tratarse de un recurso anulatorio por *excès de pouvoir* el *Conseil d'État,* ante las dudas técnicas e incertidumbre científica en el cumplimiento de los futuros presupuestos de carbono, consideró que era necesaria la adopción de medidas suplementarias a la planificadas si se quería reconducir los niveles de emisiones y satisfacer los siguientes presupuestos[434]. Aun pronosticando el Ejecutivo dar cumplimiento al presupuesto 2019-2023, el hecho de que las hipótesis prospectivas de ejecución del Gobierno se realizaran sobre modelos técnico-científicos no verificados, no fue suficientemente fiable; siendo para ello determinante las conclusiones disidentes del *Haut Conseil pour le Climat* (órgano científico experto) con relación a la satisfacción de los objetivos

---

mientras que la causalidad jurídica es un instrumento al servicio de la solución más justa en un caso determinado, A. Van Lang (2019: 657); M. Bacache (2018: 57).

[431] A la vista del servicio que la probabilidad del riesgo presta en el razonamiento causal y, en consecuencia, del mantenimiento de cierta incertidumbre, no es de extrañar que la labor del juez en el establecimiento de la relación de causalidad en los litigios climáticos pueda considerarse como una elección del juez administrativo ante la duda, H.-B. Pouillaude (2011: §864 y 885).

[432] *Cf.* STJUE, Asunto C-621/15, de 21 de junio de 2017, N. W vs Sanofi Pasteur MSD, par. 44-55.

[433] M. Torre-Schaub, L. D'ambrosio y B. Lormeteau (2019: 85, 133); M. Torre-Schaub (2018b: 120-122).

[434] A pesar de la actualización de escenarios prospectivos, mediante la integración de medidas suplementarias y adicionales desde diciembre de 2022, y el convencimiento del Gobierno de la suficiencia de dichas medidas para lograr los objetivos de reducciones en 2030, el *Conseil d'État* consideró que «Toutefois, cet exercice de prévision présente un degré d'incertitude significatif à la date de la présente décision, en raison notamment de l'absence d'évaluation rétrospective sur la capacité des mesures prises en compte à permettre effectivement les réductions d'émissions de gaz à effet de serre projetées à l'horizon 2030.», CE, 10 mai 2023, Grande-Synthe, nº 467982, par. 22.

sectoriales de la SNBC[435]. En la orden judicial emitida al Gobierno de adoptar medidas para garantizar los objetivos intermedios antes de 2030 (aunque no fuera un litigio de responsabilidad), se puede observar cómo desde una postura preventiva reforzada por las consideraciones científicas (tanto metodológicas como provenientes de órganos), el *Conseil d'État* formula un vínculo jurídico entre el riesgo de incumplimiento de los futuros presupuestos de carbono planificados en la SNBC con las emisiones ya vertidas. Y lo justificó en que el exceso de gases en la atmósfera implicaba medidas adicionales para doblar la curva de emisiones (sino se quieren incumplir los venideros presupuestos), de las que, aún recientemente (2023), todavía persistía un alto grado de incertidumbre y falta de credibilidad de su eficacia; motivo por el que el *Conseil d'État* instó al Primer Ministro a continuar adoptando más medidas que garantizasen la coherencia en la tasa de reducción de emisiones[436].

Combinación interpretativa entre el conocimiento científico y la vertiente preventiva de la que todavía no se han visto signos en los últimos litigios españoles en materia de planificación energético-climática. A pesar de ser también litigios de anulación (no esperando encontrar un nexo causal al uso de las demandas de responsabilidad patrimonial de las Administraciones públicas) nos gustaría señalar que:

— En repetidas ocasiones el Tribunal Supremo, antes de comenzar a discernir su argumentación, justifica la misma «a tenor de lo que se razona en la demanda», «porque eso es lo que se postula en la demanda», «tratando de darle forma a la pretensión», «no se olvide, el reproche que se hace en la demanda al PNIEC», alegatos jurídico-procesales nada novedosos pero que, a nuestro entender, parecieran entrañar un significado más allá[437]. Ese tipo de frases se han usado estratégicamente para

---

[435] El *Conseil d'État* señaló que «… l'évaluation prospective qu'il a produite repose sur des hypothèses de modélisation qui ne sont pas vérifiées à ce stade et ne permettent pas de considérer comme suffisamment fiables les résultats avancés, d'autre part, les conclusions de cette évaluation apparaissent en contradiction avec l'analyse par objectifs sectoriels de la stratégie nationale bas carbone menée par le Haut conseil pour le climat, […]. Dans ces conditions, et compte tenu notamment du renforcement de l'ampleur des réductions de gaz à effet de serre attendues par les 3ème et 4ème budgets carbone par rapport au niveau constaté jusqu'ici, il demeure des incertitudes persistantes…» CE, 10 mai 2023, Grande-Synthe, nº 467982, par. 25.

[436] CE, 10 mai 2023, Grande-Synthe, nº 467982, art. 2 y par. 25.

[437] En el examen de las demandas españolas de los asuntos climáticos relacionados con el PNIEC observamos una diferencia en las pretensiones que, *a priori*, pudiera parecer sutil pero que, sin embargo, acarrea trascendencia en el resultado de la resolución judicial. Nos estamos refiriendo a que en el asunto *Grande-Synthe* los demandantes formularon su pretensión solicitando que se ordenara adoptar todas las medidas que fueran necesarias, dejando el suficiente margen de discrecionalidad como para que sea el propio Gobierno el que determine cuáles son esas medias. Mientras que en los litigios españoles se solicitó un aumento de la reducción de emisiones concretando que no fuera menor del 55%, reduciendo de esta forma el margen

reconducir y desarrollar de forma constante los argumentos jurídicos sobre instrumentos normativos con un alto grado de vaguedad en sus determinaciones (la Declaración de Río de 1992 o el Acuerdo de París[438]). Si bien, era imperativo el análisis del PNIEC a su abrigo, se deja totalmente al margen el criterio científico de órganos especializados como el IPCC, los informes de la COP u otros nacionales que se pudieran haber solicitado. Hasta tal punto de no plantearse en ningún momento, a lo largo de sus sentencias, tener en cuenta el alcance de dichas manifestaciones o apoyarse en su contenido para evaluar con un criterio más climático (bajo los principios de cautela y prevención medioambiental) los compromisos y medidas del PNIEC; evitando, de esta forma, cualquier paralelismo en la estructura argumentativa con el asunto francés, en el que tanta importancia tienen, p. ej., los informes del *Haut Conseil pour le Climat*[439].

— Por otro lado creemos que la falta de apoyo en estudios o informes técnicos o científicos hizo cotejar únicamente al PNIEC con objetivos y obligaciones pretéritas o coetáneas (p. ej., cumplimiento de los objetivos establecidos para 2020); desatendiendo por completo la esfera de prevención asociada al riesgo o incertidumbre de (in)cumplimiento de las previsiones intermedias planificadas para 2030, en comparativa con las reflejadas en instrumentos jurídicos como el Reglamento (UE) 2021/1119, de 30 de junio de 2021, por el que se establece reducir al menos un 55% las emisiones netas de gases de efecto invernadero. El órgano judicial podría haber realizado un ejercicio de prospectiva, basado en una causalidad jurídica (apoyada en análisis científicos), planteando como duda razonable, p. ej., algunos de los riesgos climático-ambientales que podrían suponer para la ciudadanía planes formalmente legales (respetando los límites mínimos establecidos por el legislador) pero materlalmente insuficientes o no lineales con los objetivos a 2030, apoyándose para eso en el criterio de órganos especializados, informes técnicos o datos provenientes de metodologías científicas[440]. Al fin y al cabo, una cosa es que el PNIEC en vigor se

---

discrecional de la Administración por exigir un porcentaje concretado a tenor de las recomendaciones científicas. Pues bien, esa diferencia inicial ha condicionado buena parte de las argumentaciones posteriores al constreñir la decisión a ese porcentaje.

[438] La discrecionalidad de dichas normas benefició la falta de pronunciamiento judicial ordenando adoptar medidas sobre los objetivos de mitigación, SSTS 3556/2023, de 24 de julio; 3410/2023, de 18 de julio.

[439] *Vid*. SSTS 3556/2023, de 24 de julio; 3410/2023, de 18 de julio.

[440] El planteamiento de una causalidad jurídica basada en el riesgo de no alcanzar los objetivos de la transición energética, es una incertidumbre de la que el Tribunal Supremo se hace eco tímidamente al afirmar que «cabe concluir que incrementar las medidas contra el cambio

adecue a los objetivos establecidos por la Ley 7/2021 de cambio climático y transición energética o que España haya alcanzado los objetivos establecidos para 2020; pero otra diferente que, con las medias planificadas actualmente y los resultados anuales (logrados y pronosticados), se puedan alcanzar todos los objetivos esperados de la transición energética para 2030[441].

Por todo lo expuesto en los párrafos anteriores podríamos empezar a concluir que las dificultades asociadas al vínculo causal de la responsabilidad estatal en materia climático-energética (a las que ya se han enfrentado los jueces franceses y a las cuales, con toda probabilidad, tendrán que hacer frente los jueces españoles) se ven afectadas, para bien, por el despliegue de la planificación energética.

En primer término, esa afección positiva trae causa de la mutación normativa que la planificación energética representa para los ordenamientos jurídicos español y francés, alcanzando a la labor de configuración del vínculo causal en casos de incumplimiento, inacción, daños o riesgo de eventos perjudiciales a futuro[442]. El hecho de que tanto las normas al uso como los planes energéticos cada vez detallen, en mayor medida y de forma más casuística, obligaciones climáticas y energéticas jurídicamente vinculantes para los entes públicos, supone la existencia de objetivos más precisos y fácilmente cuantificables que pueden ser utilizados para delimitar el vínculo causal de la responsabilidad. Es más, los planes son una herramienta jurídica, incluso más importante que las leyes *stricto sensu* en cuestiones energético-climáticas, porque, p. ej., prevén, actuaciones ejecutivas, atribuyen responsabilidades para su ejecución o establecen los medios económicos para su materialización, sin necesitar una norma previa nacional que discipline la totalidad de su contenido procesal o

---

climático es una exigencia fundamental, si se quieren alcanzar los objetivos finales previstos en el Convenio de Paris, incluso con la importante premisa de que los objetivos ya establecidos para el año 2030 impondrían unos aumentos desmesurados en la etapa posterior para alcanzar dicho objetivo…», STS 3556/2023, de 24 de julio, FJ8. Teniendo en cuenta que, aun alcanzando los objetivos fijados para 2030, el tribunal entiende que los esfuerzos posteriores serían «desmesurados» resulta escasa la relevancia que se le ha dado en la sentencia al riesgo que conllevaría no tener alineada la legislación ni la planificación con objetivos como los expresados en el Reglamento (UE) 2021/1119, de 30 de junio de 2021, por el que se establece el marco para lograr la neutralidad climática.

[441]   Por ejemplo, en el Informe de 2022 «Tendencias y proyecciones en Europea 2022» de la Agencia Europea de Medioambiente en materia de cuotas de energía procedente de fuentes renovables se afirma que queda un largo camino por recorrer dado que España ha proyectado para 2030 una contribución que varía 24 puntos porcentuales al establecer una participación del 65%, pp. 33.

[442]   *Cf.* F-X. Fort (2022: 690).

material en detalle (basta con las directrices metodológicas y conceptuales de la Unión Europea o de cada Estado)[443].

En esa labor esclarecedora, la planificación energética está, singularmente, llamada a ser un elemento clave en la labor jurídico-interpretativa de los jueces, ya que son herramientas normativas que materializan las ambiciosas políticas energético-climáticas mediante la incorporación de los objetivos genéricos concretados en porcentajes y cifras, puntualizando las medidas a adoptar o marcando hitos temporales con trayectorias intermedias delimitadas.

De dicho auxilio (en la tarea hermenéutica de los jueces) ya se han visto atisbos con el calendario del volumen de emisiones de gases de efecto invernadero recogidos en la *Stratégie bas-carbone* en Francia[444]. Para el juez administrativo francés la constatación de un incumplimiento de los presupuestos de carbono fue más factible en el asunto *Affaire du Siècle* al poderse corroborar que se habían superado los techos anuales establecidos en la SNBC para el periodo 2015-2018 en un 3,5%[445]. De modo que la planificación no solo aportó el grado de detalle y concreción suficiente como para responsabilizar al Estado del daño ecológico por el exceso de emisiones, sino que, al proceso de verificación de la ilegalidad de los periodos ya transcurridos (mediante la diferencia entre los resultados obtenidos y los previstos[446]), los techos de emisiones planificados proporcionaron jurídicamente el vínculo causal necesario[447]. Pero,

---

[443] Esto supone un poder a favor de los planes para modificar la realidad o controlar su cambio en un horizonte temporal dilatado al tener un nivel de concreción (técnico, científico, económico, industrial, forestal, etc.) sobre un sinnúmero de aspectos y sectores convergentes para la transición energética, Á. M. Moreno Molina (2023: 154, 179, 313).

[444] *Cf*. F-X. Fort (2022: 690). Por su parte, España desarrolla los objetivos y volúmenes cuantitativos de reducción de emisiones en el PNIEC dado que, no posee un instrumento de planificación propio nacional en dicha materia, a diferencia de Francia que ha mantenido su SNBC y PPE.

[445] Según el *Tribunal Administratif de Paris* «...il résulte de l'instruction, notamment des rapports annuels publiés en juin 2019 et juillet 2020 par le Haut Conseil pour le climat,[...] l'inventaire des émissions dans l'air de gaz à effet de serre de la France, qu'en ce qui concerne la réduction de ces émissions, au terme de la période 2015- 2018, la France a substantiellement dépassé, de 3,5%, le premier budget carbone qu'elle s'était assignée, soit environ 61 Mt CO2eq par an, réalisant une baisse moyenne de ses émissions de 1,1% par an alors que le budget fixé imposait une réduction de l'ordre de 1,9% par an, l'ensemble des secteurs d'activité affichant un dépassement de leurs objectifs pour cette même année...», Tribunal Administratif de París, 3 février 2021, Ass. Oxfam France et autres, n° 1904967, 1904968, 1904972, 1904976/4-1, considerando 30.

[446] Ya en el asunto *Grande-Synthe*, se consideró que los presupuestos de carbono no eran meras indicaciones pertenecientes a las normas de programación, sino que iban más allá de ser orientaciones a los poderes públicos ya que otros muchos criterios, como el apoyo financiero a proyectos públicos, se determinaba en función de la contribución a la reducción de emisiones de gases de efecto invernadero, M. S. Hoynck, Conclusions CE, 19 novembre 2020, Grande Synthe, n° 427301.

[447] *Vid*. Tribunal Administratif de París, 3 février 2021, Ass. Oxfam France et autres, n° 1904967, 1904968, 1904972, 1904976/4-1, considerando 30. *Cf*. también F-X. Fort (2022: 694 y 696).

además, la fijación en la SNBC de los futuros presupuestos de carbono hasta 2030 (trayectoria intermedia de referencia) permitió al juez administrativo ir más allá del lapso temporal en el que dictaba sentencia; proyectando a través del segundo y tercer trienio de los techos de emisiones, períodos y cifras de referencia sobre los que configurar un vínculo causal jurídico con el que presionar al Estado en el respeto de sus compromisos climáticos futuros. Es decir, el *Tribunal Administratif de Paris* (aunque en su sentencia de 3 de febrero condenara al Estado únicamente por el exceso de emisiones en comparativa con los valores del primer presupuesto[448]), tras una instrucción complementaria, apoyó de forma transversal y prevencionista parte de sus argumentaciones en considerar que no se había tenido en cuenta en los futuros presupuestos el exceso de emisiones ya emitido y, por tanto, no se pudo dar por cierto (según los resultados de la instrucción) que las medidas ya implementadas (en curso) o previstas (futuro) garantizasen, en un periodo breve de tiempo, compensar el exceso de emisiones, reparar el daño ecológico existente o prevenir el agravamiento del daño observado, todo ello en coherencia y consonancia con el cumplimiento de los presupuestos planificados[449].

Por su parte, el último reconocimiento en España del Tribunal Supremo hacia el PNIEC permite hacerlo beneficiario de las conclusiones anteriores, al poderlo incluir de pleno derecho como un elemento normativo innovador, que va a ayudar a la construcción del vínculo causal jurídico en futuros litigios de responsabilidad climática ligados a la planificación energética. No es la finalidad de este estudio pronosticar el devenir de la jurisprudencia española, pero lo que sí podemos afirmar tras nuestra presentación es que, la constatación de la naturaleza reglamentaria del PNIEC va a permitir (en lo que se refiere a los objetivos climático-energéticos) su utilización por los tribunales tanto en la apreciación de la actividad pública tendente a lograr la neutralidad energética para 2050 como en la reformulación jurisprudencial del vínculo causal[450].

Es en esta última labor, en la que si se toma en consideración (por ser ampliamente utilizados en litigios europeos relacionados con obligaciones climáticas) tanto el deber genérico de cuidado y actuación para reducir riesgos

---

[448] *Vid.* Tribunal Administratif de París, 3 février 2021, Ass. Oxfam France et autres, nº 1904967, 1904968, 1904972, 1904976/4-1.

[449] Tribunal Administratif de París, 14 octobre 2021, Ass. Oxfam France et autres, nº 1904967, 1904968, 1904972, 1904976/4-1, par. 7, art. 2. Además, C. Lepage (2021: pto 3); F-X. Fort (2022: 694 y 696).

[450] Gracias al reconocimiento del Tribunal Supremo sobre el PNIEC como una norma reglamentaria vinculante en cuanto a los objetivos climáticos (internacionales y europeos) asumidos por el Estado, se disipan ciertas incertidumbres presentes en la doctrina jurídica, sobre la naturaleza jurídica de la planificación energética y, por ende, su capacidad de justiciabilidad o su valor como herramienta al servicio de las administraciones públicas, Á. M. Moreno Molina (2023: 154-155, 177). *Vid.* SSTS 3410/2023, de 18 de julio, FJ 5A; 3556/2023, de 24 julio, FJ 2.

(*duty of care*), así como la intensidad con la que los entes públicos deben observar sus obligaciones en la transición energética (*stand of care*), los planes energéticos se postulan como parámetros normativos infralegales (valor reglamentario) mediante los que modular la relación de causalidad; porque sus valores concretos (p. ej., porcentajes, cifras máximas o trayectorias temporales intermedias) y su respaldo técnico-científico (proveniente de la consulta a expertos, investigadores o técnicos especialistas, entre otros) ayudan a reducir situaciones de incertidumbre asociadas a la transición energética y neutralidad climática, tanto por daños ya producidos como por el riesgo de la producción futura de eventos dañosos[451].

Detrás de todos los beneficios que hemos atestiguado para el vínculo causal provenientes de la planificación energética (ya sea constatando de forma fehaciente su aplicación en los asuntos franceses o concluyendo coherentemente su aplicación en futuros litigios en España), buena parte de ellos se respaldan en el conocimiento científico presente en dichos planes, al ser el encargado de reducir la incertidumbre en materia de responsabilidad, facilitando la presunción de causalidad[452].

Así pues, gracias a los avances proporcionados por la ciencia con relación a todas las eventualidades relacionadas con el cambio climático, la transición energética o la neutralidad carbónica, los jueces disponen de un espacio de discrecionalidad técnica por el cual crear un vínculo jurídico que interrelacione la exigencia preventiva de una determinada actuación administrativa conforme a lo planificado[453]. Así pudo atestiguarse en el asunto francés

---

[451] La planificación energética podría considerarse por los tribunales españoles como una herramienta en la que sustentar una decisión y alcanzar claridad al representar un elenco de objetivos, medidas y proyecciones provenientes del conocimiento científico-técnico en los que es plausible encontrar los fundamentos y razones. Véase en este sentido, el asunto del Tribunal Federal Constitucional alemán de 23 de octubre de 2018 en el que ante situaciones de incertidumbre o de carencia de especificación normativa de rango legal para responder a cuestiones jurídicas basadas en criterios medioambientales no legales, se asumió que los tribunales puedan adoptar decisiones ponderando los conocimientos técnico-científicos de expertos y prácticas especializadas, alcanzado el control judicial la objetividad (a falta de un mejor conocimiento científico), dado que los tribunales nunca deberán resolver el déficit del conocimiento real y extrajurídico, par. 17-22, BVerfG, Beschluss des Ersten Senats vom 23. Oktober 2018- 1 BvR 2523/13.

[452] B. Soro Mateo (2019: 74); M. Bacache (2018: 57-58); A. Van Lang (2019: 657).

[453] El margen de discrecionalidad técnica proporcionado por los avances de la ciencia y mejores conocimientos técnicos en materia de cambio climático es una vía de modulación de la discrecionalidad administrativa, aunque en ocasiones no tiene por qué ser de ese modo. Véase como ejemplo, el fallo del Tribunal Constitucional español en el que a pesar de que la constatación científica del cambio climático debiera impedir reducir el dominio público marítimo-terrestre sin justificación, no fue apoyado por el tribunal, STC 233/2015, de 5 de noviembre. Separación entre derecho y ciencia que, lamentablemente, no es tan inusual apreciar en cumbres internacionales, en cuestiones complejas como el cambio climático, M. Torre-Schaub (2019a: 30-31).

Grande-Synthe en el que, a consecuencia de circunstancias relacionadas con elementos técnico-científicos (p. ej., una modelización prospectiva del Gobierno no verificada y conclusiones en contra del *Haut Conseil pour le Climat* sobre las previsiones del Estado), el *Conseil d'État* formuló un vínculo jurídico entre el riesgo de incumplimiento de los futuros presupuestos de carbono planificados en la SNBC y el exceso de emisiones ya vertidas. O sea, el órgano judicial, tras el examen de las hipótesis de modelización no verificadas (y por tanto no suficientemente fiables) y de las conclusiones no favorables del *Haut Conseil pour le Climat* (tras su análisis de objetivos sectoriales proyectados por el Gobierno), alcanzó, sobre cuestiones no jurídicas, un conocimiento objetivo proveniente de la ciencia que le permitió determinar la existencia de un alto grado de incertidumbre e incredibilidad en la eficacia de las medidas adicionales previstas para doblar el exceso de la curva de emisiones[454]; e instó, en consecuencia, por la relación entre el principio de prevención y la planificación energética, al Primer Ministro a continuar adoptando más medidas que garantizasen la coherencia en la tasa de reducción de emisiones intermedias hasta llegar a 2030[455].

En cambio, no podemos concluir, por el momento, para España (en un contexto de vínculo causal en una reclamación de responsabilidad) la misma conexión entre planificación energética y conocimiento científico, a la vista de las dos disputas resueltas por el Tribunal Supremo contra el PNIEC[456]. En realidad, no se trató de asuntos de responsabilidad patrimonial de las Administraciones públicas, pero la referencia expresa del tribunal a la no vinculatoriedad jurídica de las recomendaciones de órganos técnicos especializados, como el IPCC o los informes de la Conferencia de Partes de la CMNUCC, aunque sea cierta, conlleva una connotación de exclusión, que puede tener que sortearse para configurar el vínculo causal en futuras demandas de responsabilidad[457].

En los mencionados fallos resulta patente la falta de apoyo del tribunal en manifestaciones técnico-científicas para elaborar su argumentación jurídica, dado que, p. ej., refleja una pluralidad de informes aportados por las demandantes de los que se concluye la posibilidad de no alcanzar los objetivos de reducciones para 2030 y, sin embargo: o no profundiza posteriormente

---

[454] CE, 10 mai 2023, Grande-Synthe, nº 467982, par. 25.

[455] *Op. cit.*, art. 2.

[456] *Vid.* SSTS 3556/2023, de 24 de julio; 3410/2023, de 18 de julio.

[457] El Tribunal Supremo español afirmó que «Tampoco podemos […] atribuir, a estos efectos y como parece pretender la parte recurrente –aunque carente de soporte normativo alguno que sustente esta pretensión– naturaleza jurídica vinculante a las recomendaciones y conclusiones científicas contenidas en los informes elaborados por el Panel Intergubernamental de Cambio Climático (IPCC).», STS 3410/2023, de 18 de julio, FJ.6C.

en su examen más detallado o, cuando lo hace con el informe de la COP 26 de Glasgow, es para afirmar que su propuesta de reducir las emisiones en un 55% «no ha logrado el consenso suficiente para su implantación» sin llegar a justificarlo[458].

En otras palabras, desatiende por completo la esfera de cautela y prevención climática asociada al riesgo o incertidumbre del (in)cumplimiento de las previsiones intermedias planificadas para 2030, en comparativa con las reflejadas en instrumentos jurídicos como el Reglamento (UE) 2021/1119, de 30 de junio de 2021, por el que se establece el marco para lograr la neutralidad climática o el reconocimiento del Pacto de Glasgow para el Clima de reducir las emisiones de dióxido de carbono en un 45% para limitar el calentamiento mundial a 1,5ºC. A cambio ofreció lo que podría considerarse una especie de una causalidad económica al prever efectos negativos para la economía, en caso de que se aumentaran los objetivos climáticos para 2030 ya planificados[459]. No obstante, sin nosotros poner en duda la certeza de esas previsiones económicas, consideramos que el Tribunal Supremo podría haber realizado un ejercicio preventivo similar, basado en una causalidad jurídica climática y apoyada en análisis científicos, planteando como duda razonable, p. ej., algunos de los riesgos climático-ambientales que podrían suponer para la ciudadanía planes formalmente legales (respetando los límites mínimos establecidos por el legislador) pero materialmente insuficientes o no lineales con los objetivos a 2030, apoyándose para eso en el criterio de órganos especializados, informes técnicos o datos provenientes de metodologías científicas[460].

---

[458] *Vid*. SSTS 3556/2023, de 24 de julio; 3410/2023, de 18 de julio.
[459] STS 3556/2023, de 24 de julio, FJ 8.
[460] *Ibid*.

Conclusiones

Fuentes de legalidad en la litigación climática. En los litigios relativos a la planificación energética, el juez de lo contencioso, además de estar obligado a utilizar las fuentes tradicionales de legalidad (en especial ley y principios generales del Derecho), debería considerar el conjunto de planes existentes que interactúan con el plan sometido a enjuiciamiento. Esto supondría que los propios planes y sus relaciones con otros instrumentos de planificación configuran, por un lado, el universo jurídico dentro del que se desarrollará la libertad conferida a la Administración pública en el ejercicio de facultades discrecionales y de otro, delimitan el contorno jurídico dentro del que los jueces podrán ejercer su vigilancia y actividad hermenéutica en las acciones climáticas.

Esto lleva a considerar que los propios planes energético-climáticos deben considerarse como fuentes jurídicas *lato sensu* en la litigación climático-energética.

Así, en Francia, la integración de la planificación de la transición energética como fuente de Derecho se ha producido, por un lado, mediante el respeto del *lien de compatibilité* entre la PPE y la SNBC, obligando a que las medidas de uno de ellos no entren en contradicción con las orientaciones fundamentales del otro, de manera que no se perjudiquen los objetivos respectivos. De otra parte, el vínculo de *pris en compte* supone que el espíritu y las orientaciones fundamentales de la SNBC y la PPE deben respetarse e incorporarse en los otros planes como estrategias propias de estos últimos sin desviarse de las orientaciones básicas de la PPE o la SNBC.

Por su parte, en España, la inclusión de los instrumentos de planificación energético-climática como fuentes formales de legalidad proviene de tres interacciones inter planes. La primera, cuando los planes vinculantes establecen una relación de coherencia con planes como el PNIEC. La segunda, por el respeto bidireccional entre las medidas del PNIEC y las estrategias de implementación de los Objetivos de Desarrollo Sostenible. Para poder limitar el margen de apreciación del que se beneficia el Gobierno deben haberse materializado las líneas de actuación de estas últimas en alguna ley o principio de Derecho. La tercera, en casos de relaciones interadministrativas regidas por la coordinación vertical, que supone la compatibilidad entre planes evocando a la figura francesa de *lien de compatiblité*. Así como, por la coherencia entre planes supra e infra estatales, asemejándose al *lien de pris en compte* porque supone no contradecir las prescripciones generales de otros planes teniéndolos en cuenta.

La progresiva inclusión de la planificación energética en los litigios climáticos. A través de los asuntos nacionales europeos estudiados se ha podido observar en perspectiva la evolución sufrida en el posicionamiento jurídico hacia las cuestiones derivadas del cambio climático. Ese tipo de asuntos han posibilitado condenar al Estado bajo el deber de actuar en positivo adoptando baterías de medidas que estén a su alcance para reducir las emisiones de gases de efecto invernadero, así como entender que a pesar de las dudas científicas razonables aquel debía actuar. En este sentido, el acceso de los instrumentos de planificación energética actuales a los órdenes contenciosos nacionales ha favorecido dichas argumentaciones judiciales partidarias de entender que no existe una discrecionalidad absoluta en el ejercicio de la libertad de elección ejercida por los Estados en la adopción de medidas que afecten a la lucha contra el cambio climático, la reducción de emisiones de gases de efecto invernadero o a la transición energética, desde diferentes perspectivas como la obligación positiva de actuar a consecuencia del deber de diligencia, la vulneración de derechos fundamentales por acciones inacciones o la responsabilidad estatal derivada del vínculo causal climático

El PNIEC y las acciones prestacionales. En otro orden de cosas, en disputas en las que la planificación energética forme parte del núcleo de la contienda jurídico-climática, se puede extrapolar la búsqueda de acciones prestacionales (pretendiendo que el ente público adopte las medidas necesarias respecto de los objetivos climáticos legales vigentes). Así sucedió en el asunto *Affaire du Siècle* en el que se buscó que el juez administrativo ordenase medidas prestacionales (ejecución de medidas reparadoras) en forma de «medidas adicionales» para poner fin a la conducta de inobservancia de la SNBC o mitigar los efectos de su incumplimiento. La verdadera finalidad buscada en el litigio era que el juez instase al Estado a corregir su actuación, una vez identificada la ilegalidad o inactividad cometida por el poder ejecutivo.

Sin embargo, la condena prestacional en España todavía no se ha materializado en decisiones climáticas de relevancia, perdiéndose la oportunidad en los litigios climáticos desarrollados ante el Tribunal Supremo sobre el PNIEC al considerarle como una disposición de carácter general que, únicamente, puede ser revisado, bajo riesgo de alterar la separación de poderes.

El hecho de que el PNIEC se haya considerado como un reglamento, es una circunstancia que no debería de suponer una mayor limitación para el examen judicial, ya que el hipotético supuesto de sustitución (aumentar a un 55% la reducción de emisiones) operaría únicamente como una especie de precisión de los criterios jurídicos a respetar, en caso de que estuvieran regulados legalmente (elementos reglados) dado que habría desaparecido la discrecionalidad. Además, dudamos de la pertinencia de la afirmación del Tribunal Supremo de que la jurisprudencia de otros Estados no es vinculante, ya que sin ser incorrecta (no es fuente del ordenamiento jurídico español) es bastante expresiva y parece sutilmente velada. En este sentido no es extraño encontrar en la jurisprudencia española la mención de sentencias externas como argumento para formular o apoyar la *ratio decidendi* de la resolución del caso. El uso persuasivo (no vinculante) de la jurisprudencia de otros países busca un argumento de autoridad en un tema controvertido, ya sea estructurando el debate, dando peso a un valor, un argumento o una consideración en detrimento de otros. Motivo por el que nada habría impedido inspirarse o tener en cuenta (en la medida de lo posible) pronunciamientos judiciales (como el asunto *Grande-Synthe* francés) en los que ya se hubiera dirimido la acción prestacional derivada de insuficiencias relacionadas con instrumentos de planificación de naturaleza reglamentaria. Aunque es palmaria la intención del alto tribunal español de alejarse de interpretaciones como las del asunto *Grande-Synthe* en el que, la constante remisión a los informes de órganos técnicos y científicos fue determinante para interpretar datos y ordenar al gobierno la acción prestacional.

Aun así, consideramos que existe una posibilidad en la que los tribunales sí que podrían condenar a la Administración a una acción prestacional ordenándole que elaborase un PNIEC con un contenido determinado: se trataría del caso en el que se constatara y declarase la existencia de una obligación legal de dictar el PNIEC en ese determinado sentido. Si a la luz de la Ley 7/2021 de cambio climático y transición energética y sus concretos objetivos mínimos del art. 3, el PNIEC reflejara contribuciones no acordes a dichos objetivos, podrían los tribunales ordenar como actuación prestacional la inclusión en el plan de dichos objetivos mínimos o sustituirlos de oficio.

Impedimentos en las acciones prestacionales. Además, existen otros tres motivos, por los que las acciones prestacionales en el entorno jurídico de la planificación energética se presentan como una dificultad para los jueces en España, por contraposición a su salvedad (o por lo menos no han representado una traba) en los litigios franceses.

En cuanto a la exigencia de una situación jurídica individualizada podría ser relativizada mediante la combinación de la vulnerabilidad climático-energética de ciertos derechos fundamentales y los planes energéticos. Al igual que sucedió en el asunto francés *Grande-Synthe*, el interés legítimo de ciertos municipios o ciudadanos con relación a la puesta en peligro de derechos fundamentales subjetivos que suponen un perjuicio personal o familiar podría entrar en íntima conexión con los elementos obligatorios de los PNIEC. Los planes pueden colaborar engrosando el marco normativo en el que apoyar la petición concreta de una medida prestacional con relación a una titularidad individual sustentada en una obligación climático-energética, al estar configurados con otro grado de detalle que las normas al uso, superando la exclusiva defensa de la legalidad para hacer efectiva la protección colectiva de los intereses climáticos. Perspectiva nada desdeñable, teniendo en cuenta el rumbo marcado por las últimas resoluciones del TEDH sobre la vulneración de los derechos humanos por cuestiones relacionadas con el cambio climático. De modo que su posible implementación en litigios españoles contra los instrumentos de la planificación de la transición energética supone dejar expedita una vía jurídico-procesal a favor del reconocimiento de la existencia de situaciones jurídicas individualizadas derivadas de la planificación. En concreto del perjuicio sufrido en el derecho a la vida privada y familiar proveniente de la afección medioambiental a consecuencia los daños o riesgos asociados a actuaciones omisivas o insuficientes planificando la descarbonización de la economía.

El segundo motivo radica en que la configuración española de la inactividad administrativa exige que la Administración sea condenada al cumplimiento de sus obligaciones en los concretos términos en que estén establecidas. A este respecto, en la configuración proporcionada a la planificación de la transición energética por la Ley 7/2021, se observa que las obligaciones señaladas para dichos planes son muy genéricas. Esta inconcreción ha llevado a considerar que el PNIEC no genera actividades concretas a favor de acreedores determinados, necesitando de actos concretos de aplicación. Carencia que se podría haber solucionado mediante una interpretación más amplia de la noción de inactividad al amparo de la excepcional urgencia climática y de la protección de los derechos fundamentales. Aunque un PNIEC no pueda ser idóneo para fundamentar derechos ni obligaciones concretas, sí sienta unos principios directivos u orientaciones que poseen la fuerza normativa propia de las disposiciones de dicha naturaleza y que operarían como límite frente a vulneraciones de derechos fundamentales provenientes de omisiones (inactividad). De esta forma se habría posibilitado controlar cualquier inactividad u omisión de la Administración en materia de planificación energética mediante el art. 29 de la LJCA, llegando, en su caso, a ordenar al ente público actuaciones de hacer que corrigieran la ilegalidad.

En el asunto francés del municipio *Grande-Synthe*, la inacción del Gobierno ante el exceso en las emisiones de gases de efecto invernadero según los presupuestos de carbono de la SNBC, generó una falta de medidas y actuaciones útiles para doblar el exceso en la curva de emisiones que marcaron el fallo del litigio al requerir del Primer ministro acciones en positivo (medidas) para su solución. Todo ello, en vez de sostener que, la inactividad administrativa en un plan energético-climático debe argumentarse mediante el silencio administrativo negativo como pretexto para no adentrarse en mayor medida en la posible existencia de situaciones jurídicas concretas derivadas de afecciones de derechos fundamentales por actuaciones de reducción de emisiones insuficientes (inactividad). Estrategia jurídica que evoca parcialmente el uso del silencio en el asunto *Grande-Synthe* de Francia, en el cual se recurrió el silencio negativo (decisiones implícitas de rechazo) del Gobierno ante la petición de medidas útiles para doblar la curva de emisiones, de conformidad con los presupuestos de carbono de la SNBC; aunque en aquel caso sí fue admitida la inactividad de la Administración.

Como tercer motivo se halla la férrea defensa de la separación de poderes por los altos tribunales españoles. El principio jurídico de la separación de poderes es un axioma presente tanto en Francia como en España, pero la interpretación de su concreto alcance no siempre resulta equivalente entre ambos Estados. Como consecuencia, en litigios climáticos relacionados con la planificación energética el *Conseil d'État* no consideró el principio de la separación de poderes un impedimento para discernir aspectos relacionados con la transición energética y ordenar al Primer ministro la adopción de medidas prestacionales, sin llegar a afectar el margen de discrecionalidad administrativo. En cambio, en España el citado principio ha sido instrumentalizado por el Tribunal Supremo como una herramienta más conservadora bajo la cual justificar que, una orden de modificar los porcentajes de reducción de emisiones planificados supondría, paralelamente para el Gobierno la imposición de revisar elementos económicos afectando a su discrecionalidad política. Lo que supuso en conjunto y a nuestro juicio, dejar intencionadamente de lado la vertiente ambiental en pro de la económica en su argumentación ponderativa y pasar a inmiscuirse, el órgano judicial, en valoraciones que correspondían al Gobierno, aunque hubiera renegado de ello en defensa de la separación de poderes. En definitiva, nos parece un tanto llamativa la postura del tribunal español, no solo por su distanciamiento con la corriente europea favorable a la protección jurisdiccional climática, sin que ello suponga afectar a la separación de poderes estatal (despertada desde el asunto Urgenda y continuada posteriormente por litigios climáticos de Francia). Sino porque realmente el Tribunal Supremo prefiere deliberar no ordenar ninguna medida prestacional (p. ej., la revisión de los porcentajes de emisiones) para no afectar a la discrecionalidad administrativa (como parte integrante de la separación de poderes), apoyándose en una valoración económico-presupuestaria (que también corresponde al ejecutivo), en vez de tener más presente los riesgos asociados a la vertiente ambiental o atendiendo con mayor énfasis las metas materiales del «Objetivo 55» europeo.

La obligación climática. La insuficiencia en la actuación de los Gobiernos puede llevar a un tribunal a considerar que el incumplimiento de los objetivos climáticos sea la causa de daños o riesgos ambientales y, por tanto, susceptibles de acarrear responsabilidad. En estos litigios de responsabilidad asociados a la planificación energética se ha producido un cambio para la labor judicial. Los jueces tienen que afrontar, entre otras dificultades, la delimitación de una obligación climática, en base a la cual el derecho a un medioambiente saludable pueda servir como argumento jurídico en las demandas por daños relacionados con el cambio climático y la transición energética.

Formando parte de los litigios que ayudan a delimitar la obligación climática está el *Affaire du Siècle* francés que, representa una de las decisiones europeas en las que la planificación energética pasó a ser una norma jurídicamente vinculante, en forma de declinación concreta de los compromisos internacionales y europeos, ayudando a establecer las concretas obligaciones climáticas del Estado. La labor judicial de reinterpretación de las herramientas jurídicas existentes (deber de diligencia, principio de precaución, falta culposa del Estado), así como la inclusión de nuevos elementos como la planificación energética, ha sido clave para configurar la obligación climática del Estado, reforzando su deber de actuar frente a los retos del cambio climático.

El vínculo causal. Por último, en los asuntos climáticos de responsabilidad estatal uno de los mayores obstáculos viene siendo establecer o probar en el plano jurídico el vínculo causal entre el daño sufrido por los demandantes (o las generaciones futuras) y el comportamiento acusado al Estado de empeorar el clima, ya sea por su inacción e incumplimientos o por una normativa difusa y planificaciones incoherentes o poco ambiciosas (entre otras muchas causas). Las dificultades asociadas al vínculo causal de la responsabilidad estatal en materia climático-energética (a las que ya se han enfrentado los jueces franceses y a las cuales, con toda probabilidad, tendrán que hacer frente los jueces españoles) se ven afectadas, para bien, por el despliegue de la planificación energética.

En esa labor esclarecedora, la planificación energética está, singularmente, llamada a ser un elemento clave en la labor jurídico-interpretativa de los jueces, ya que son herramientas normativas que incorporan los objetivos energético-climáticos genéricos concretados en porcentajes y cifras, puntualizando las medidas a adoptar o marcando hitos temporales con trayectorias intermedias delimitadas. Esto supone la existencia de objetivos jurídicamente vinculantes para los entes públicos más precisos y fácilmente cuantificables, sin necesitar una norma previa nacional que discipline la totalidad de su contenido procesal o material en detalle (basta con las directrices metodológicas y conceptuales de la Unión Europea o de cada Estado), pero que pueden ser utilizados para delimitar el vínculo causal de la responsabilidad. Además, su respaldo técnico-científico (proveniente de la consulta a expertos, investigadores o técnicos especialistas, entre otros) ayudan a reducir situaciones de incertidumbre asociadas a la planificación de la transición energética y neutralidad climática, facilitando la presunción de causalidad. Así pues, gracias a los avances proporcionados por la ciencia los jueces disponen de un espacio de discrecionalidad técnica por el cual crear un vínculo jurídico que interrelacione la exigencia preventiva o riesgo de incumplimiento de una determinada actuación administrativa conforme a lo planificado.

De dicho auxilio (en la tarea hermenéutica de los jueces) ya se han visto atisbos con el calendario del volumen de emisiones de gases de efecto invernadero recogidos en la *Stratégie bas-carbone* en Francia. Para el juez administrativo francés la constatación de un incumplimiento de los presupuestos de carbono fue más factible en el asunto *Affaire du Siècle* al poderse corroborar que se habían superado los techos anuales establecidos en la SNBC para el periodo 2015-2018 en un 3,5%. De modo que la planificación no solo aportó el grado de detalle y concreción suficiente como para responsabilizar al Estado del daño ecológico por el exceso de emisiones. Sino que, al proceso de verificación de la ilegalidad de los periodos ya transcurridos (mediante la diferencia entre los resultados obtenidos y los previstos) los techos de emisiones planificados proporcionaron jurídicamente el vínculo causal necesario. Pero, además, la fijación en la SNBC de los futuros presupuestos de carbono hasta 2030 (trayectoria intermedia de referencia), permitieron al juez administrativo ir más allá del lapso temporal en el que dictaba sentencia. El tribunal proyectó, a través del segundo y tercer trienio de los techos de emisiones, de los periodos y de las cifras de referencia, la configuración de un vínculo causal jurídico con el que presionar al Estado en el respeto de sus compromisos climáticos futuros. Es decir, el *Tribunal Administratif de Paris* apoyó de forma transversal y prevencionista parte de sus argumentaciones en considerar que, no se había tenido en cuenta en los futuros presupuestos el exceso de emisiones ya emitido. Y, por tanto, no pudo dar por cierta que las medidas ya implementadas (en curso) o previstas (futuro) garantizasen, en un periodo breve de tiempo, compensar el exceso de emisiones, reparar el daño ecológico existente o prevenir el agravamiento del daño observado, todo ello en coherencia y consonancia con el cumplimiento de los presupuestos planificados.

En cambio, no podemos concluir, por el momento, para España (en un contexto de vínculo causal en una reclamación de responsabilidad) la misma conexión con la planificación energética. Esto se debe a la patente la falta de apoyo del Tribunal Supremo en manifestaciones técnico-científicas para elaborar su argumentación jurídica. Se desatendió por completo la esfera de cautela y prevención climática asociada al riesgo o incertidumbre del (in)cumplimiento de las previsiones intermedias planificadas para 2030. Previsiones en comparativa con las reflejadas en instrumentos jurídicos como el Reglamento (UE) 2021/1119, de 30 de junio de 2021, por el que se establece el marco para lograr la neutralidad climática o el reconocimiento del Pacto de Glasgow para el Clima de reducir las emisiones de dióxido de carbono en un 45% para limitar el calentamiento mundial a 1,5°C. Se ofreció una especie de causalidad económica, pero no se realizó un ejercicio preventivo de causalidad jurídica climática apoyada en análisis científicos. Desde una perspectiva científica se podría haber planteado como duda razonable, p. ej., algunos de los riesgos climático-ambientales que pueden suponer para la ciudadanía planes formalmente legales (respetando los límites mínimos establecidos por el legislador) pero materialmente insuficientes o no lineales con los objetivos a 2030, apoyándose para eso en el criterio de órganos especializados, informes técnicos o datos provenientes de metodologías científicas.

Bibliografía

Abadie, P., (2020): «Massachusetts c. EPA (2007)», dans C. Cournil (dir.), *Les grandes affaires climatiques*, Aix-en-Provence, Confluence des droits, DICE Éditions, 47-61.

Alenza García, J. F., (2021): «Una nueva ley para una nueva era (sobre la ley española de cambio climático y transición energética)», en *Medio ambiente y derecho. Revista electrónica de derecho medioambiental*, nº 38-39.

Allende Landa, J., (1983): «La planificación energética territorial», en *Mientras Tanto*, vol.2, nº 14, 103-140.

Antonino de la Cámara, M., (2022): «Urgenda Foundation v. State of the Netherlands: desafíos del constitucionalismo global», en *Revista Española de Derecho Constitucional*, nº 126, 299-330.

Arnaud, C., (2023): «Les outils de planification locale dans le contexte de la transition énergétique», dans *Annales des Mines-Responsabilité y environnement*, vol.1, nº 109, 90-94.

Arzoz Santisteban, X., (2022): «La cita de jurisprudencia constitucional comparada por el Tribunal Constitucional español», en *Revista Española de Derecho Constitucional*, nº 125, 13-44.

Asamblea General de Naciones Unidas, resolución 76/300, de 28 de julio de 2022 (2022): «El derecho humano a un medio ambiente limpio, saludable y sostenible», septuagésimo período de sesiones, (A/RES/76/300).

Azoulay, J., (2023): «Pourquoi et comment planifier la transition écologique?», dans *Constructif*, vol.1, nº 64, 52-57.

Bacache, M., (2018): «Changement climatique, responsabilité civile et incertitude: article 30», dans *Les Revues LEXISNEXIS Energie-Environnement-Infrastructures*, nº 8-9, 56-60.

Beltrán Castellanos, J.M., (2018): *Instrumentos para la efectividad del régimen de la responsabilidad medioambiental*, Cizur Menor, Thomson Reuters Aranzadi.

Bétaille, J., (2021): «Le préjudice écologique à l'épreuve de l'Affaire du siècle», dans *Actualité juridique Droit administratif*, nº 38, 2228-2234.

Blanc, G., (1998): «Motifs et motivation des décisions administratives», dans *Revue administrative*, vol. 50, nº 304, 495-500.

Bon, P., (2013): «Où en est la responsabilité de plein droit de l´administration du fait des personnes placées sous sa garde?», dans *Revue française de droit administratif*, nº 1, 127-140.

Bonilla Sánchez, J.J., (2015): «Aproximación a la protección del medioambiente en España y el resto de la Unión Europea», en *Espacio y Tiempo*, nº 29, 71-84.

Borrás Pentinat, S. y Villavicencio Calzadilla, P., (2021): *Justicia climática. Visiones constructivas desde el reconocimiento de la desigualdad*, 1ª ed., Valencia, Tirant lo Blanch, 56-80.

Borrás Pentinat, S., (2009): «La lucha contra el cambio climático: entre los derechos de emisión y la justicia climática», en *Revista Aranzadi de derecho ambiental*, nº 16, 113-142.

Boyd, D., (2011): *The Environmental Rights Revolution: A Global Study of Constitutions, Human Rights, and the Environment*, UBC Press.

Brocal Von Plauen, F., (2005): «La responsabilité de l'État et le risque alimentaire et sanitaire. Entre prévention et précaution», dans *L'Actualité Juridique. Droit Administratif*, nº 10, 522-530.

Cabañas García, J. C., (1999): *El recurso contencioso-administrativo*, Madrid, serie «Estudios procesales», 125.

Caille, P., (2017): «Contentieux administratif- Chapitre introductif», dans *Revue générale du droit on line*, nº 25894.

Carney, M., (2015): Breaking the Tragedy of the Horizon – climate change and financial stability, Speech in Lloyd's of London 29 september 2015, Bank of England, 1-16.

Carpentier, E. y Noguëllou, R., (2019): «La question de la hiérarchie des normes en droit de l'urbanisme Nécessaire simplification Groupement de recherche sur les institutions et le droit de l'aménagement, de l'urbanisme et de l'habitat», dans *Gridauh*, 1-19.

Carrasco Quiroga, E. y Cañas Ortega, E., (2024): «El rol de los jueces en la litigación climática: de la separación al equilibrio funcional de poderes», en Peñalver i Cabré (dir.), *Litigación climática, el papel de la ciudadanía y los jueces*, Barcelona, Edicions de la Universitat de Barcelona, 131-159.

Certu (2007): Plans de déplacements urbains: éléments juridiques, fiche nº 1: Distinction entre les notions de compatibilité et de conformité.

Chapus, R., (2010): *Responsabilité publique et responsabilité privée*, reimp. 1954, Coll. de la Faculté Jean-Monnet, Ed. La Mémoire du droit, LGDJ, 584 pp.

Chassagne, C., (2018): «Accompagner la transition énergétique grâce au numérique», dans *Dossier d'Experts*, pp. 30-35.

Chevallier, J., (1990): «La dimensión symbolique du príncipe de légalité», dans *Revue du Droit Public*, 1651.

Conde Antequera, J., (2015): «La responsabilidad de la administración por daños derivados de fenómenos naturales: especial referencia al riesgo de inundación», en *Revista Aragonesa de Administración Pública*, nº 45-46, 67-100.

Conseil d'État (2013): «Le droit souple, Étude annuelle 2013», París, *La documentation française,* 7-16, 61.

Consejo de Derecho Humanos, resolución 48/13, de 8 de octubre de 2021 (2021): «El derecho humano a un medio ambiente limpio, saludable y sostenible», septuagésimo período de sesiones, suplemento nº 53A (A/76/53/Add.1), cap. II.

Cortés Puch, M., (2016): «Los ODS y el Acuerdo de París: herramientas para coordinar globalmente el desarrollo sostenible», en *Tiempo de Paz*, nº 120, 32-43.

Costa, J.L., (1988): «Principes fondamentaux, príncipes généraux, príncipes à valeur constitutionnelle», dans *Conseil constitutionnel et Conseil d´État*, LGDJ, pp. 133 y ss.

Cournil C., Le Dylio, A. y Mougeolle, P., (2019): ««L'affaire du siècle» : entre continuité et innovations juridiques», dans *L'Actualité Juridique Droit Administratif*, nº 32, 1864-1869.

Cournil, C. y Fleury, M., (2021): «De «l'Affaire du siècle» au «Casse du siècle»? Quand le climat pénètre avec fracas le droit de la responsabilité administrative», dans *La Revue des droits de l'homme*, Actualités Droits-Libertés, 1-17.

Cournil, C., (2017): «Les convergences des actions climatiques contre l'État. Étude comparée du contentieux national», in *Quels (droit(s) face aux changements climatiques? Revue juridique de l'Environnement*, n° spécial, 245-261.

Cournil, C., (2018): «Les droits fondamentaux au service de l'émergence d'un contentieux climatique contre l'État. Des stratégies contentieuses des requérants à l'activisme des juges», dans M. Torre-Schaub, C. Cournil, S. Lavorel, M. Moliner-Dubost (dir.), *Quel(s) droit(s) pour les changements climatiques?*, Paris, Mare y Martin, 185-215.

Cournil, C., (2019): «"L'affaire du siècle" devant le juge administratif Les ambitions du futur premier recours "climat" français», dans *Actualité juridique Droit administratif*, 437-442.

Cournil, C., (2020): *Les grandes affaires climatiques*, Aix-en-Provence, Confluence des droits, DICE Éditions.

Darcy, G., (1996): *La responsabilité de l'administration*, Coll. Connaissance du droit, Dalloz

De Gaulle, J., (1994): «L'avenir du Plan et la place de la planification dans la société française», dans *La documentation française*, Coll. Des rapports officiels, CDAT 9836, 13-88.

De Schutter, O., (2020): «Changements climatiques et droits humains: l'affaire Urgenda», dans *Revue trimestrielle des droits de l'Homme*, vol. 123, n° 3, 567-608.

Deguergue, M., (1995): «Le contentieux de la responsabilité: politique jurisprudentielle et jurisprudence politique», dans *L'Actualité Juridique Droit Administratif*, nº spécial, 211-220.

Deguergue, M., (2018): «Les imperfections de la responsabilité administrative environnementale», dans *Actualité juridique Droit administratif*, nº 36, 2077-2081.

Delzangles, H., (2021): «Le «contrôle de la trajectoire» et la carence de l'Etat français à lutter contre les changements climatiques», dans *L'Actualité Juridique. Droit Administratif*, 2115-2127.

Domingo López, D., (2000): *Régimen jurídico de las energías renovables y la cogeneración eléctrica*, Colección Estudios. Serie Administración General, INAP, 137-162.

Doreste Hernández, J., (2022): «El "juicio por el clima": el litigio climático español», en R. María Fernández Egea y A. Macía Morillo (dirs.), *El derecho en la encrucijada: Los retos y oportunidades que plantea el cambio climático,* Anuario de la Facultad de Derecho de la Universidad Autónoma de Madrid, nº. 26, 383-406.

Dreal Grand Est, l'Agence de l'eau Rhin-Meuse et de Directions Départementales des Territoires (DDT), avec l'appui d'Adage Environnement et de Mme Nancy Oliveto-Erviti, (2018): Guide méthodologique «Assurer la compatibilité des documents d'urbanisme avec les SDAGE et les PGRI du bassin Rhin-Meuse 2016- 2021», 6-8.

Duez, P., (1938): *La responsabilité de la puissance publique en dehors du contrat,* Paris, Dalloz, 342 pp.

Eisenmann, Ch., (1957): «Le Droit Adminisiratif et le principe de légalité», dans *Conseil d'Etat. Etudes et Documents,* fasc.11, 25-40.

Fernández Alba, A. y Martín Mateo, R., (1981): *La ciudad filoenergética,* Madrid, Instituto de Estudios de Administración Local, 15-40.

Fernández Egea, R. M., (2016): «La protección del medio ambiente por el Tribunal Europeo de Derechos Humanos: últimos avances jurisprudenciales», en *Revista Jurídica Universidad Autónoma De Madrid,* nº 31, 162-204.

Fleury, M. y Christel Cournil, C., (2020): «Deux pas en arrière, un [grand] pas en avant?», dans *Revue juridique de l'environnement,* vol. 45, nº 4, 645-648.

Fort, F-X., (2022): «L'office du juge administratif sous influence climatique», dans *Revue Juridique de l'environnement,* vol.47, nº 4, 689-701.

Frenz, W., (2021): «Das novellierte Klimaschutzgesetz», in *Natur und Recht,* nº 43, 583-588.

Frier, P.-L. y Petit, J., (2015): *Droit administratif,* 10ª ed., Issy-les-Moulineaux Cede, Coll. Domat droit public, LGDJ Lextenso

Galera Rodrigo, S., (2018): «Derecho climático «inferi»: la normalización de los procedimientos transnacionales y la progresiva construcción del Derecho Público europeo. El contencioso del Tercer Periodo de Asignación», en *Revista Aranzadi de derecho ambiental,* nº 41, 41-83.

García Pérez, M., (1999): *El objeto del proceso contencioso-administrativo,* Pamplona, Editorial Aranzadi, pp. 29 y ss.

Gaudemet, Y., (2000): «Remarques sur l'évolution des sources du droit du contentieux administratif», dans œuvre collective, *Mélanges offerts à Pierre Drai, Le juge entre deux millénaires.* Paris, Dalloz, 329-342.

Gemenne, F., (2013): «Les négociations internationales sur le climat. Une histoire sans fin?», dans Franck Petiteville (éd.), *Négociations internationales.* Paris, Presses de Sciences Po, coll. Relations internationales, 395-422.

Giles Carnero, R., (2022): «El papel de la Unión Europea en la acción ante el cambio climático», en *Anuario de la Facultad de Derecho de la Universidad Autónoma de Madrid* dedicado a: El derecho en la encrucijada: Los retos y oportunidades que plantea el cambio climático, nº 26, 135-156.

Gómez Puente, M., (2011): *La inactividad de la Administración*, 4ª ed. Pamplona, Aranzadi, 250-280.

González Paz, J., (1989): «Planificación energética versus planificación territorial», en *Revista de Estudios Territoriales*, nº 9, 113-135.

González-Espejo, A., (2002): *Cuestiones jurídicas asociadas a la planificación energética, en La nueva regulación eléctrica. VII Jornadas jurídicas del sector eléctrico*, 1ª ed. Madrid, Civitas, 17-55.

Hortigüela Hortigüela, C., Morillo Salas, J.L. y Bezares Ruiz, E., (2004): «La E-administración y el proceso de planificación estratégica», *VIII Jornadas sobre Tecnologías de la Información para la Modernización de las Administraciones Públicas*, Comunicación 22, Murcia, 1-14.

Hoynck, M.S., (2020): Conclusions sur CE 19 novembre 2020, *Commune de Grande Synthe*, n° 427301.

Huglo, C., (2018): *Le contentieux climatique: une révolution judiciaire mondiale*, Bruxelles, Bruylant, collection Droits et développement durable, 55-307.

Joassart, M., (2016): «Le juge civil et la séparation des pouvoirs», dans *A.P.T.*, 435-447.

Kotulla, K. y Kotulla, M., (2022): «Bundesverfassungsgericht und Klimaschutz – wenn die Zukunft über die Gegenwart mitentscheiden darf», in *Natur und Recht*, nº 44, 1-10.

Lasserre, B., (2021): «Un contrôle des trajectoires», Discours de Bruno Lasserre, vice-président du Conseil d'Etat, du 21 mai 2021 devant la Cour de cassation, [en ligne].

Lavorel, S., (2021): «Le rôle des juges dans l'émergence d'une responsabilité climatique des États», dans *Revue juridique de l'environnement,* vol. 46, nº1, 37-62.

Lepage, C., (2021): «Comprendre et interpréter les contentieux climatiques français actu environnement», dans *Revue en ligne Actu environnement*.

Lochak, D., (1981): «Le príncipe de légalité: mythes et mystification», dans *L'Actualité Juridique. Droit Administratif*, 387-392.

López Ramón, F., (2015): «El medio ambiente en la Constitución Española», en *Ambienta*, nº 113, 84-91.

López Ramón, F., (2021b): «Notas de la Ley de Cambio Climático. Actualidad Jurídica Ambiental» (sección comentarios legislativos), en *Actualidad Jurídica Ambiental*, nº 114, 1-22.

Lormeteau, B., (2022): «Les contentieux climatiques en France: bref état des lieux», dans *Lettre du réseau EDEN.i,* nº 5, 1-9.

Lozano Cutanda, B., (2008): «La configuración jurídica del derecho al medio ambiente, con su doble componente objetivo-subjetivo, en la doctrina del TEDH», en *Derechos Fundamentales y otros estudios en homenaje al profesor Dr. Lorenzo Martín-Retortillo*, Gobierno de Aragón y Universidad de Zaragoza, tomo II, 1994-2006.

Lozano Cutanda, B., (2019): «Ley 7/2018: el legislador permite cazar y pescar las especies exóticas invasoras en las áreas que ya ocupaban antes de 2007» (sección comentarios legislativos), en *Actualidad Jurídica Ambiental*, nº 88, 1-5.

Lozano Cutanda, B., (2021): «Reflexiones sobre la discrecionalidad de la Administración –y de los jueces– en la protección del medio ambiente», en *El Cronista del Estado Social y Democrático de Derecho*, nº 96-97, 60-77.

Lozano Cutanda, B., (2023): *Derecho ambiental y climático*, 2ªed. Madrid, Dykinson, 134-137.

Lucea Franco, P., (2025): *La planificación energético-climática en Francia y España: evolución, principios y discrecionalidad*, 1ª ed. Barcelona, Atelier, 278 pp.

Lynas, M., Houlton, B. y Perry, S., (2021): «99% consensus on human caused climate change in the peer-reviewed scientific literature», in *Environmental research letter*, IOP Publs., vol.16, nº 11,114005, 1-8.

Maljean-Dubois, S., (2019): «La responsabilité de l'État en droit international public, stratégies d'évitement et pistes prospectives», dans *Journal International de Bioéthique et d'éthique des sciences*, vol. 30, n° 2, 95-118.

Martín Mateo, R., (1982): *Nuevo Derecho Energético*. Madrid, Instituto de Estudios de Administración Local, 43-87.

Medici-Colombo, G., (2024): «La litigación climática: un panorama de definiciones y clasificaciones», en Peñalver i Cabré (dir.), *Litigación climática, el papel de la ciudadanía y los jueces*. Barcelona, Edicions de la Universitat de Barcelona, 25-43.

Mielgo Alvarez, P., (2016): «Energía: más sobre planificación (indicativa)», en *Cuadernos de Energía*, nº 47, 131-140.

Misonne, D., (2020): «4. Affaire Klimaatzaak (2015)», in Christel Cournil (dir.), *Les grandes affaires climatiques*, DICE Éditions, 91-107.

Möllers, C. y Weinberg, N., (2021): «Die Klimaschutzentscheidung des Bundesverfassungsgerichts», in *JuristenZeitung*, vol. 76, nº 22, pp. 1069-1078.

Möllers, M.H.W., (2021): «Grenzenlose Schutzpflichten im Klimaschutz-Beschluss?», in *Recht und Politik*, vol.57, nº 3, 284-290.

Morand-Deviller, J., (2007): *Cours de Droit Administratif, Cours.Thèmes de Réflexion. Commentaires d´arrêts avec corriges*, LGDJ Montchrestien, 10º éd., en una traducción de Z. Rincón Ardila y J.C. Peláez Gutiérrez., Universidad Externado de Colombia, edición española 2010, 305-815.

Moreau, J., (1992): «Indemnisation et évaluation des dommages causés aux biens», in *Mélanges René Chapus: Droit administratif*, París, Montchrestien, 443-454.

Moreno Molina, Á.M., (2023): *El derecho del cambio climático: Retos, instrumentos y litigios*. Valencia, Tirant lo Blanch, 586 pp.

Moreu Carbonell, E. y Bermejo Latre, J. L. (coords.), (2021): *Derecho administrativo fácil. Parte general*, 1ª ed. Zaragoza, Prensas de la Universidad De Zaragoza, 13-29.

Muñoz Machado, S., (2011): *Tratado de Derecho Administrativo y Derecho Público general, T. I, La formación de las Instituciones públicas y su sometimiento al Derecho*, 3ª ed. Madrid, Editorial Iustel, 859-933.

Nachmany, M., Fankhauser, S., Setzer, J. y Averchenkova, A., (2017): *Global trends in climate change legislation and litigation*, Grantham Research Institute on Climate Change and the Environment, 1-27.

Neyret, L., (2015): «La reconnaissance de la responsabilité climatique», dans *Recueil Dalloz*, 2278-2282.

Ortega Álvarez, L., (2000): «El concepto de medio ambiente», en L. Ortega Alvárez (coord.), *Lecciones del Derecho del Medio Ambiente*. Valladolid, Lex Nova, 43-83.

Osofsky, H. M., (2008): «The Geography of Climate Change Litigation: Narratives of Massachusetts v. EPA», in *Chicago Journal of International Law*, vol. 8, nº 2, article 10, 573-620.

Ost, F., (2003): *La nature hors la loi. L'écologie à l'épreuve du droit*. Paris, La Découverte Poche, 265-305.

Ouverture de la conférence annuelle du Forum européen des juges pour l'environnement París 2022 (2022): Discours de Dider-Roland Tabuteau, vice-président du Conseil d'État.

Paillet, M., (1980): *La faute du service public en droit administratif français*, T.136, Paris, LGDJ, 434 pp.

Parejo Navajas, T., (2016): «La victoria de Urgenda: el inicio de la lucha judicial frente al cambio climático», en *Revista española de derecho administrativo*, nº 177, 259-279.

Peel, J. y Osofsky, H. M., (2018): «A Rights Turn in Climate Change Litigation?», in *Transnational Environmental Law*, vol. 7, nº1, 37-68.

Peñalver I Cabré, A., (2008): «Novedades en el acceso a la justicia y a la tutela administrativa en asuntos medioambientales», en A. Pigaru Solé (dir.) *et al.*, *Acceso a la información, participación pública y acceso a la justicia en materia de medio ambiente: diez años del Convenio de Aarhus*. Barcelona, Atelier, 349-403.

Peñalver I Cabré, A., (2013): «Las pretensiones en el contencioso-administrativo para la efectiva protección de los intereses colectivos», en *Revista de Administración Pública*, nº 190, 109-154.

Peters, G., (1998): «Managing Horizontal Government: The Politics of Co-Ordination», in *Public Administration*, vol. 76, nº 2, 295-311.

Phémolant, B., (2002): «Déclaration d'utilité publique, projets d'intérêt général et documents d'urbanisme», dans *L'Actualité Juridique. Droit Administratif*, 1101.

Pontier, J.-M., (2010): «L´indemnisation hors responsabilité», dans *L'Actualité Juridique Droit Administratif*, nº 1, 19-26.

Pouillaude, H.-B., (2011): *Le lien de causalité dans le droit de la responsabilité administrative*, Thèse Droit, Paris 2, 594 pp.

Programa de las Naciones Unidas para el Medio Ambiente: *Global Climate Litigation Report 2020*, Status Review, 1-52.

Programa de las Naciones Unidas para el Medio Ambiente: *Global Climate Litigation Report 2023*, Status Review, 1-109.

Pujalte, C. y De Lamaze, É., (2014): *L'avocat et les juridictions administratives*, Coll. Questions Juridiques, París, Presses Universitaires de France, 149-182.

Purnhagen, K., (2015): «Towards a regime of emission litigation based on science», in *European Journal of Risk Regulation*, vol.6, nº3, 443-444.

Rambaud, P., (1993): «Francia. La justicia administrativa en Francia (I): introducción, organización, medidas cautelares», en Barnes Vázquez (Coord.), *La justicia administrativa en el Derecho Comparado*. Madrid, Civitas, 315-325.

Rego Blanco, M.D., (2005): *La acción popular en el Derecho Administrativo y en especial en el Urbanístico*. Sevilla, Instituto Andaluz de Administración Pública, 256-260.

Rocasalva, C.G., (2018): *La responsabilidad medioambiental. En atención a la Ley 26/2007, de 23 de octubre, de Responsabilidad Medioambiental*, 1ª ed. Barcelona, Atelier, 388 pp.

Rochfeld, J. y Parance, B., (2021): «Grande-Synthe 2 ou la confirmation d'un contrôle de conformité de la trajectoire de la politique climatique française», dans *JCP G*,nº 29, étude 795, 1398-1400.

Rodríguez García, N., (2016): «Responsabilidad del Estado y cambio climático: el caso Urgenda contra Países Bajos», en *Revista Catalana de Dret Ambiental*, vol. 7, nº. 2, 1-38.

Roger, B., (2007): *Marketing Estratégico*. Madrid, Pearson Educación, 509.

Rombauts-Chabrol, T., (2022): «L'émergence d'un contentieux holistique?», dans *Revue juridique de l'environnement*, vol. 47, nº 4, 735-746.

Romm, J., (2016): *Climate Change: what everyone needs to know*, 1ª ed. New York, Oxford University Press, 147-266.

Rosa Moreno, J., (2021): «Algunas claves jurídicas de la transición energética renovable», en G. Valencia Martín y J. Rosa Moreno (dirs.), *Derecho y energías renovables*. Cizur Menor, Thomson Reuters Aranzadi, 43-128.

Ross, A., (1976): *Sobre el derecho y la justicia*. Buenos Aires, EUDEBA, 73-75.

Ruiz Prieto, M., (2022): «Cambio climático y derechos fundamentales diacrónicos: la Sentencia alemana del Cambio climático y su doctrina», en *Revista de Estudios de la Administración Local y Autonómica*, nº 17, 78-93.

Salazar Ortuño, E., (2019): *El acceso a la justicia ambiental a partir del Convenio de Aarhus*. Cizur Menor, Aranzadi, 297 pp.

Setzer, J. y Higham, C., (2022): *Global trends in climate change litigation: 2022 snapshot*, Grantham Research Institute on Climate Change and the Environment, 1-50.

Setzer, J., Narulla, H., Higham, C. y Bradeen, E., (2022): «Climate Litigation in Europe: A summary report for the European Union Forum of Judges for the Environment», London and Brussels: Grantham Research Institute on Climate Change and the Environment and Centre for Climate Change Economics and Policy, London School of Economics and Political Science and the European Union Forum of Judges for the Environment, 1-37.

Sinder, R. (2021): «Anthropozänes Verfassungsrecht als Antwort auf den anthropogenen Klimawandel», in *JuristenZeitung*, vol. 76, nº 22, 1078-1087.

Soro Mateo, B., (2019): «Responsabilidad pública, vulnerabilidad y litigios climáticos», en *Revista Aragonesa de Administración Pública*, nº 54, 57-140.

Soro Mateo, B., (2020): «Reflexiones sobre la hipótesis de un recurso climático en España», en *Medio Ambiente y Derecho: Revista electrónica de derecho ambiental*, nº. 37, (Ejemplar dedicado a: Litigios climáticos: luces y sombras. Bioderecho ambiental y protección de la vulnerabilidad: hacia un nuevo marco jurídico), 1-10.

Tena Piazuelo, V.M., (1999): «La planificación económica», en B. Vera (dir.), *Derecho Administrativo, Parte especial*. Madrid, Civitas, 871-884.

Tenorio, P., (2016): «El derecho comparado como argumento de las decisiones del Tribunal Constitucional español», en *Revista Española de Derecho Constitucional*, nº 108, 275-305.

Tomás Martínez, G., (2015): «La sustitución del «buen padre de familia» por el estándar de la «persona razonable»: reforma en Francia y valoración de su alcance», en *Revista Derecho Civil*, vol.2, nº 1, 57-103.

Torre-Schaub, M. y Lavorel, S., (2023): *La justice climatique : prévenir, surmonter et réparer les inégalités liées au changement climatique*, Éditions Charles Léopold Mayer, Dossier pour un débat, 329 pp.

Torre-Schaub, M., (2007): «Le rôle des incertitudes dans la prise de décision aux États Unis. Le réchauffement climatique au prétoire»,dans *Revue internationale de droit comparé*, vol. 59, n° 3, 686-713.

Torre-Schaub, M., (2016): «La justice climatique. À propos du jugement de Cour de district de La Haye du 24 juin 2016», dans *Revue internationale de droit comparé*, vol.68, nº 3, 699-722.

Torre-Schaub, M., (2017): «Justice et justiciabilité climatique : les apports de l'Accord de Paris», dans M. Torre-Schaub (dir.), *Bilan et perspectives de l'Accord de Paris. Regards croisés*. Paris, IRJS Éditions, 107-125.

Torre-Schaub, M., (2018a): «La construction d'une responsabilité climatique au prétoire : vers un changement de paradigme de la responsabilité climatique ? : article 25», dans *Les Revues LEXISNEXIS Energie-Environnement-Infrastructures*, n° 8-9, 28-33.

Torre-Schaub, M., (2018b): «Les dynamiques du contentieux climatique: anatomie d'un phénomène émergent», dans M. Torre-Schaub, C. Cournil, S. Lavorel y M. Moliner-Dubost (dir.), *Quel(s) droit(s) pour les changements climatiques ?*. Paris, Mare y Martln, 111-137.

Torre-Schaub, M., (2019): «Les procès climatiques à l'étranger», dans *Revue Française de Droit Administratif*, nº4, 660-667.

Torre-Schaub, M., (2020a): «Litigios climáticos: estudio panorámico. Hacia una «climatización» progresiva del derecho ante el juez», en *Actualidad Jurídica Ambiental* (Ejemplar dedicado a: Congreso Homenaje a Ramón Martín Mateo «VIII Congreso Nacional Derecho Ambiental (Vulnerabilidad Ambiental)»), nº. 102, fasc.2, 85-110.

Torre-Schaub, M., (2020b): «Nuevos desarrollos de los litigios climáticos: tendencias, oportunidades y obstáculos», en S. M. Álvarez Carreño (coord.), *Litigios climáticos y justicia: luces y sombras*. Murcia, Laborum, 141-166.

Torre-Schaub, M., (2022): «Le contentieux climatique: du passé vers l'avenir», dans *Revue Française de Droit Administratif*, nº 1, 75-84.

Torre-Schaub, M., (2023): « Climate Change Litigation and Legitimacy of Judges towards a «wicked problem»: Empowerement, discretion and prudence », in Chair of French Public Law (dir.), *Climate Change law and Policy French Yearbook of Public Law*, LFOER, N° 1, In press, French Public Law Yearbook.

Torre-Schaub, M., D'ambrosio, L. y Lormeteau, B., (2019): «Rapport final de recherche: Les dynamiques du contentieux climatique: Usages et mobilisations du droit pour la cause climatique», (Convention de recherche n° 217.04.27.09 du 14 avril 2017), dans *Mission de recherche Droit y justice, CNRS, Climalex et Institut des Sciences Juridiques y Philosophique de la Sorbonne*, 244 pp.

Torre-Schaub, M., Misonne, D. y Adam, A., (2023): «Chronique sur la Justice climatique en Europe (2015-2022)», dans *Revue trimestrielle des droits de l'homme*, n° 2, 454-480.

Valencia Martín, G., (2021): «Cambio climático y garantía intertemporal de la libertad (reflexiones sobre la sentencia del Tribunal Constitucional Federal Alemán de 24 de marzo de 2021)», en J. Rosa Moreno y G. Valencia Martín (dirs.), *Derecho y energías renovables*. Cizur Menor, Thomson Reuters Aranzadi, 927-1006.

Van Lang, A., (2019): «L'hypothèse d'une action en responsabilité contre l'État», dans *Revue Française de Droit Administratif*, nº 04, 652-659.

Vergès, J.M., (1968): *De la Stratégie Judiciaire*, París, Les Éditions de Minuit, 209 pp.

Vilaseca Boixareu, I. y Serra Calvó, J., (2018): «Litigación climática y separación de poderes: una aproximación a la cuestión a través de decisiones judiciales de los Estados Unidos», en *Revista Catalana de Dret Ambiental*, vol. IX nº. 2, 1- 42.

Waitzer, E. y Sarro, D., (2019): «Climate Change: A Template for Judicial Activism in Response to Systemic Risks», in *Canadian Business Law Journal*, vol. 62, nº 2, 149-180.

Willard, M., (1951): *La Défense accuse*, Editions sociales, 317 pp.

Decisiones comunitarias

COM (2023) 796 final. Comunicación de la Comisión al Parlamento Europeo, al Consejo, al Comité Económico y Social Europeo y al Comité de las Regiones. Evaluación a nivel de la UE del borrador de los Planes Nacionales de Energía y Clima actualizados. Un paso importante hacia los objetivos energéticos y climáticos más ambiciosos para 2030 en el marco del Pacto Verde Europeo y RePowerEU.

SWD (2019) 211 final. Document de travail des services de la Commission. Évaluation du projet de plan national en matière d'énergie et de climat de la Belgique, accompagnant le document: Recommandation de la Commission sur le projet de plan national intégré en matière d'énergie et de climat de la Belgique pour la période 2021-2030 {C(2019) 4401 final}.

Jurisprudencia

Borgarting Court of Appeal, 23 January 2020, *Natur og Ungdom and Foreningen Greenpeace Norden v. Ministry of Petroleum and Energy,* Case Nb.18-060499ASD-BORG/03.

BVerfG, Beschluss des Ersten Senats vom 23. Oktober 2018 –1 BvR 2523/13-, Rn. 1-36, ECLI: DE: BVerfG: 2018: rs20181023.1bvr252313.

BVerfG, Beschluss des Ersten Senats vom 24. März 2021 –1 BvR 2656/18, BvR 2656/18,- 1 BvR 78/20, - 1 BvR 96/20, - 1 BvR 288/20, Rn. 1-270, ECLI: DE: BVerfG: 2021: rs20210324.1bvr265618.

CC, Décision n° 2015-718 DC du 13 août 2015, ECLI:FR:CC:2015:2015.718.DC.

CC, Décision n° 86-224 DC du 23 janvier 1987, ECLI:FR:CC:1987:86.224.DC.

CE, 1 juillet 2021, Commune de Grande-Synthe, n° 427301.

CE, 10 juin 1998 SA Leroy Merlin, n° 176920.

CE, 10 mai 20203, Grande-Synthe, n° 467982.

CE, 11 octobre 2012, Société Casino Guichard-Perrachon, n° 357193.

CE, 14 janvier 1916, Camino, n° 59619 et 59679.

CE, 17 mars 2010, Fédération Rhône-Alpes de protection de la nature-Ardèche, n° 311443.

CE, 19 novembre 2020, Commune de Val-de-Reuil, n° 417362.

CE, 19 novembre 2020, Commune Grande-Synthe, n° 427301.

CE, 20 octobre 1972, Société civile Sainte-Marie-de-l´Assomption, n° 78829.

CE, 27 avril 2011, Formindep, n° 334396.

CE, 28 juillet 2004, Association de Défense de L'environnement et autres, n° 256511.

CE, 4 avril 1914, Gomel, n° 55125.

CE, 9 juin 2004, Association Alsace Nature du Haut-Rhin, n° 254174.

CE, Ass., 13 novembre 2013, Dahan, n° 347704.

CE, Ass., 19 juillet 2019, Association des Américains Accidentels, n° 424216, 424217.

CE, Ass., 21 mars 2016, Fairvesta, n° 368082.

CE, Ass., 21 mars 2016, NC Numéricable, n° 390023.

CE, Ass., 28 mai 1971, Ville Nouvelle Est, n° 78825.

CE, Sect., 12 juin 2020, Gisti, n° 418142.

CE, Sect., 9 juin 1978, Lebon, n° 05911.

Corte Constitucional de Colombia. Demanda de inconstitucionalidad contra el artículo 108 de la Ley 1450 de 2011, por la cual se aprueba el Plan Nacional de Desarrollo 2010-2014; y contra los artículos 20, 49, 50 (parcial), 51, 52 (parcial) y el parágrafo primero (parcial) del artículo 173 de la Ley 1753 de 2015, por la cual se aprueba el Plan Nacional de Desarrollo 2014-2018, Sentencia de 8 febrero 2016, C-035/16.

Corte Suprema de Justicia, Claudia Andrea Lozano Barragan, et al. contra la Presidencia de la Republica et al., 5 abril 2018, STC 4360-2018, n° 11001-22-03-000-2018-00319-01

Cour administrative d'appel de Nantes, 2ème Chambre, Ministre d'État, ministre de l'Écologie, de l'Énergie, du Développement durable et de la Mer contre Association Halte aux marées vertes, 1er décembre 2009, n° 07NT03775.

Cour d'appel Bruxelles, Chambre Civile, ASBL Klimaatzaak contre L'État Belge et autres, 30/11/2023, n° 2023/8411 (2021/AR/1589, 2022/AR/737 et 2022/AR/891).

Cour d'appel de Versailles, 4 février 2009, Bouygues Telecom, n° 08/08775.

Federal Administrative Court [of Switzerland], Section 1 Judgment A-2992/2017 of 27 November 2018 Verein KlimaSeniorinnen Schweiz et al. v. Federal Department of the Environment, Transport, Energy and Communications (DETEC) Ruling on real acts relating to climate protection.

Federal Court of Australia North, J. Blue Wedges Inc. v. Minister for Environment, Heritage and the Arts, 20 march 2008, 167 FCR 463.

High Court of Justice Queen's Bench division Administrative Court. Plan B Earth y others vs. Secretary of State for Bussiness, Energy and Industrial Strategy and The Committee for Climate Change, 8 December 2017, 22 february 2018, 20 july 2018 n° CO/16/2018.

High Court of New-Zealand, Wellington Registry, 2 November 2017, *Sarah Thomson v. Minister for Climate Change Issues,* CIV 2015-485-919 [2017] NZHC 733.

High Court, Merriman v Fingal County Council, Fingal County Council, Judgment Max Barrett, parrafo 264.

Lahore High Court, Green Bench, 4 September 2015 y 14 September 2015, *Ashgar Leghari vs Federation of Pakistan,* W.P. n°. 25501/2015.

Land Court of Queensland. Xstrata Coal Queensland Pty. Ltd. and Ors v. Friends of the Earth – Brisbane Co-Op Ltd y Ors, and Department of Environment and Resource Management, 27 march 2012, [2012] QLC 13.

New South Wales Land and Environment Court. Gray v Minister for Planning and Others, 27 november 2006, NSWLEC 720.

North Gauteng High Court, 8 March 2017, *Earthlife Africa Johannesburg (ELA) v. Ministry of Environmental Affairs,* No. 65662/16.

Oslo District Court, 4 January 2018, *Foreningen Greenpeace Norden and Natur og Ungdom v. Ministry of Petroleum and Energy,* Case Nb.16-166674TVI-OTIR/06

STC 102/1995, de 26 de junio de 1995, ECLI:ES:TC:1995:102

STC 119/2001, de 24 de mayo de 2001, ECLI:ES:TC:2001:119

STC 16/1982, de 28 de abril de 1982, ECLI:ES:TC:1982:16

STC 233/2015, de 5 de noviembre de 2015, ECLI:ES:TC:2015:223

STS 1115/2010, de 3 de marzo de 2010, ECLI:ES:TS:2010:1115

STS 1274/2016, de 16 de marzo de 2016, ECLI:ES:TS:2016:1274

STS 1519/2018, de 5 de abril de 2018, ECLI:ES:TS:2018:1519

STS 1704/1993, de 17 de marzo de 1993, ECLI:ES:TS:1993:1704

STS 1732/1993, de 17 de marzo de 1993, ECLI:ES:TS:1993:1732

STS 19397/1993, de 17 de marzo de 1993, ECLI:ES:TS:1993:19397

STS 3024/2020, de 8 de octubre de 2020, ECLI:ES:TS:2020:3024

STS 3410/2023, de 18 de julio de 20203, ECLI:ES:TS:2023:3410

STS 3556/2023, de 24 de julio de 2023, ECLI:ES:TS:2023:3556

STS 3996/2005, de 20 de junio de 2005, ECLI:ES:TS:2005:3996

STS 409/2019, de 18 de febrero de 2019, ECLI:ES:TS:2019:409

STS 5178/2009, de 23 de julio de 2009, ECLI:ES:TS:2009:5178

STS 6137/2013, de 5 de diciembre de 2013, ECLI:ES:TS:2013:6137

STS 6141/2013, de 31 de octubre de 2013, ECLI:ES:TS:2013:6141

STS 6684/2008, de 3 de diciembre de 2008, ECLI:ES:TS:2008:6684

STS 8172/2005, de 22 de diciembre de 2005, ECLI:ES:TS:2005:8172

STS Auto 2446/2020, de 20 de abril de 2020, ECLI:ES:TS:2020:2446A

STSJ Comunidad Valenciana 5504/2023, de 30 de octubre de 2023, ECLI:ES:TS-JCV:2023:5504

Superior Court of the State of Washington for King County, 19 November 2015, *Foster vs Washington Department of Ecology*, n° 14-2-25295-1 SEA

Supreme Court of India, 13 May 2016, *Swaraj Abhiyan vs Union of India and others*, Writ Petition (civil) n° 857 (2016) S.C.C.

Supreme Court of Ireland. Appeal N°: 205/19. Case Friends of the Irish Environmunion eurent CLG y the Government of Ireland.

Supreme Court of Norway, 22 December 2020, HR-2020-2472-P, (case no. 20-051052SIV-HRET).

Tribunal Administratif de París, 14 octobre 2021, Ass. Oxfam France et autres, n° 1904967, 1904968, 1904972, 1904976/4-1.

Tribunal Administratif de París, 22 décembre 2023, Ass. Oxfam France et autres, n° 2321828/4-1.

Tribunal Administratif de París, 3 février 2021, Ass. Oxfam France et autres, n° 1904967, 1904968, 1904972, 1904976/4-1.

Tribunal de Apelación de la Haya, 9 de octubre de 2018, Caso Urgenda C/09/456689/HA ZA 13-1396.

Tribunal de Justicia de la Unión Europea. Sentencia de 14 de enero de 2021, Caso Peter Sabo y otros, C-297/20 P, ECLI:EU:T:2020:179

Tribunal de Justicia de la Unión Europea. Sentencia de 21 de junio de 2017, Caso N. W and Others vs Sanofi Pasteur MSD and Others, C-621/15, ECLI:EU:C:2017:484

Tribunal de Justicia de la Unión Europea. Sentencia de 25 de marzo de 2021, Caso Armando Carvalho y otros, C-565/19 P, ECLI:EU:C:2021:252

Tribunal de Justicia de la Unión Europea. Sentencia de 3 de octubre de 2013, Caso Inuit Tapiriit Kanatami y otros, C-583/11 P, EU:C:2013:625

Tribunal de Justicia de la Unión Europea. Sentencia de 30 de noviembre de 1976, Caso Handelskwekerij G. J. Bier BV contra Mines de potasse d'Alsace SA, C-21/76, ECLI:EU:C:1976:166

Tribunal de première instance francophone de Bruxelles, Section Civile, ASBL Klimaat-zaak contre L'État Belge et autres, 17/06/2021, nº 201574585/A.

Tribunal de primera instancia de la Haya, 24 de junio de 2015, Caso Urgenda, C/09/456689/HA ZA 13-1396.

Tribunal Europeo de Derechos Humanos. Marangopoulos contra Grecia. Sentencia de 6 diciembre de 2006, nº 30/2005.

Tribunal Europeo de Derechos Humanos. Verein klimaseniorinnen schweiz y otros contra Suiza. Sentencia 9 de abril de 2024, nº 53600/20.

Tribunale Ordinario di Roma, Sezione seconda civile, Sentenza nº 39415, de 26/02/2024.

US District Court of Oregon, 10 November 2016, *Juliana et al. Vs United States et al.*, n° 6:15-CV-01517-TC.

Webgrafía

Ademe. Territoires y climat, Mobilisons nos énergies. Une diversité de démarches pour una diversité de territoires. [consulta 21 abril 2024]. Disponible en: https://www. territoires-climat.ademe.fr

European Commission. Climate action: European Union Transaction Log, ESD Compliance Dashboard (Diario de transacciones). [consulta 22 noviembre 2024]. Disponible en: https://ec.europa.eu/clima/ets/transactionsCompliance.do?languageCode=enyesdRegistry=ESyesdYear=ysearch=SearchycurrentSortSettings

European Environment Agency: EEA greenhouse gases-data viewer. Data viewer on greenhouse gas emissions and removals, sent by countries to UNFCCC and the EU Greenhouse Gas Monitoring Mechanism (EU Member States). [consulta 22 noviembre 2024]. Disponible en: https://www.eea.europa.eu/data-and-maps/data/data-viewers/greenhouse-gases-viewer

Eurostat Statistics Explained. Greenhouse gas emission statistics. [consulta 22 noviembre 2024]. Disponible en: https://ec.europa.eu/eurostat/statistics-explained/index.php?title=Greenhouse_gas_emission_statisticsyredirect=no

Giudizio Universale, invertiamo el proceso. [consulta 1 abril 2025]. Disponible en https://giudiziouniversale.eu/.

Programa de las Naciones Unidas para el Medio Ambiente y Universidad de Columbia, Centro Sabin para la Ley del Cambio Climático (2017): «The Status of Climate Change Litigation: A Global Review», pp. 1-41. [Consulta 1 diciembre 2024]. Disponible en: https://wedocs.unep. org/20.500.11822/20767.